国家社科基金项目："《涉外民事关系法律适用法》在跨国金融服务合同纠纷中的实施问题研究"（13CFX112）的最终研究成果
教育部人文社会科学重点研究基地重大项目："一带一路倡议与法律合作研究"（16JJD82009）的阶段性成果

安徽大学法学文库

欧盟金融服务合同法律适用问题研究

范晓亮·著

法律出版社
LAW PRESS·CHINA

总　序

时光荏苒，岁月如歌。回顾安徽大学法学学科 85 年的发展历程，展现在眼前的是一轴筚路蓝缕、命运坎坷、自强不息的历史画卷。1928 年安徽大学始建之初即设有法学院，下辖法律、经济、政治等系科。抗日战争期间几经离散，1946 年建国立安徽大学，学校得以恢复。1952 年全国高校院系调整，安徽大学法律系被并入华东政法学院等院校。20 世纪 70 年代后期，随着共和国的改革开放，濒临消散的法学教育迎来了春天。1979 年安徽大学在全国地方综合性大学中率先恢复重建法律系，当年即招收本科生。以陈盛清、周枏、陈安明、朱学山、王镕等为代表的法学家先后加盟，并于 1982 年在国内较早招收法律史、民法、行政法、国际法和经济法专业方向的硕士研究生。他们为奠基安徽大学法学教育事业呕心沥血、无私奉献，倾注了毕生精力。我们今天面临的法学教育发展环境与竞争态势已发生了很大变化，但学术前辈们高尚的人格、渊博的学识、严谨的学风永远是我们的典范，是激励一代又一代安徽大学法学院师生不断前行的动力。

秉承“明法、尚德、求实、维新”的办院理念，安徽大学法学院坚持以学科建设为龙头，以人才培养为根本，走“人才强院、科研强院、质量强院、特色强院”之路。经过几代法学人 30 多年的孜孜追求和不懈努力，目前我们在人才培养、学科建设、师资队伍、科研与社会服务等方面呈现良好发展态势，特别是省级重点学科、省人文社科重点基地、国家特色专业建设点、教育部法律专业学位研究生培养教育综合改革试点、教育部卓越法律人才教育培养基地、法学一级学科博士学位授予权等诸多建设平台，为我们提供了发展机遇。30 多年来，我们汇聚了一支爱岗敬业、团结进取、富有创新意识的学术梯队，形成了一批有一定学术价值和社会影响的标志性成果，为国家和区域法治建设培养了一大批优秀法律人才，为我国法学教育事业的振兴与发展做出了应有贡献。

科学研究是现代大学的重要功能之一，是促进高校内涵发展的应有之义，更是提高人才培养质量的重要支撑。为进一步提升科研与学科建设水平，鼓励教师学术创新、多出高质量的科研成果，我们特设立“安徽大学法学文库”，专门资助具有重大理论价值与实践意义的较高水平学术著作的出版，使其成为集中展示安徽大学法学院教师具有前沿性、创新性、建设性研究成果的学术窗口。我们期待，通过每一位作者的辛勤耕耘，“安徽大学法学文库”有望成为一套有质量、有水准的学术精品；我们深信，文库的出版将对我们建设高水平法学院目标的实现和我国法学研究的繁荣与发展大有裨益。因为，我们承载着安徽大学法学人曾经的光荣与梦想，追求卓越是我们不变的信念。我们有责任使安徽大学法学院的事业薪火传承、基业长青。

“初生之物，其形必陋。”“安徽大学法学文库”刚刚起步，难免有些单薄和稚嫩，恳请得到各位读者的理解、支持和帮助。特别感谢法律出版社对我们这项“学术工程”的悉心指导与大力扶持。

“安徽大学法学文库”编委会

2013 年 10 月 18 日

序

范晓亮博士的《欧盟金融服务合同法律适用问题研究》即将出版,邀我作序。我作为他当时的博士学位论文指导老师,学生们口中的“大师兄”,且晓亮是我首位毕业的博士,欣然允诺。

晓亮在进行博士学位论文选题时,我正在组织力量研究教育部人文社会科学重点研究基地重大研究项目“国际私法中的公法适用问题”。一般说来,公法不具有域外效力,但是晚近瑞士、韩国、比利时、奥地利在此问题的立法上多有突破。例如,2010 年修订的《瑞士联邦国际私法法规》第 13 条规定:“本法对外国法的指定,包括所有依该外国法适用于该案件事实的法律规定,不得仅以该外国法律规定被认为具有公法性质而排除其适用。”因此,公法的域外适用是一个趋势,还是仅仅是个案,未来具有不确定性。在具体领域的研究过程中,我们发现我国学界对金融国际私法的研究十分薄弱,而金融领域不仅有金融管制法,更有大量的金融私法问题。晓亮当时也在关注欧盟金融消费者法律问题,他希望将欧盟金融服务合同的法律适用作为选题,分析 1980 年《关于合同义务法律适用的公约》(《罗马公约》)和 2008 年《合同义务法律适用的 593/2008 号条例》(《罗马条例 Ⅰ》)等文件中关于金融服务合同的规定和规则的演变,以促进《中华人民共和国涉外民事关系法律适用法》的完善,这一想法得到了我们学科组和课题组的肯定。

然而,国际金融关系纷繁复杂,为厘清其中各种法律关系的法律适用问题,晓亮博士对国际金融服务合同关系进行了适当的"类型化",区分跨国银行属人法、跨国存款合同、跨国贷款合同、跨国金融工具合同、跨国金融机构信用担保合同、跨国金融消费者合同,对其分别开展针对性的研究。

其一些研究结论也颇具创新性:一是建立在国家主权基础上的金融管制政策,以及金融法律的属地性,使法院地法的适用尤为明显,但同时礼让原则也得到了广泛认可;二是在具体金融服务合同领域,以服务提供商经常居所地法为主的法律适用规则,同时辅以强制性规则和消费者保护规则的限制,体现了服务自由、法院地公共利益和消费者权益间的博弈和均衡;三是金融服务合同领域的法律适用规则,要求法院地管制性法律和强制性规范的谦抑适用,合理地利用强制性规则,有利于金融服务的自由流动和社会利益的最大化。考虑到我国在金融国际私法领域的研究比较薄弱,他的论文无疑会有拓新性的特质。

晓亮博士在武汉大学读博期间,就有强烈的国际化意识,可谓游学满天下。我所知道的大学和机构就有联合国国际贸易法委员会、维也纳大学、海牙国际法学院、休斯敦大学法学院、哈佛大学法学院、台北大学法学院。在其博士学位论文即将答辩时,我在斯坦福大学法学院访学,他专程从休斯敦飞来,我们彻夜修改和讨论他的论文,往事历历在目。

晓亮博士毕业后,一直在修改他的这篇论文,今天的这部书稿与当初的博士学位论文相比厚实了很多,也更新了很多资料。

为师者,无疑乐见学生多出书,出好书。为此,在本书即将付梓之际,添些作者和书稿的史料,以助读者阅读和评论。

*

2018 年 2 月 27 日

---

* 何其生,武汉大学珞珈特聘教授、博士研究生导师,武汉大学国际法研究所副所长,第八届"全国十大杰出青年法学家"。

前 言

跨国金融服务合同，是以金融机构作为一方当事人所缔结的，以提供金融服务和金融产品为内容的，涉及不同国家的合同。金融服务的基本形式是银行服务，银行的基础业务是吸收存款和发放信贷，其基础合同形式包括跨国存款和贷款合同。随着金融业的发展和服务自由原则的推动，在存贷款合同的基础上，又发展出了金融工具和信用担保合同等衍生合同形式。此外，随着国际私法的发展，特征性履行、强制性规则和消费者保护在法律适用中的重要性也开始影响金融服务合同。全书的内容分为立论、结论和八个研究分问题。

在立论的基础上，本书主要集中于金融服务合同中产生法律冲突的原因、表现形式以及解决之思路等问题的研究。随着产业经济的国际化和全球市场一体化进程的深入，跨国金融业在20世纪后快速发展，金融机构活跃在国际市场上，成为重要的经营主体。与跨国金融机构有关的合同交易常牵涉不同国家的法律，金融法律规范是否能够在域外适用成为一个值得关注的问题。国际社会对金融法这种公法与私法性质交融的“社会法”抑或“经济法”的域外适用，已从绝对的反对到有限制的接受。然而，不同国家金融法以及相关法律规范的域外适用，不可避免地造成了法律冲突。跨国金融服务合同法律冲突主要表现为金融机构属人法的冲突、金融机构所在地法与消费者经常居所地法的冲突、时际法律冲突以及服务自由原则与国内冲突规则之间的抵触等类型。对于上述法律冲突之解决方式,本书主要从国内冲突规则、国际统一冲突规则和国际统一实体法规则三个方面进行归纳,并提出礼让原则在解决法律冲突中的重要作用。

问题一,服务自由原则在欧盟金融合同法律适用规则统一化的过程中的推动作用。作为构建欧盟统一市场支柱之一的服务自由原则,对欧盟金融服务合同法律适用规则的发展与完善产生了深远影响。探究法律适用规则演变的内在驱动力,有助于更加深入和全面地分析规则、适用规则和促进规则的完善。欧盟适用于跨国金融服务合同关系法律适用规则的完善过程,也是服务自由原则对共同体和成员国法律适用规则产生影响的过程,体现在从《罗马公约》到《罗马条例Ⅰ》,以及相关金融指令中含有的法律适用规则演变之中。以服务提供者经常居所地法为标志的统一法律适用规则有利于服务自由的实现,同时以强制性规则和消费者保护规则对其进行限制,体现了以服务自由流动为基础的服务提供者利益,法院地国公共利益和消费者权益三者之间的博弈与平衡。服务自由原则将进一步影响消费者保护规则的完善,应当合理协调二者的互动关系,在促进服务自由流动的同时保护消费者的利益。

问题二,跨国金融服务合同法人主体资格认定的法律适用。在法人属人法方面,通过对于英美法系的意思自治与大陆法系的客观标准两种方式修正与融合的比较研究,探讨我国在《中华人民共和国涉外民事关系法律适用法》的具体实施中如何防范"假外国公司"的出现,避免连结点僵硬带来的弊端。本部分主要从金融机构包括商业银行、分支机构、商务及专业客户和消费者等几个合同主体着手,分析在跨国语境下的差异。作为重要的合同主体,金融机构属人法的确定,主要包括以英国、美国为代表的普通法系国家中体现意思自治的设立准据法主义,和以德国、奥地利等为代表的大陆法系国家中体现客观标准的实际管理及控制中心主义两种形式。随着社会经济的发展,变革已经成为现实需要,主要体现在两种方式的修正与融合。欧盟设立自由原则对法人在成员国间的自由设立有着深刻影响,而最密切联系原则对法人属人法的补充适用也具有极其重要的作用。

问题三,跨国金融服务的基础形式——存款合同的法律适用。金融业的基石是信用,银行存款是其初始和基础业务。本部分首先着眼于银行与客户间存款权利义务关系的成立,包括在传统交易模式和电子商务模式下的先合同义务与合同订立的法律适用。开户行相对于客户需要承担更多的义务,因而根据特征性履行方法，开户行所在地法应当作为当事人未选择法律时合同所应适用的准据法。开户行所在地法适用的范围包括合同的有效性、解释、履行、解除与诉讼时效的确定；适用的例外包括客户缔约能力的确定，以及消费者保护规则的适用等。此外，存款作为财产的一种形式，其法律性质如何，是否作为一种无体物等问题都对法律适用产生影响。《罗马条例Ⅰ》所设计的法律适用逻辑体系，包括五个层次：(1)意思自治；(2)特殊合同法律适用规则；(3)特征性履行方法；(4)最密切联系原则；(5)强制性规则、消费者保护等作为特别条款。我国涉外民事关系法律适用的顺序为：(1)其他法律中特别规定的冲突规则；(2)《中华人民共和国涉外民事关系法律适用法》及最高人民法院《关于适用〈中华人民共和国涉外民事关系法律适用法〉若干问题的解释(一)》；(3)最密切联系原则。而将最密切联系原则规定在《中华人民共和国涉外民事关系法律适用法》的总则中，突出了其重要地位，并将这一原则作为兜底条款，注重发挥其补缺的功能，但没有对特征性履行方法和最密切联系原则的适用次序进行明确，不利于准据法的确定。借鉴以特征性履行方法为核心、以最密切联系原则为补充的《罗马条例Ⅰ》法律适用逻辑体系，是个合理的选择。

问题四，另一种基础金融服务——跨国贷款合同的法律适用。根据主体与贷款方式的区别，贷款合同分为定期贷款合同与跨国银团贷款合同两种。在跨国贷款合同中，会出现选择借款人所在国法作为准据法，而在合同履行之时借款人所在国法发生变动的情况。时际法律冲突在跨国贷款合同中体现得尤为明显，主要包括当事人的缔约能力是否因当事人所在国法律变动而致合同无效，以及借款人所在国的外汇管制法律的变化对以外汇支付的贷款合同的影响等问题。相关法律的变动使当事人的权利与义务处在不确定的状态，如何保证借款人义务的履行和实现贷款银行的权利，在实践中有“准据法的冻结”和“准据法的隔离”两种做法，各有优劣和争议，有必要确定合适的方法以解决贷款合同中的时际法律冲突。

问题五，有必要对欧盟金融工具合同的法律适用进行分析，并着重强调消费者保护在其中的特殊性。由一系列权利与义务所构成的金融工具合同具有独特的创新性，实质上是由金融机构向投资人根据特定条件下权利义务的变化提供服务，因而可以被视为融资服务合同的范畴，《罗马条例Ⅰ》中有关服务合同法律适用的规则可得以适用。但基于金融工具合同构成的特殊性，有着独特的法律适用规则，分为三个层次：首先，当事人意思自治，这体现在交易商合同的格式条款中，比如，在国际掉期与衍生工具协会（International Swaps and Derivatives Association，ISDA），主协议中多选择英格兰法或纽约州法。其次，在没有选择法律的情况下，在场内交易适用交易所管理中心所在地法，场外交易适用经营者管理中心所在地法和与交易具有最密切联系的金融工具结算地法律，即多边交易设施所在地的法律。最后，金融工具合约的法律适用要受到消费者保护规则和法院地强制性规则的限制。随着中国金融改革的加深和国际融资合作的加大，在探索国际金融市场的过程中面临的民商事法律冲突也将更复杂，《中华人民共和国涉外民事关系法律适用法》应发挥更积极作用。

问题六，跨国银行信用担保合同的法律适用。信用是银行业务的基础，银行依其信用出具的担保基于较高的质量和可靠性而在国际贸易中扮演重要角色，如信用证、银行保函等担保合同独立于主合同，有其独立的法律适用规则。学界对于信用证关系的法律适用问题已有著述，本部分主要从《罗马条例Ⅰ》生效之后对信用证关系的最新影响进行分析。基于严格的外汇管制政策，中国对涉外银行保函持保守态度，在现行金融体制下有一定积极意义，但从长远来看，有改进的必要。

问题七，欧盟金融消费者合同的法律适用。网络科技以及电子商务的蓬勃发展，对传统的金融服务法律适用规则产生了深刻影响。跨国金融机构与不具备高专业知识和资金基础的个人消费者之间谈判能力的差距判若云泥。为协调金融机构与消费者之间的谈判能力，求得实质公平，各国对金融消费者多予以特殊立法进行保护，金融消费者合同的法律适用也成为一个值得研究的问题。基于金融消费的特殊性，欧盟金融消费者合同法律适用规则的立法原理在于：(1)对在合同中处于弱势地位的一方当事人，应通过适用较一般规则更有利的法律适用规则予以保护。(2)法律适用规则应尽可能降低那些标的额通常较低的消费者合同争议的解决成本，并应顾及远程销售技术的发展。虽然服务提供者所在地法作为主要适用法律，但需要适用消费者经常居所地法以平衡服务提供者与消费者之间的谈判能力，保护消费者的合理权益。消费者经常居所地法与服务提供者所在地法之间适用的选择受到多重因素的影响，如金融消费者身份的界定、金融服务的性质、强制性规则的适用，以及特殊合同排除消费者保护规则等。

问题八，对我国在金融服务自由化潮流下的选择，以及我国有关法律适用立法的完善等问题提出建议。我国能够避免金融危机造成更严重的后果，受益于以行政为主导的强金融监管模式的抗风险能力,但从长远来看,这是以受抑制的金融创新发展水平和牺牲市场主体利益为代价的。最高人民法院《关于适用〈中华人民共和国涉外民事关系法律适用法〉若干问题的解释(一)》第10条规定,涉及外汇管制等金融安全的规定属于强制性规则而直接适用。与反垄断、文物保护等具有稳定性的长期政策不同,外汇管制等领域的政策在社会经济转型期可能会作出相对频繁的调整。金融自由的程度将影响强制性规则的范围与内容,金融创新的程度将影响合同法律关系的复杂性。欧盟金融服务合同法律适用规则的完善,要求法院地管制性法律和强制性规范的谦抑适用,合理利用强制性规则防范国际金融风险,有利于金融服务的自由流动和社会利益的最大化,也对建构我国区域金融市场法律框架具有借鉴意义。

Contents

目录

引　言

一、问题的产生与研究的目的

（一）问题的产生

本书以欧盟金融服务合同中的法律适用问题为研究对象，主要包括金融机构的属人法，金融消费者合同，以及存贷款合同、金融工具合同和信用担保合同的法律适用问题，并探讨了在金融自由化潮流下，服务自由原则与冲突规则之间的互动。

金融服务合同交易中是否存在法律冲突，曾经是一个激烈争论的问题，传统上金融服务交易所产生的纠纷大多单边适用经营者所在地法，不存在法律选择的问题。[①] 由于金融业对一国金融秩序与经济社会稳定的重要影响，传统上各国多对金融业进行严格管制，不倾向甚至反对在涉外金融服务纠纷中适用外国法律，属地法的色彩浓重。

随着全球经济一体化的发展，发达国家的产业经济率先走向跨国经营，随之而来的对金融资源的巨大需求带动了金融业的国际化，出于保有原国内客户和拓展新市场的动机，发达国家的金融机构开始走向国际市场，以提供跨国金融服务和在外国设立分支机构为主要形式。一方面，满足了产业经济的跨国发展对

---

① 例如，跨国银行存款合同适用开户行所在地法，因为账户、存款所在地、合同缔结即开户地，合同的履行即利息与存款返还地均为开立账户的银行所在地。

金融资源的需求;另一方面,也拓展了在其他国家的市场。各国金融机构和客户主体在国际金融市场上进行交易,产生了大量的法律关系,而各国法律的差异加剧了一系列法律冲突问题的产生。①

金融业的国际化要求金融产品与服务的自由流动,而新技术与交易方式的出现则加强了金融服务自由与法律冲突之间的互动,主要体现在以下几个方面:

首先,服务自由化的趋势加剧了金融业国际化中的法律冲突。在殖民时期,跨国银行一度成为帝国主义国家对殖民地进行金融控制和经济掠夺的工具,同时金融资本在各国的流动开始愈加频繁,帝国主义国家的跨国银行之间也开始了竞争。在这个时期,跨国金融交易的法律冲突业已开始出现,但是尚未成为一个值得关注的问题。20 世纪的两次世界大战摧毁了旧有的殖民体系,发展中国家的兴起以及对资本的需求促使其政策从"金融抑制"转向"金融自由",推行有限管制下的金融自由化,逐渐参与到全球金融市场中。跨国金融机构在发展中国家的扩张牵涉更严格和多样化的准入、经营、监管包括破产财产分配等问题,法律冲突愈加复杂和尖锐。

第二次世界大战后,西欧各国的重建需要大量的金融资本,美国对西欧进行援助的欧洲复兴计划(European Recovery Program,又称"马歇尔计划",即The Marshall Plan)减弱了历史上长期存在于西欧各国之间的关税和贸易壁垒,使西欧各国的经济联系日趋紧密并开始走向一体化。② 欧共体以及后来的欧盟内部率先奉行的在成员国间的服务自由原则促进了金融服务与产品的自由流动,主张放松以及协调金融管制。无独有偶,20 世纪 80 年代至 21 世纪初,以美国 1999 年《金融服务现代化法案》③为标志,美国曾经出现对金融领域去监管化的政策潮流,主张金融服务与产品的自由流动。2010 年《多德 - 弗兰克华尔街改革和消费者保护法案》(以下简称《多德 - 弗兰克法案》)④的出

① 如在国际金融市场中不同国家的银行与客户的属人法适用不同的法律造成的冲突,银行所在地法与消费者所在地法的冲突,以及金融服务自由潮流与各国金融管制法律的差异造成的冲突等。

② 西欧各国通过参加经济合作发展组织(Organization for Economic Co-operation and Development,OECD)接受了美国包括金融、技术、设备等各种形式的援助共计约 130 亿美元,客观上促进了西欧金融市场一体化的形成。

③ Gramm-Leach Financial Services Modernization Act 1999.

④ Dodd-Frank Wall Street Reform and Consumer Protection Act 2010.

台,标志着美国政府与金融界对金融自由的反思,虽然加强了金融监管,但金融服务自由的趋势不可扭转。金融机构作为在国际金融市场中的交易主体获得更大的自由度,同时,金融服务与产品的自由流动与各国法律的差异造成的冲突进一步凸显。

其次,网络科技与电子商务的发展深刻改变了跨国金融交易的方式。消费者不必亲赴位于国外的银行柜台,而可以在其经常居所地进行远程金融业务操作。这样在发生纠纷之时,就形成了经营者所在地法与消费者经常居所地法之间的冲突,消费者保护规则是否能适用于跨国金融服务合同,以及适用的限制成了值得关注的问题。同时,金融自由化的发展,促使各国接受利率与汇率的浮动,这在客观上造成了银行传统的存贷款业务利润率的降低,从而更多地转向衍生业务,即金融创新以开发金融工具来寻求利润、转移风险。金融工具在本质上是一系列权利与义务的合约集合,网络科技与电子商务的发展一方面有助于创造出更精密高效的金融工具;另一方面也使权利义务关系更复杂化,法律冲突问题更尖锐。金融工具一般涉及多个位于不同国家的投资人,不同国家的投资人与发行机构之间关系的法律适用,不同国家投资人之间关系的法律适用,以及不同身份的投资人包括专业商户与消费者之间关系的法律适用,使金融工具合约的法律冲突成了一个突出问题。

最后,跨国银团贷款合同的出现,使跨国贷款的法律冲突问题更复杂化。产业经济的国际化要求大量资金的注入,跨国公司需要贷款以保证其投资以及资金链的正常运作,但巨额的贷款对单个银行来说,一方面压力过大,需要考虑存款准备金的比例;另一方面基于跨国巨额贷款风险的考虑,在实务中多以一家牵头银行为代表组成跨国银团进行贷款。跨国银团贷款不同于传统定期贷款,其牵涉多个国家的贷款银行和借款人,主体间复杂的关系给当事人之间权利与义务的合理分配带来困难,纠纷发生后的法律适用更成为一个值得关注的问题。此外,银行业务的基础是信用,随着产业经济的国际化发展,买卖合同的交易双方需要银行对跨国支付进行担保以保证支付的正常有效进行,由此依其信用出具担保成为银行的重要衍生业务,主要体现在信用证与保函方面。本书将主要对《欧洲议会和(欧盟)理事会 2008 年 6 月 17 日关于合同之债法律适用的第593/2008 号条例》(以下简称《罗马条例Ⅰ》或 Rome Ⅰ Regulation)①以及其他最新的国际统一立法对信用证关系法律适用的影响进行分析,并对目前跨国信用担保合同法律适用所存在问题的解决提出看法。

综上所述,跨国金融机构与跨国公司有着很多相似性,但是也有很大的区别。金融机构相对于跨国公司,与国家的金融体系和经济安全有更紧密的联系,各国对此的法律规制也较跨国公司更加严格,且较难以缔结国际条约。但是,服务自由化和跨国金融业的扩张趋势又不可回避,这样就产生了更多的法律冲突,2008 年美国金融风暴之后跨国纠纷大量出现。② 在跨国金融服务合同方面的法律适用问题主要集中在跨国金融机构的属人法、存贷款合同、金融工具和信用担保合同中,并牵涉金融消费者保护的范围与限制,以及服务自由与冲突规则的互动问题。

(二)问题的特殊性

实践中有关金融服务合同的法律适用问题层出不穷,本书的目的是将该类问题进行归纳,系统地分析其理论体系,为金融服务合同纠纷争议解决实践提供参考。与金融机构有关的涉外合同种类繁多,难免有挂一漏万之嫌,但本书非纯理论的罗列,而是寻求将金融核心业务所涉及的合同法律适用问题进行总结与分析。在本书之外所涉金融服务合同之类型,应属存贷款合同、金融工具、证券、信用担保等核心业务之外延,基本上可以纳入本书所包含的范围之内。

首先,金融机构作为私法合同关系中的主体具有特殊性。金融机构一方面具有私法交易的主体地位;另一方面基于其在国内外金融秩序中的特殊地位而受到严格监管。金融机构在交易中要遵循私法自治原则,同时也受到金融监管体系的影响,而须对当事人法律选择的权利进行减损,同时,消费者保

---

① Regulation (EC) No. 593/2008 of the European Parliament and of the Council of 17 June 2008 on the law applicable to contractual obligations (Rome Ⅰ Regulation). 本书所引《罗马条例Ⅰ》条款的翻译大多参考邹国勇教授的中文译本。参见邹国勇:《外国国际私法立法精选》,中国政法大学出版社 2011 年版。

② 中国商业银行的私法主体性质虽有疑问,但是其积极参与国际交易,在中国涉外贸易往来中的重要作用不容置疑。中国香港特别行政区仍具有国际金融中心的重要地位,而中国政府目前对于上海国际金融中心的建设,也表征了其对于国际规则的遵守和进一步参与制定规则的强烈意愿。可以预见,中国的银行业势必以更加开放的态势参与国际金融体系。在这种情况下,中国学者对跨国银行监管、准入、并购、经营、破产等方面已经开始了积极的研究并陆续有重要成果问世,但在涉外银行交易合同的国际私法问题方面似有不足。

护规则也要求对各国的金融利益进行让渡和协调。在错综复杂的跨国金融法律关系中,当事人需要系统而明确的法律适用规则,以求建立公平、有效率的争议解决和交易体系。

其次,跨国金融服务合同的消费者保护规则具有特殊性。基于交易对象的谈判能力与其经济地位、专业水平密切相关,消费者保护规则得以适用以保护处于弱势地位的消费者能够与金融机构之间处于相对平等的地位,与金融机构同商家、专业客户合同的法律适用有很大差别。而基于金融工具交易的特殊性,在实践中为了便利金融交易、保证客户适用法律的平等和免予使金融机构经营受到缠讼的影响,在金融工具交易中排除了消费者保护规则的适用,这也是消费者保护在金融服务合同关系中适用的特殊性。

最后,跨国金融服务合同关系所适用的准据法具有特殊性。在理论上,金融法本身是一种私法与公法密切交织的法律,而跨国金融机构的出现以及金融业国际化的深入,使法人属人法的变革和金融法的域外适用成为值得关注的议题,其本质正是公法与私法之间渗透、结合的一个集中体现。跨国存款合同、贷款合同、金融工具合同、信用担保合同都有一套特别的法律适用规则。[①] 但是合同包括多个环节,在准据法的适用范围之外,仍有特殊的方面如当事人缔约能力等仍需适用特定的法律。银行所进行的存贷款业务、金融工具、信用担保业务从性质上来看是服务合同,可以适用与服务合同有关的法律适用规则。而现代金融服务自由原则已成为在全球经济一体化趋势下金融业发展的潮流,对服务合同关系的法律适用起着至关重要的影响。

(三)研究的目的

跨国金融服务合同有其特殊性,法律冲突问题也日益突出,在理论与实践两个方面,系统地研究法律适用问题都有重要的意义。

从理论角度来看,研究跨国金融服务合同法律适用问题的目的主要在于:

其一,扩展涉外合同纠纷法律适用研究的理论领域。探讨金融法所特有的"公法"强制性的性质对法律冲突的影响,以促成合同法律适用的理论领域适应国际私法向公法领域拓展的需要。

其二,丰富和完善合同法律适用体系,突破传统民法体系的局限。传统合同法律适用体系立足于国际私法的基本制度,局限于传统的民法体系。在

---

① 例如,在存款合同关系中,通过特征性履行方法,可以清晰地判断开户行是特征性履行义务方,基本上存款合同多适用开户行所在地法。

《中华人民共和国涉外民事关系法律适用法》中,分论部分仅包括消费者合同、劳动合同、知识产权转让合同等,并没有针对金融服务合同的法律适用规则。与金融交易有关的合同虽可以纳入一般合同、消费者合同与担保协议的广义范畴之内,但由于金融机构特殊的主体地位,以其为主体的合同形式有特殊之处,难以完全适用一般规则。①

其三,顺应现代国际私法重心由传统的民事领域向商事领域转移的趋势。② 金融机构作为商事关系的重要主体,在涉外民商事交往中有着极重要的作用。然而在中国国内已有的金融法学著述中,多是针对实体法进行研究,包括在准入、监管、并购、破产、消费者保护等方面有了极丰富的成果,而鲜见对涉及私法问题法律冲突的研究成果。与金融机构有关的法律冲突内容庞杂,包括合同、侵权、并购、破产等方面,深层次的研究则涉及国际金融的法律冲突,对跨国金融服务合同法律适用问题研究只是揭开了这个领域的冰山一角。通过进行问题研究,有助于推动商事法律冲突领域在国际私法学体系中的深化和系统化。

其四,促进金融法在私法领域的比较研究,为金融法在私法领域的趋同化发展创造理论条件。

从实践领域来看,该研究也有着重要意义:

第一,助益国际私法立法的系统化、科学化完善。目前,尽管一些国家的国际私法已经对跨国金融有关的法律冲突问题作了规定,但仍属只言片语,且主要针对金融机构的本国法等问题,如韩国《涉外私法》第 30 条规定:"银行业务的各项具体问题(前提条件)及效果适用银行的本国法。"难以对实践有系统化指导,多将合同和公司等广义法律选择规则适用于涉外金融服务纠纷,遇到特别问题仍需司法判例、解释和补充立法进行丰富,却有立法枝蔓繁多的弊端。本书通过对立法理论与司法判例进行研究,分析有关法律适用的基本脉络,可作为立法与司法实践的参考,丰富在国际私法中金融服务合同的法律适用规则。

---

① 如在金融消费者合同中,法律适用在受到一般规则调整的同时,还会受到诸如银行并表监管、母国监管、欧盟境内的服务流动自由与相互承认原则等影响。同时以金融机构为主体的涉外担保合同种类多样,包括信用证、银行保函、金融担保协议等,此前在各个领域虽多有研究,但少见有以金融机构主体作为联系因素将该协议类型进行归纳分析的成果。

② 参见李金泽:《关于公司法律冲突及其协调的若干问题思考》,载《江海学刊》1998 年第 6 期。

第二,可以促使对我国相关法律适用规则和金融法规进行调整,以适应国际社会法律冲突解决的需要,有助于跨国民商事纠纷的顺利解决。

第三,对从事涉外金融实务有着积极意义。通过预先了解跨国金融法律冲突的发生可能性及各国在解决冲突时的态度,有助于金融机构明确其行为及权责的最终法律效果。有助于当事人把握法律适用规则及纠纷解决机制,则有利于预防对其不利的法律适用,尤其是预防金融机构通过规避法律攫取非法利益,在合同中约定法律适用条款时兼顾双方的利益。[①]

(四)研究的立足点

本书最终立足对我国立法与司法实践的评介和建议。一方面,鉴于世界贸易组织(World Trade Organization,WTO)的要求,我国逐步开放金融市场,外资金融机构纷纷涌入;另一方面,中国的商业银行也已经开始在国外开展业务。可以预见,将有越来越多的跨国金融纠纷出现。但国内鲜有从国际私法角度探讨金融法律冲突与法律适用问题的专著和博士学位论文。在学术研究价值上,本书通过分析金融服务合同法律适用的特殊性,将碎片化的法律适用规则进行总结,研究其内在逻辑联系;在实践意义上,研究对相关法律适用规定的分析,可以作为涉外金融案件的法律适用指导,并将对我国《中华人民共和国涉外民事关系法律适用法》《中华人民共和国证券法》《中华人民共和国商业银行法》等相关法规的完善提出立法建议。

二、国内外研究现状

(一)国内研究现状

从国内近年来出版的专著和公开发表的期刊,包括公开的优秀博士、硕士学位论文来看,对金融业的实体法问题,包括存贷款业务、经营、监管等方面有丰富的成果,并且在比较研究方面的力度也不断加强。但目前对跨国金融中的冲突法问题研究尚有很大的空间,相关研究成果比较分散,还没有对金融服务合同法律适用进行综合性的论述,不利于从整体上把握该领域的理论脉络和发展走向。近年来,统一国际私法和服务自由化的发展已经对金融服务合同法律适用产生了重要影响,但现在对将上述领域研究相结合的成果仍不多见。目前,与银行或金融有关的法律冲突问题的研究主要分为以下三种情况:

---

① 参见李金泽:《关于公司法律冲突及其协调的若干问题思考》,载《江海学刊》1998 年第 6 期。

第一,在综合性国际私法论著中设专章或专节论述与金融有关的法律冲突问题。如黄进教授于2005年主编出版的《国际私法》①第十九章、第二十章中,讨论了信用证、担保等法律适用问题;以及在以金融法学为相关主题的论著和博士学位论文中牵涉一些国际私法问题,如高祥阳博士、陈宇博士于2003年出版的《国际银行法:合同银团与法律冲突》②中专章对国际贷款合同的国际私法问题进行了探讨,包括准据法、诉讼管辖与外国判决的执行。此外,在有关信用证、消费者保护、金融衍生品、网络金融等实体法研究中也涉及法律适用问题,主要包括尹龙博士于2003年出版的《网络金融理论初论:网络银行与电子货币的发展及其影响》,金赛波博士、李建博士于2004年出版的《信用证法律》,李昌麒教授、许明月教授于2005年出版的《消费者权益保护法》等。

第二,在综合性金融法论著中设专章或专节分析法律适用问题。从目前国内的研究现状来看,对于金融法实体问题的研究已经很深入。周仲飞教授先后在2004年和2010年出版《银行法原理》③与《银行法研究》④两书,对涉及银行经营、监管、破产、消费者保护等实体问题进行了系统论述,其中有很大篇幅涉及国际银行业的有关问题;李金泽教授在2008年出版的《银行业法国际比较》⑤以比较法的视角对各国银行业国际化中涉及的监管、准入、破产等问题进行了研究。在上述论著中,以专节的形式对法律适用问题进行了简要的分析。

第三,在期刊论文中就跨国金融法律冲突中的某个独立问题进行研究。在公开发表的期刊论文方面,研究范围更加广泛,不仅包括破产、监管、并购等问题,还涉及跨国银行存贷款合同、消费者保护等方面的法律适用问题。李仁真教授、程吉生副教授于2004年发表的《国际银行破产法律冲突的若干问题研究》⑥系统地对在银行破产中所产生的法律冲突问题进行了研究。

---

① 参见黄进主编:《国际私法》,法律出版社2005年版。

② 参见高祥阳、陈宇:《国际银行法:合同银团与法律冲突》,中国人民大学出版社2003年版。

③ 参见周仲飞、郑晖:《银行法原理》,中信出版社2004年版。

④ 参见周仲飞:《银行法研究》,上海财经大学出版社2010年版。

⑤ 参见李金泽:《银行业法国际比较》,中国金融出版社2008年版。

⑥ 参见李仁真、程吉生:《国际银行破产法律冲突的若干问题研究》,载《时代法学》2004年第2期。

在金融法的域外适用方面,金融法的性质由于传统公法与私法之间界限的模糊而属于"经济法"或"社会法"的范畴,域外适用可能因其具有公法性质而受挫。但韩德培教授早在1996年就已经证明所谓外国公法绝对不适用的原则早已经被放弃;①张庆麟教授在1998年发表的《析国际私法原则下外汇管制法的域外效力》②中提出在世界经济一体化的背景下,各国应本着平等互利的精神,依照国际礼让原则,承认别国有关金融法制的域外效力。关于礼让原则在法律适用中的重要性,万鄂湘教授在其1991年出版的《国际强行法与国际公共政策》③中也有过系统论述。新近的研究中,尚没有综合研究在服务自由潮流下礼让原则所发挥的重要作用的成果。

欧盟合同法律适用规则统一化的最新成果,尤其是在金融工具、消费者保护等歧见颇多的领域,有利于避免法律冲突对于国际金融交易的不利影响。邹国勇教授2007年发表的《论欧洲联盟国际私法的统一化》④中,系统地阐述了欧盟国际私法的统一化进程,并强调了其对于欧盟市场统一化的形成的作用。《(欧共体)关于合同债务的法律适用公约》(以下简称《罗马公约》)作为欧共体法律适用规则统一化的主要成果,被《罗马条例Ⅰ》继承与发展。陈卫佐教授于2010年发表了《欧共体国际私法的最新发展——关于合同之债准据法的〈罗马Ⅰ规则〉评析》,⑤其他成果包括同年李凤琴副教授发表的《欧盟合同之债法律适用制度的新发展》,⑥和谢宝朝副教授发表的《论〈罗马条例Ⅰ〉对欧盟合同冲突法的发展及对我国的启示》⑦等。在以上论文对《罗马条例Ⅰ》的系统分析中,也包括有关金融工具、特征性履行方法等与金融服务合同

---

① 韩德培:《国际私法的晚近发展》,载黄进等编:《韩德培文选》,武汉大学出版社1996年版,第87页。

② 参见张庆麟:《析国际私法原则下外汇管制法的域外效力》,载《政法论坛》(中国政法大学学报)1998年第2期。

③ 参见万鄂湘:《国际强行法与国际公共政策》,武汉大学出版社1991年版,第184页。

④ 参见邹国勇:《论欧洲联盟国际私法的统一化》,载《法学评论》2007年第1期。

⑤ 参见陈卫佐:《欧共体国际私法的最新发展——关于合同之债准据法的〈罗马Ⅰ规则〉评析》,载《环球法律评论》2010年第2期。

⑥ 参见李凤琴:《欧盟合同之债法律适用制度的新发展》,载《时代法学》2010年第2期。

⑦ 参见谢宝朝:《论〈罗马条例Ⅰ〉对欧盟合同冲突法的发展及对我国的启示》,载《西南政法大学学报》2010年第3期。

法律适用息息相关的内容。①

欧盟有关金融法的指令对于金融市场以及服务自由问题的影响，也出现了比较重要的成果。李仁真教授在1999年发表的《论欧共体银行法的特有原则》②中，提出了欧共体通过指令构建统一金融市场的三个支柱性原则，即相互承认原则、母国控制原则和第三国互惠原则。之后李仁真教授在2002年发表的《巴塞尔委员会电子银行业务风险管理原则》③和2006年发表的《论欧盟金融服务法中的相互承认原则》④中，进一步强调欧盟统一金融市场与服务自由原则之间的互动。在此之后，刘轶教授于2008年发表的《论欧盟金融服务法中的服务自由原则》⑤《论欧盟金融服务法中的设立自由原则》⑥和蔺捷副教授于同年发表的《〈金融工具市场指令〉对交易场所间竞争的影响》⑦等进一步对李仁真教授提出的理论体系进行完善，并明确了在金融自由化的背景下金融机构所处的地位以及对法律适用的影响。值得一提的是，刘轶教授在《冲突规则也适用服务自由原则吗？——以欧盟金融服务法为视角》一文中，强调欧盟成员国冲突规则很可能会限制服务自由，且不具有合理性。为了推动金融服务市场一体化进程，切实可行的办法是通过判例法来扩大服务自由原则的适用范围，使欧洲法院能够在实体规则的评价程序中审查冲突规则的合法性和合理性。关于欧盟金融服务法中的服务自由原则与冲突规则之间的互动，也将是研究的重点。

---

① 参见季立刚：《国际商业贷款协议中应注意的准据法问题》，载《上海金融》1997年第5期；邢勇：《论欧洲货币存贷款合同的法律适用》，载《国际金融研究》2001年第6期；彭锡华：《见索即付保函若干法律问题研究》，载《理论月刊》2001年第11期；吴弘、徐振：《金融消费者保护的法理探析》，载《东方法学》2009年第5期；刘贵祥：《独立保函纠纷法律适用刍议》，载《人民法院报》2009年6月25日，第6版；许军珂：《论消费者保护的法律选择模式——欧美模式与中国模式之比较、启示与思考》，载《法学家》2011年第5期；黄亚英、李薇薇：《论国际信用证交易中准据法的确定》，载《中国法学》2002年第3期；阚红艳：《合同准据法的适用范围》，西南政法大学2007年硕士学位论文；等等。

② 参见李仁真：《论欧共体银行法的特有原则》，载《法学评论》1999年第3期。

③ 参见李仁真：《巴塞尔委员会电子银行业务风险管理原则》，载《国际金融研究》2002年第3期。

④ 参见李仁真、刘轶：《论欧盟服务法中的相互承认原则》，载《法学评论》2006年第4期。

⑤ 参见刘轶：《论欧盟金融服务法中的服务自由原则》，载《暨南学报》（哲学社会科学版）2008年第2期。

⑥ 参见刘轶：《论金融服务法中的设立自由原则》，载《欧洲研究》2008年第3期。

⑦ 参见蔺捷：《〈金融工具市场指令〉对交易场所之间竞争的影响》，载《证券市场导报》2008年第7期。

综上所述,国内对该主题已经进行了一定研究,但仍然有可待推进研究之处。主要体现在:(1)没有对法律适用问题的内在原则进行分析,忽略了礼让原则的重要性;(2)电子商务平台上金融消费者合同的法律适用问题;(3)金融工具作为新兴的合同模式,其法律冲突问题的复杂性和法律适用的重要性尚未得到充分重视;(4)现代科技和商业模式下的服务自由潮流正在深刻地改变着国际金融市场和交易方式,对于法律冲突和合同法律适用也有着重要影响,但目前对于二者之间互动关系的研究尚有待进一步加强。

(二)国外研究现状

金融服务合同法律适用问题在我国国内虽尚未引起广泛关注,但近年来国外学界已有了较为丰富的著述。在研究国际金融的专著方面多将实体问题与法律适用问题共同容纳入一章中,虽然涉及面较广,但为了照顾实体问题的框架,多将法律适用问题拆分,附随实体问题的内容进行论述。法律适用问题多散见于各个篇章,没有形成统一的体例。总的来看,尚少见专门针对跨国金融服务合同法律适用问题进行完整、系统分析的著述。

英国的菲利普·伍德(Philip R. Wood)教授在其对国际金融进行研究的系列著作 *The Law and Practice of International Finance Series*① 中多次提到与跨国金融有关的法律冲突,尤其在 2007 年出版的 *Conflict of Laws and International Finance* 和在 2010 年出版的 *Law and Practice of International Finance* 中,对于国际金融中的法律冲突进行了着重论述,其中包括准据法的选择、隔离、适用范围以及国际证券发行的法律适用等很多有关于金融服务合同的内容。早在 20 世纪,由格拉汉姆·佩恩(Graham Penn)教授与安德鲁·海耶斯(Andrew Haynes)教授合著并在 1985 年出版的 *The Law & Practice of International Banking* 中,就已对跨国银行有关的法律冲突问题作了论述。英国的查理斯·普罗克特(Charles Proctor)教授在 2010 年出版的 *The Law and*

---

① 由 Sweet & Maxwell 出版社出版,包括 7 部:Volume 1:*Principles of International Insolvency*;Volume 2:*Comparative Law of Security Interests and Title Finance*;Volume 3:*International Loans, Bonds, Guarantees, Legal Opinions*;Volume 4:*Set-off and Netting, Derivatives, Clearing Systems*;Volume 5:*Project Finance, Securitisations, Subordinated Debt*;Volume 6:*Conflict of Laws and International Finance*;Volume 7:*Regulation of International Finance*。

*Practice of International Banking*① 一书中，进一步以英国法为视角对国际银行业的实体问题进行了详尽的论述，并包括了对每个部分中所涉及的法律冲突问题的研究。阿波斯托罗斯·古基尼斯（Apostolos A. Gkoutzinis）博士同样是一位英国学者，在其 2006 年出版的著作 *Internet Banking and the Law in Europe: Rgulation, Financial Integration and Electronic Commerce*② 中，系统地阐述了网络与电子商务对跨国银行业的影响，以及由此而波及的服务自由原则。值得一提的是，上述三位英国学者同时也是国际金融领域知名的律师，③由此可见，金融领域的法律冲突问题与实务息息相关。此外，三位学者的著作也都是在 2006 年后成书，对于该问题的研究方兴未艾。

1999 年，德国的赫伯特·科隆克（Herbert Kronke）教授在海牙国际法学院（The Hague Academy of International Law）暑期课程上所作的 Capital Markets and Conflict of Laws 讲演中，对资本市场中的法律冲突问题进行了详尽的分析，被收录入《海牙讲演集》（*Recueil des Cours*）第 286 辑。④ 在刘轶教授、卢青博士翻译并于 2010 年出版的西班牙学者戈西马丁·阿尔弗雷泽所著之《跨境上市：国际资本市场的法律问题》⑤中，主要研究证券跨国上市，并涉及了在国际资本市场中的国际私法问题，同时以欧盟法为视角对法人属人法的变革进行了系统的阐述。⑥ 米兰大学的马里奥·久里亚诺（Mario Giuliano）教授与巴黎一大的保罗·拉加德（Paul Lagard）教授合作的 *Report on the Convention on the Law Applicable to Contractual Obligations*（1980）对《罗马公

① See Charles Proctor, *The Law and Practice of International Banking*, Oxford University Press, 2010.

② See Apostolos A. Gkoutzinis, *Internet Banking and the Law in Europe: Regulation, Financial Integration and Electronic Commerce*, Cambridge University Press, 2006.

③ 菲利普·R. 伍德（Philip R. Wood）教授供职于 Allen & Overy 律师事务所；查理斯·普罗克特（Charles Proctor）教授供职于 Edwards Wildman Palmer 律师事务所；阿波斯托罗斯·古基尼斯（Apostolos A. Gkoutzinis）博士供职于 Shearman & Sterling 律师事务所。上述三所律师事务所都位于伦敦。

④ See Herbert Kronke, "Capital Markets and Conflict of Laws", *Collected Courses of The Hague Academy of International Law* 286, Leiden, Nijhoff, 2000.

⑤ ［西］戈西马丁·阿尔弗雷泽：《跨境上市：国际资本市场的法律问题》，刘轶、卢青译，法律出版社 2010 年版。

⑥ See Mario Giuliano and Paul Lagarde, "Report on the Convention on the Law Applicable to Contractual Obligations", *Official Journal C* 282, 31 October 1980. [EU Council of the EU Document].

约》进行了系统的评述,具有极高的参考价值。

在公开发表的期刊论文方面,在欧盟服务自由原则与金融领域法律冲突相互影响方面的研究成果很丰富,①并着重强调了电子商务的发展对于服务自由、资本市场以及法律冲突的影响。② 在金融法的性质以及其是否具有域外适用的效力方面,德国的尤尔根·巴塞多(Jürgen Basedow)教授提出有关"经济法"或"社会法"的概念,以及其公法或私法的性质。③ 在金融消费者、信用证以及网络环境下金融法律适用等相关问题也都有了相当的成果。④

三、研究方法

本书在国内外学者现有成果的基础上,采取法律比较、实证分析等方法,以有关国家的立法与司法判例为素材,以服务自由潮流为背景,从金融服务合同法律冲突问题的产生入手,以欧盟立法为视角,结合几类基础合同和衍生合同进行论述,总结法律适用规则发展的趋势,并最终归结到我国的立法与司法实践。

(一)比较方法

在国际统一立法方面,主要从宏观角度来分析国际贸易对于金融全球化的影响以及由此引起的法律冲突,并立足于特定合同规则来对金融服务合同

---

① See Apostolos A. Gkoutzinis, "Free Movement of Services in the EC Treaty and the Law of Contractual Obligations Relating to Banking and Financial Services", *Common Market Law Review* 41, 2004, pp. 119 – 175; Jan Wouters, "Conflict of Laws and the Single Market for Financial Services", 2 *Maastricht Journal of European and Comparative Law*, Vol. 4(3), 1997, pp. 215 – 309; etc.

② See Matteo Ortino, "EC Law on Cross-border On-line Financial Services", *European Business Law Review* 15, 2004, pp. 367 – 379; Roy Goode, "The Nature and Transfer of Rights in Dematerialised and Immobilised Securities", in *The Future for the Global Securities Market*, ed. by Fidelis Oditah, Oxford, Oxford University Press, 1996, p. 107; Herbert Kronke, "Applicable Law and Jurisdiction in Electronic Banking Transactions", in *Legal Issues in Electronic Banking*, ed. by Norbert Horn, The Hague, Kluwer Law International Publishing, 2002, p. 77; etc.

③ See Jürgen Basedow, "Conflicts of Economic Regulation", *The American Journal of Comparative Law* Vol. 42(2), 1994, pp. 423 – 447.

④ See Clive M. Schimitthoff, "Conflict of Laws Issues Relating to Letters of Credit: An English Perspective", in *Clive M. Schmitthoff's Select Essays on International Trade Law*, ed. by Chia-Jui Cheng, Martinus Nijhoff Publishers, 1988, pp. 573 – 583; Nicholas Creed, "The Governing Law of Letter of Credit Transaction", *Journal of International Banking Law* 2, 2001, pp. 43 – 57; Denis Petkovic, "The Proper Law of Letters of Credit", *Journal of International Banking Law* 4, 1995, pp. 141 – 152; etc.

的法律适用进行分析。对于欧盟法的比较，主要从合同冲突规则统一化的角度，结合欧盟服务自由原则和设立自由原则对于冲突规则的影响来分析造成法律适用规则演变背后的政策和宏观因素。

在国内法方面，引用了大量英国的案例与文献。在美国法方面，主要从美国金融监管政策的演变来分析其对法律适用规则的影响。此外，本书还引用了奥地利、葡萄牙、荷兰、希腊等国家的法律适用规则进行比较研究。

通过比较，本书最终立足于对中国相关立法与司法实践的评介和建议，结合相关学说和案例来对我国目前金融服务合同法律适用的立法与司法实践进行评述，并提出立法完善的建议。

（二）实证方法

包括数据统计与案例分析，本书收集了金融工具交易、电子商务在金融业中的发展等方面的数据资料；并研究了包括中国、英国、美国、欧盟法院 80 余个重要案例。着重将理论的演绎与实证的归纳相结合，力求使研究更丰满与具体化。在案例归纳与分析方面，本书针对关键性问题，首先对现有理论进行评析，其次引用重要案例进行佐证，通过结合实践的方式以辨明理论的严密性与实用性，并提出创新观点。

四、创新之处

其一，研究法律冲突问题，需要以一个基本原则作为指引。本书提出了礼让原则在金融服务合同法律适用中的重要性，强调应该以礼让原则作为法律冲突解决的基本原则，探讨该原则在金融法域外适用中的影响，及其在法律适用中的价值。

其二，将碎片化的金融服务合同法律适用问题进行系统整合，通过对该问题进行整体分析以展现该问题的内在逻辑体系。推导出该问题的发展趋势主要体现在三个方面：意思自治与客观标准的融合对跨国金融机构属人法的影响，消费者保护规则在对消费者权益充分保护前提下的限制适用，以及电子商务环境下服务自由原则与冲突规则的互动。

其三，作为一种特殊的合同，金融工具合同具有多个当事人，主要由发行机构、多个投资人和经纪人构成，内部权利义务关系十分复杂。现有对金融工具的研究多关注实体问题，很少有分析其法律冲突问题的成果。《罗马条例Ⅰ》出台后，特别规定了金融工具的法律适用条款，具有极高的研究和实用价值。本书强调了在金融工具交易合同中法律冲突的特殊性，及其对法律适用的影响。作为创新,本书还提出了对消费者保护规则在金融工具法律适用中排除的原因、影响以及如何对消费者进行合理保护等多个问题进行分析。

其四,金融服务与产品在不同国家间的自由流动,是金融服务合同法律冲突产生的必要条件,服务自由原则业已受到国内外学界的关注,但是该原则与法律冲突之间的互动目前鲜有研究成果。本书通过分析服务自由原则对冲突规则的影响,从国际统一立法和实践的宏观角度来审视金融服务合同法律适用问题,并对我国的立法与司法实践提出建议。

第一章　金融服务合同中的法律冲突

第一节　金融服务合同法律冲突产生的原因

金融服务合同法律冲突产生的原因主要有三点：(1)金融业的国际化加剧了法律冲突。随着两次世界大战对旧殖民体系的破坏和国际金融关系的重组，现代科学技术尤其是网络技术的发展，金融创新层出不穷。在世界经济一体化趋向的背景下，现代金融的发展有了新的主题：金融业的国际化。[①] 产业经济的国

---

① 自从公元前6世纪巴比伦的"里吉比"银行出现以来，银行业已经历了漫长的岁月与变迁。公元前4世纪，希腊的寺院、私人商号和一些公共团体已经开始了为商人们进行货币兑换，但还尚不能办理放款。在公元前200年的罗马城，除了货币兑换以外，业已出现了经营类似于贷放、信托等业务的机构，并且在当时的罗马共和国境内有明确的法律条文对这些机构进行管理和监督。以上机构经营的业务虽在实质上不属于信用贷放的范畴，但已经有了近代银行业的雏形。

公认的早期银行的萌芽始于文艺复兴时期的意大利。当时地中海沿岸的威尼斯和热那亚是国际贸易和海运的中心，由于封建割据，商人们持有不同的金属铸币，在交易中需要进行烦琐的兑换，而且长途运输的安全性也难以得到保证。因而专业从事货币兑换的机构开始出现，从事货币的存储、兑换与支付。同时由于存款的数量不断增加，从事货币汇兑的商人们发现存款人并不会同时一次提取所有的存款，总是有一笔可观的存款闲置在货币汇兑机构中。同时随着贸易的发展，商人们对资本的需求加大，愿意借贷以扩大生产与贸易。从事货币汇兑的商人通过将闲置的资本借贷给需要的商

际化和全球市场一体化进程的深入，促使了金融业在20世纪后快速国际化，金融机构活跃在国际金融市场上，成为重要的经营主体，产生了大量合同法律关系，但同时也引起了不同国家之间的法律冲突。(2)金融法域外适用效力的承认使法律冲突成为不容忽视的现实问题。国际社会对于金融法这种公法与私法性质交融的"社会法"抑或"经济法"的域外适用，已从绝对的反对到有限制的接受。(3)各国金融法制的差异是法律冲突产生的客观因素。尤其是各国立法对于合同的主体，包括金融机构、客户、消费者等有着不同的规定。

一、金融业的国际化与法律冲突的加剧

(一)金融业国际化与服务自由

金融业的国际化主要表现在经营机构的国际化和业务的国际化两个方面。首先，一些大型金融机构不断在海外设立分支机构，形成了由多层次、多方位的分支经营机构所组成的跨国体系。各国对外国金融机构在本国的准入标准有放宽的趋势，跨国并购、破产等问题也越来越多见。其次，随着各国尤其是发达国家对金融业管制的不断放松，金融资本流动更加便捷；同时，随着

人以赚取利息，这样的交易使货币汇兑机构已经开始具备了银行的基本职能，即存款、汇兑与信用贷款，现代意义上的银行开始出现。

现代意义上的银行肇始于意大利，而繁荣于英国。在英文中的"bank"系源自意大利语的"banca"，即长凳的意思。早期在英国从事货币汇兑等银行业务的多为从意大利逃避战乱来到英国的犹太人，常是在公共市场上置办一个显眼的长凳以开展业务。若有出现从事货币汇兑的商人资金周转不灵、无力偿还存款的情况，人们即会群起而砸碎长凳，标志着其信用的丧失和业务的停止。在英文中的"破产"(bankruptcy)，即源于此，形象地表现了银行在遇到挤兑时不得不破产的状况。

现代商业银行的建立始于英格兰银行，即历史上第一家资本主义股份制的商业银行，在此之前，银行业经营的本质是高利贷业务。英格兰银行的建立标志着商业银行的产生，现代银行体系开始在世界范围内普及。随着经济社会的发展、银行业竞争的加剧，现代商业银行的业务范围不断扩大，银行已不限于发放基于商业行为的自偿性贷款，而逐渐成为多功能、综合性的金融机构，被称为"金融百货公司"。伴随着殖民统治的扩张，英国、法国、德国三个殖民地宗主大国为了满足其对殖民地的掠夺和统治，在其殖民地上建立了众多跨国银行的分支机构，并以伦敦为国际金融中心，形成了国际借贷市场。但是殖民时代银行的跨国扩张并不是商业银行意义上的国际化，而是作为宗主国进行殖民统治的手段。

以上内容参见谢建敢：《银行业国际化与我国金融稳定研究》，湖南大学经济与贸易学院2007年博士学位论文；庄毓敏：《商业银行业务与经营》，中国人民大学出版社2008年版，第6～7页；J. Milnes Holden, *The History of Negotiable Instruments in English Law*, London , Athlone Press, 1955, pp. 87－94；John Carswell, *The South Sea Bubble*, Stanford, Stanford University Press, 1960, pp. 27－28。

科技的发展,金融创新活跃,新型金融工具和金融产品层出不穷,跨国金融业务从传统的存贷款等基础业务向金融工具、证券、保险、信用担保等国际性业务延伸。

金融业的国际化是多方面、深层次的,但同一般企业相比,金融机构从事国际化经营所受到的约束要多得多。从东道国的角度来说,由于金融机构的正常运行牵涉本国金融秩序的稳定,所以除了需要满足一般公司国际化经营的条件以外,还必须遵循东道国的宏观经济法律与政策等方面的管制。① 从母国的角度来说,本国金融机构的外国分支机构牵涉母国监管、外汇政策以及税法等方面的问题。金融服务合同交易的法律冲突问题也与一般跨国公司不同,这是与金融业务的独特性以及受监管的程度密切相关的,在发达国家与发展中国家之间体现得尤为明显。

服务自由化要求金融服务作为一种贸易品在国家之间自由流动,作为服务贸易的一大重要部门,金融服务贸易是包括保险、银行、证券、外汇、期货、期权服务及其有关的辅助性金融服务。② 金融服务贸易所包含的内容是金融服务贸易中重要的一部分,二者之间有着密切的联系。

(二)金融服务中所涉及的合同法律冲突

世界贸易组织体制下的金融服务贸易法律文件包括《服务贸易总协定》,其两个金融服务附录和《关于金融服务承诺的谅解》《全球金融服务协议》。国际金融服务贸易主要指商业性的金融服务活动,提供者可以是一成员方希望提供或正在提供金融服务的任何自然人和法人。但参加方的公共机构,即政府、中央银行或货币发行机构,或由政府拥有、控制的主要执行机构,或为政府的意图而活动的机构则被排除在外。③ 结合《服务贸易总协定》的有关定义,法律冲突主要体现于国际金融服务贸易的以下四种形式中:

第一,过境提供,即从一国境内向另一国境内的居民提供金融服务。在这种情况下,主要是由金融机构通过网络等技术手段向位于外国的客户提供远程金融服务。首先,要甄别客户是否具有消费者的性质,以确定在合同中是否

① 参见谢建敢:《银行业国际化与我国金融稳定研究》,湖南大学经济与贸易学院2007年博士学位论文,第4页。

② 参见世界贸易组织《服务贸易总协定》附录5。

③ 参见余永定、郑秉文:《中国入世研究报告:进入WTO的中国产业》,社会科学文献出版社2000年版,第503页;石静遐:《中国发展国际服务贸易的法律问题——结合的若干分析》,载《中国法学》1997年第5期。

应适用消费者保护。同时,要明确金融机构与消费者之间的交易是否具备了提供信贷服务、地域性联系等一系列因素。其次,包括证券、保险、信用担保等业务在各个国家的规定有所不同,同时也有着诸多国际公约。最后,还需要分析客户所在地与金融机构所在地的强制性规则对法律适用的影响。在合同关系中作为特征性履行方的金融机构,必然要求其所在地法得以适用以实现其利益;同时基于外国消费者所在地的消费者保护规则,要求适用经常居所地的法律。

第二,境外消费,即一国的消费者在另一国境内接受金融服务。在这种情况下,合同通常直接适用金融机构所在地法,以避免众多的跨国消费者同金融机构订立的合同适用不同国家的法律,从而给金融机构带来过重的负担以造成不合理的后果。

第三,商业存在,即金融机构通过在另一国境内建立分支机构来提供服务。金融机构在不同国家设立的分支机构经常涉及法人属人法的法律冲突问题。对于法人属人法的确定,在传统上有设立地主义和真实本座主义(又称主要管理机构所在地主义、实际住所主义)两种方式。金融机构在适用两种不同方式属人法的国家之间设立分支机构会产生法律冲突问题,而最密切联系原则在法人属人法中的适用则代表了国际社会弥合法律冲突最新的发展趋势。

第四,自然人流动,即一国的服务提供者个人到东道国境内提供金融服务。一般适用东道国法,这种类型并不牵涉法律冲突的问题。

(三)金融业国际化法律冲突问题的复杂性

随着金融服务自由化的发展,利率、汇率的波动幅度加大,带来更大的金融风险和脆弱性。为规避风险、增加利润,金融业经营重心开始转向金融创新。同时,随着计算机和通信技术的进步,大大降低了金融交易的成本,使金融机构愿意通过创造更多的金融工具以谋求盈利和分散风险。金融工具本质上是一种合约,属于证明债权债务关系并据以进行货币资金交易的合法凭证,包含了一系列发行人与投资人之间权利与义务的集合。金融工具是金融信贷的延伸,其内部具有多重的权利与义务结构,并且,金融工具通常有多个投资人,既包括公司、客户,也可能有个人消费者,这样就使其法律适用问题尤其复杂。

此外,金融业务的基础是信用,随着国际贸易的发展,产业经济跨国贸易的规模越来越大,为了保证交易和支付的安全性,需要以金融机构的信用进行担保，进而衍生出了信用证、银行保函等一系列新型合同。信用担保合同与基础合同之间有着既密切又相互独立的关系，其法律适用也具有特殊性。

（四）金融服务所涉国际私法问题的特殊性

首先，金融机构作为私法合同关系中的主体具有特殊性。一方面，金融机构具有私法交易的主体地位，遵循私法自治原则；另一方面，基于其在国内外金融秩序中的特殊地位而受到严格监管，而须对当事人法律选择的权利进行减损，同时消费者保护规则也要求对各国的金融利益进行让渡和协调。在错综复杂的跨国金融交易法律关系中，当事人需要系统而明确的法律适用规则，以求建立公平、有效率的争议解决和交易体系。

其次，金融消费者合同法律适用规则具有特殊性。基于交易对象的谈判能力与其经济地位、专业水平密切相关，需保护处于弱势地位的消费者，以便能够与金融机构之间处于相对平等的地位，其与商家、专业客户合同的法律适用有很大差别。而基于金融工具交易的特殊性，在实践中为了便利金融交易、保证客户适用法律的公平和免于使金融机构经营受到缠讼的影响，在金融工具交易中排除了消费者保护规则的适用，这也是消费者保护适用的特殊性。

最后，金融服务合同关系所适用的准据法具有特殊性。金融法本身是一种私法与公法密切交织的法律，而在金融全球化的进程中，跨国金融机构的出现使得法人属人法的变革和金融法的域外适用，成为值得关注的议题。跨国存贷款合同、金融工具合同、信用担保合同都有一套特别的法律适用规则。①但是，合同包括多个环节，在准据法的适用范围之外，仍有特殊的方面如当事人缔约能力等仍需适用特定的法律。存贷款业务、金融工具、信用担保业务合同从性质上来看属于服务合同，可以适用与服务合同有关的法律适用规则，但也具有特殊性。

二、金融法的域外适用

（一）公法还是私法：金融法的性质

国际金融中的法律冲突涉及的某些问题，不仅在传统的国际私法领域有很大的影响，而且往往招致国家间的主权利益冲突，如银行的跨国并购、跨国金融管制等问题。同时，基于金融与社会经济千丝万缕的联系，这些问题不仅

---

① 例如，在跨国银行存款合同关系中，通过特征性履行方法，可以清晰地判断开户行是特征性履行义务方，基本上存款合同多适用开户行所在地法。

局限于金融法领域，还牵涉合同法、消费者法、证券法、外汇管理法、竞争法等一系列法制的冲突与协调。金融法制与一国经济的稳定与健康运行密切相关，牵涉国家的经济命脉，研究金融法离不开监管、规制等具有公法性质的法律规范。

公法性规范对私法规范的适用常产生刚性的影响，在国际私法方面，主要体现在，金融服务合同法律适用时，内国强制性规则的直接适用。若国内法的适用与内国的重大利益具有重要或关键性的联系，法院可出于保护内国重大利益的考虑，排除依冲突规则指引的外国准据法的适用，而直接适用相关国内法。依强制性规则所应适用的法律未必一定属于公法范畴，但适用的原理多是基于公法性的原因。弗朗西斯卡基斯认为，随着国家职能的转变，国家对经济生活的干预不断增加，为了能够在国际民商事交往活动中更好地保护自己的利益，国家制定了一系列具有强制性的法律规范，这些具有强制性的法律规范在调整涉外民商事关系时，可以绕开传统冲突规范的援引而直接适用于该涉外民商事关系。① 通常来说，这类法律规范常常与国家经济管制的法律相结合，如金融监管法规、外汇管制法规、反垄断法规等。②

公法与私法之间的密切联系在金融领域体现得尤为明显，监管渗透金融交易的各个层面。金融法中的私法性规则，如客户的收回存款本息权、信息披露权、银行的存款使用权等权利规则，在不涉及法院地公共秩序保留的情况下，可以通过当事人明示选择或默示冲突规则的指引在域外得以适用，这当无异议。然而公法性规则是否能够在域外得以适用，则是一个可以争论的问题。

国家难免有主张外汇管制法规的域外效力的倾向，然而，这种尝试往往由于外汇管制法规的公法性质而受挫，任何国家都无权直接或间接地在其领域外实施其主权与公法已成为一个普遍接受的观念。③ 如果法院适用外国公法，实际上就意味着协助该国家将其主权行为延伸到国外，会损害履行地国的

---

① 参见徐冬根：《论法律直接适用理论及其对当代国际私法的影响》，载《中国国际法年刊》1994 年；谭民、付文佚、舒旻：《"直接适用的法"之理论分析》，载《云南财经大学学报》2006 年第 4 期；肖永平：《法理学视野下的冲突法》，高等教育出版社 2008 年版，第 323 页。

② 参见张敏、万福良：《论国际私法中"直接适用的法"——兼评〈涉外民事关系法律适用法〉第 4 条》，载《南阳师范学院学报》（社会科学版）2011 年第 7 期。

③ 参见张庆麟：《析国际私法原则下外汇管制法的域外效力》，载《政法论坛》1998 年第 2 期。

属地最高权。[1] 随着法制、社会和经济的发展和交融而密不可分，国家开始对社会和经济运行加以法律手段进行干预和调整，出现了目的为保障社会福利和国民经济正常发展的立法模式，即所谓的"社会法"或"经济法"。学界对"社会法"和"经济法"的内涵，以及是否可以依据这两个概念区分出独立的法律部门仍具争论，[2]但其性质介乎于公法与私法之间应无异议，[3]体现了公法与私法在现代经济、金融、社会关系中的复杂交错与交融，即所谓的"私法的公法化"或者"法的社会化"趋势。[4] 金融法公法与私法相混合的性质使其在域外适用的效力并不必然被排除，而却又要受到特别的限制。

（二）金融法域外适用的可能性

在国际私法中，外国金融法并不必然被排除适用，内国法院承认外国的外汇管制立法并不违反内国的公共政策。[5] 若其是与涉案法律关系联系最密切，与当事人利益直接相关的法律，并且是非歧视性的，若简单地因其具有公法性质便排除其适用，反而可能会造成不公平的结果。

通过研究英国、法国、瑞士、荷兰等国的若干判例可以看出，所谓外国公法绝对不适用的原则早已经被放弃。[6] 没有什么外国的公法绝对不能适用，而是要在每一特定案件中考虑是否有公共政策的因素，以作为要求在内国不适用该外国法的特别理由。瑞士《国际私法法典》第 13 条规定："本法典所指之外国法包括其可适用于案件事实的所有规定，对外国法的适用并不因为其具有公法的性质而被排除。"

在国际私法中不适用外国公法性规范是先验的原则，并没有充分的理论

---

① 参见[英] 劳特派特：《奥本海国际法（中译本）》（上卷，第 1 分册），王铁崖、陈体强译，商务印书馆 1981 年版，第 246～247 页。

② 参见王保树：《经济体制转变中的经济法与经济科学的转变》，载《法律科学》1997 年第 6 期；漆多俊主编：《经济法论丛》，中国方正出版社 1999 年版；杨紫煊主编：《经济法》，法律出版社 2000 年版，第 106 页；Richard Posner, *Economic Analysis of Law*, Wolters Kluwer Law & Business, 2014, p. 33。

③ See Jürgen Basedow, " Conflicts Of Economic Regulation ", *Amsterdam Jounrnal of Comparative Law* 2, 1994.

④ 参见张庆麟：《析国际私法原则下外汇管制法的域外效力》，载《政法论坛》（中国政法大学学报）1998 年第 2 期。

⑤ 参见[英] 莫里斯：《法律冲突法》，李东来等译，中国对外翻译出版公司 1990 年版，第 49 页。

⑥ 韩德培：《国际私法的晚近发展》，载黄进等编：《韩德培文选》，武汉大学出版社 1996 年版，第 87 页。

和实践佐证，且易与公共秩序保留的作用相重复，导致对国际交流与合作产生更大的阻碍。[①] 应当根据实际情况进行分析，若仅因法律具有属地性而当然的被排除了其域外适用的效力，这种观点是站不住脚的。[②] 对于与金融服务有关的法律冲突问题研究，实质上是对在一个贸易和投资自由流动的经济环境下，如何协调同时并存的国家干预这一问题进行研究。习惯上将各国有关涉外金融管制的法律纳入公法的范畴，包括外国金融机构的准入、母国监管、跨国金融机构的并购和监管等方面，其根本目的是为本国金融机构参与国际竞争创造良好条件，也是同相关国家进行金融交往的需要。在解决国际私法问题时，往往也是需要考虑这些具有公法性质的实体金融法规。与税法、刑法等纯公法性质的法制不同，金融法具有更多的外向性和柔软度，较易通过国际合作进行协调。从这个意义上来说，简单地拒绝金融法域外适用效力，实际上是割裂了各国在金融交往上的联系，这是与国际金融一体化的趋势背道而驰的。

在司法实践中，美国法院对外国公法性规范在美国的适用给予了支持性的判决。在"中央汉诺威银行案"（Central Hanover Bank & Trust Co. v. Siemens & Halske Akt）[③]中，某德国公司通过纽约的金融公司在纽约发行了债券。在债券发行后，德国政府出台了新的外汇管制法，德国公司按照新法的规定没有按照债券合同履行其义务。债券的信托人在纽约法院提起诉讼，虽然债券合同的准据法是美国法律，但被告德国公司却以德国的外国管制法提出抗辩。法官支持了德国公司的抗辩，仅以其在美国的财产偿付美国债权人的损失，而不是迫使其违背本国法律的强制性规定，间接地认可了外国外汇管制立法的域外效力。若外国法律改变了合同当事人对合同履行方式的预期，那么，它应该成为合同法律适用的例外。[④]

（三）服务自由原则与金融法的域外适用

在国际民商事纠纷中对于外国公法性规范的适用，是建立在当事人都是

---

① A Andreas F. Lowenfeld, *Public Law in the International Arena: Conflict Of Laws, International Law, And Some Suggestions For Their Interaction*, Recueil des Cours 163, 1979, p. 325.

② 李双元、金彭年：《中国国际私法》，海洋出版社1991年版，第260页。

③ Central Hanover Bank and Trust Company v. Siemens & Halske Akt, 15 F. Sup. 518 (S. D. Y. 1936).

④ 参见王立武：《国际私法强制性规则适用制度的发展趋势》，载《政法论丛》2012年第1期。

平等主体的基础上,即外国公法的间接适用。因这种间接适用不影响本国国家治权的行使,各国法院多能够接受,外国公法性规范适用的限制主要体现在法院对本国公共秩序与重大利益的考量。① 跨国金融服务交易双方当事人包括金融机构、商户、消费者等均为私主体,可以有条件的适用外国公法性规范。随着欧盟关于统一金融市场的要求和金融立法统一化进程的加速,服务自由、设立自由、母国控制等原则被作为欧洲统一立法的基石而相继确立。尤其是服务自由原则对金融业务的发展起到了至关重要的作用,即依某一成员国国内法成立的金融机构可以自由地在其他成员国境内设立分支机构和提供金融服务,且分支机构接受其母国的监管;而对欧盟以外的国家,在欧盟成员国设立的金融机构也要求享有服务自由。在公法适用方面,国内金融监管法律的效力已经溢出国境,并对国际民商事纠纷解决的法律适用起着越来越大的影响。

(四)礼让原则:金融法域外适用的内核

一国在其领域内享有绝对的主权和管辖权,所以,一国法律只在该国的领域和管辖范围内才有效,只有在"国际礼让"时方有可能在内国法院适用外国法。主权国家对另一国家已在其本国有效实施的法律,出于礼让应承认其在境内的效力,只要这样做才不损害自己国家的利益。国际礼让原则对公法的域外适用起着至关重要的作用,万鄂湘教授曾有一个生动的比喻:国际礼让原则在国际社会中就像水泥黏合浆一样,把组成整栋国际大厦的一块块砖似的国家结合在一起,谁也不会因为害怕在整个国际体系中作出妥协而情愿把这些黏合浆清除掉。礼让是我们在政治上独立,在经济上相互依从的国家组成的国际社会的必然产物。②

国际礼让原则在同属于"经济法"或"社会法"范畴的反垄断法域外适用中的影响,可以作为金融法的借鉴。美国法官勒恩德·汉德(Learned Hand)在著名的"美国联邦政府诉美国铝业公司案"(United States v. Aluminum Co. of America)③中,确立了《保护贸易和商业不受非法限制与垄断之害法》(以

① 参见张庆麟:《析国际私法原则下外汇管制法的域外效力》,载《政法论坛》(中国政法大学学报)1998 年第 2 期。

② 参见万鄂湘:《国际强行法与国际公共政策》,武汉大学出版社 1991 年版,第 184 页。

③ United States v. Aluminum Co. of America, 377 U. S. 271 (2nd Cir. 1964).

下简称《谢尔曼法》)[①]的域外适用效力。此后,美国联邦第九巡回法院在Timber Lumber Co. v. Bank of America[②]中,对该判例作了进一步的解释,并强调礼让原则的作用,主张在《谢尔曼法》的域外适用过程中应该注意平衡本国国家利益与他国国家利益之间的关系,他国利益有可能构成内国法域外适用的边界。[③] 该判例所确立的规则在随后的"曼宁顿·米尔斯诉康格里默公司案"(Mannington Mills, Inc. v. Congoleum Corp)[④]中得到承认和进一步延伸。

在相互依赖和交往合作已成为当代国际潮流的今天,为维护国际经济贸易的正常交往与发展,各国有必要对他国从保护本国金融秩序和经济利益出发而制定的金融法制,给予必要的认可与尊重。国际贸易与金融关系的稳定和发展要求国际社会承认一种公共秩序,这种公共秩序的普遍性摆脱了狭隘的本国利益观点。它要求各国为了国际社会的整体利益,自我限制本国的主权权力,基于公平正义之准则以及根据国际礼让原则之精神,对外国的金融法制予以适用,而不应以公共政策为由排除适用。[⑤] 礼让原则作为金融法域外适用的内核,有利于消除国际金融交往中人为的阻碍。

(五)金融服务合同主体在跨国语境下的差异

金融服务合同主体,包括金融机构、商业及专业客户、个人消费者等在不同国家的立法中有着不同的规定,造成了不同国家合同主体的缔约能力等方面的法律冲突,将在下文中进行详细分析。

第二节　金融服务合同法律冲突的表现形式

一、金融机构法人属人法的冲突

在实践中,法人属人法问题对金融机构在国际金融交易中权利与义务的

---

① An Act to Protect Trade And Commerce Against Unlawful Restrains and Monopolies (1890).

② Timber Lumber Co. v. Bank of America, 549 F. 2d 597 (9th Cir. 1976).

③ 参见陈兵、顾敏康:《〈谢尔曼法〉域外适用中"礼让"的变迁与启示》,载《法学》2010 年第 5 期。

④ Mannington Mills, Inc. v. Congoleum Corp., 595 F. 2d 1287 (3d Cir. 1979).

⑤ 参见张庆麟:《析国际私法原则下外汇管制法的域外效力》,载《政法论坛》1998 年第 2 期。

确定极重要，各国大多在立法中规定了公司属人法的确定方式，以此适用于金融机构，或直接规定了金融机构本国法的适用。法人属人法的冲突，主要体现在设立准据法和真实本座所在地法之间，采用这两种不同属人法的国家在确定设立在该国的金融机构与分支机构的权利义务方面会有差别。国际私法上的设立准据法主义和真实本座所在地法主义，即法人受其设立所依国家法律，或者实际管理、营业中心所在国法律的管辖，两种不同的模式体现了在法人属人法的确定中意思自治原则与客观标准原则的博弈。

二、经营者所在地法与消费者经常居所地法间的冲突

经营者所在地法与消费者经常居所地法之间的冲突，也是一个重要的问题。在存款合同中，通过特征性履行方法，可以判断经营者是特征性履行义务方，适用开户行所在地法。但是，合同包括多个环节，在准据法的适用范围之外，仍有特殊的方面如当事人缔约能力等方面仍需适用特定的法律。在跨国贷款合同中，特征性履行方法的作用更明显，定期贷款合同当事人未选择法律的情况下，借款人负有偿还贷款本息的义务，其一般被法院确定为特征性义务履行方而适用其所在地的法律。然而，有可能因为借款人所在国的法律发生变动，尤其是外汇管制法律发生变动，而对借款人的还款义务发生影响。在这种情况下，准据法冻结、准据法隔离等方法都可能被采用以保证借款人履行其义务，保护贷款银行的权利得以实现。在信用证合同复杂的关系体系中，特征性履行方法也被用来确定当事人之间的权利义务关系。

为了保护处于弱势地位的消费者能够与金融机构处于相对平等的地位，消费者保护也被作为法律适用的重要影响因素，以平衡二者之间的谈判能力，保护消费者的合理权益。消费者经常居所地法与经营者所在地法之间适用的选择受到多重因素的影响，如消费者身份的界定、消费者合同性质的确定以及特殊合同排除消费者保护等。

在金融工具交易中，由于金融工具是由复杂的权利义务关系构成，常常牵涉多个消费者，若一概适用消费者经常居所地法，那么有可能对售出的同一个金融工具却适用不同国家的法律，造成法律适用的混乱和成本不合理的增加。而且在集体投资等合同中，客户经常既包括自然人消费者，又包括公司客户和专业投资人，这样在同一个合同中，对不同的客户适用不同的法律会造成权利义务上的不公平。在实践中为了便利交易和免于使经营者受到缠讼的影响，在金融工具交易中排除了消费者保护规则的适用。

三、时际法律冲突

金融服务合同关系中的时际法律冲突主要体现在跨国贷款合同中，就是当合同履行或发生争议时，如果合同准据法的内容发生了改变，此时应适用前后哪一个法律的问题。法律修改是导致准据法内容发生变化的最常见原因，学界对此有不同看法：有观点主张，准据法一经确定并订入合同便不能改变的观点认为，倘若准据法随着被选择的法律修改而变更，就等于改变了协议中当事人的权利义务关系，成立了另一新合同；另有观点主张，当事人既然通过协议选择了某国法律为协议的准据法，就表明已将整个合同的权利义务与特定的法律体系联系在一起，如果这个法律的若干强制规则嗣后有了变更，那就适用变更以后的法律，当事人也应受新的规定约束。①

在实践中，基于金融法制的特殊性，其与国家经济运行息息相关，有关外汇管制、银行准入、破产、债券本息支付等规定有可能因为国家政局的波动和基本经济政策的改变而变化，且多属于强制性规则。在跨国贷款合同中，若当事人双方选择借款人所属国法作为准据法，在该国法律发生了改变之后，如果法院仍以法律变化前的规定来确定当事人的权利与义务，其判决是否能在借款人所属国得到承认和执行将是个问题，借款人所属国执行法院很有可能以违反本国强制性规则为由拒绝承认和执行。而若适用变化之后的借款人所在地法律，是否能够对贷款人的合理权益进行保护也存在疑问，如何妥善解决贷款合同中的时际法律冲突是个值得探讨的问题。

四、金融服务自由与冲突规则之间的冲突

近年来，欧盟通过了《电子商务指令》与《远程金融服务指令》等规范，作为统一内部市场而构建的法律体系的一部分。《电子商务指令》旨在保证"社会信息服务"在成员国之间的自由流动，即任何有偿、远程、通过电子方式按照客户要求提供的服务。② 此外，在欧盟金融服务法中，母国控制原则是指跨国金融服务应主要遵循母国的监管规则，相应的监管责任也主要由母国监管

---

① 参见郑敏、唐斌：《试论国际银团贷款的法律适用》，载《重庆电子工程职业学院学报》2010 年第 1 期。

② Article 2(a) of the European Parliament and Council Directive 98/48/EC of 20 July 1998 Amending Directive 98/34/EC Laying Down a Procedure for the Provision of Information in the Field of Technical Standards and Regulations, 1998 O J (L 217) 18.

当局承担。欧盟推行母国控制和相互承认原则的目标是减少管制给商贸流动带来的不便,促进成员国企业的发展和内部统一市场的达成。上述原则在实践中多适用于银行业领域,在规定了一系列通行标准后,欧盟境内对各成员国的银行监管的相互承认体系得以建立。①虽然建立在相互承认原则基础上的法律体系属于公法范畴,但仍有可能对私法关系造成影响,例如,银行董事违反其对银行的义务而产生的责任,在违反监管规则行为的同时产生私法后果。②

在欧共体成立初期,多数成员国曾规定,基于共同体法的非歧视性原则,属于内国专属管辖的部门法不属于共同体法适用的范围,即部分国内法可优先于共同体法适用,而冲突规则属于国内法。后来,欧洲法院在 1971 年"SAIL 案"③中,确定了成员国法不得优先于共同体法适用的原则。冲突规则是否符合在欧共体法第 12 条中所确立的非歧视性原则,以及是否阻碍了欧共体内部的自由经济流动成为一个重要议题。欧洲法院通过"菲尔·柯林斯案"(Phil Collins)、④"德利科培案"(Data Delecta)⑤和"比克尔案"(Bickel)⑥等一系列案例确定了成员国在其内国市场中所实施的,影响其他成员国经济活动的措施即使属于内国专属管辖的范围,或者其并不属于商法的范畴,也都将受到非歧视原则和自由流动原则的限制。从逻辑上来看,服务自由原则应适用于成员国内国法范畴的冲突规则。

第三节 金融服务合同的特点及其对法律适用的影响

一、金融机构作为特定的当事人一方主体

在跨国金融服务合同中,作为特定的当事人一方主体,决定了合同的法律

① Directive 2000/12/EC of the European Parliament and of the Council of 20 Mar 2000 relating to the taking up and pursuit of the business of credit institutions, 2000 OJ (L 126) 1.

② See Matteo Ortino, EC Law on Cross-border On-line Financial Services, *European Business Law Review* 15, 2004, pp. 367 – 379.

③ Case C – 82/71, SAIL, [1972] ECR 119.

④ Joined Cases C – 92 & 326/92, Phil Collins, [1993] ECR I – 5145.

⑤ Case C – 43/95, Data Delecta, [1996] ECR I – 4661.

⑥ Case C – 274/96, Bickel, [1998] ECR I – 7637.

适用必然与金融机构的性质、交易的特征密切相关，并根据交易对象与主体区分多种合同类型。金融业务与所在国的金融秩序和经济运行密切相关，其交易也受到严格监管，尤其是在多属于强制性规则的外汇管制方面，因而，合同交易的法律适用也常受到母国监管的影响。一方面，金融服务的流动性要求获得广阔的市场，而具有更深入的国际化趋向；另一方面，其业务受到母国监管的地域性限制。

二、金融机构业务的实质是提供金融服务

金融机构业务的实质是提供金融服务，而非物质化产品。存贷款关系的实质是债权债务关系，银行与客户之间以存款和贷款为对象成立合同，银行以返还存款本息的方式或者按要求提供贷款的方式提供金融服务。在传统的存贷款业务之外，金融工具实质是由一系列权利与义务的集合所构成，由金融机构向投资人根据特定条件下权利义务的变化提供服务。在信用担保合同中，金融机构更是没有交易物质化的产品，而是利用其业务的基石——信用为跨国商务交易作担保，实质上也是一种金融服务。

三、金融消费者保护的必要性与例外

消费者保护规则要求金融服务合同适用消费者经常居所地法，然而在金融工具交易中，由于金融工具是由复杂的权利义务关系构成，常常牵涉多个消费者，若一概适用消费者经常居所地法，那么，可能对售出的同一个金融工具却适用不同国家的法律，造成法律适用的混乱和成本不合理的增加。而且在集体投资等合同中，金融机构的客户经常既包括自然人消费者，又包括商务客户和专业人士，这样在同一个合同中，对不同的客户适用不同的法律会造成权利义务上的不公平。基于金融工具交易的特殊性，在实践中为了合理便利金融交易和免予使经营者受到缠讼的影响，在该类交易中排除了消费者保护规则的适用。

四、电子商务环境下金融服务合同法律适用的特殊性

电子商务的发展，一方面，给金融业务的扩展带来了新的空间和机遇；另一方面，也使法律适用变得更复杂。银行可以通过网络向位于国外的客户提供服务，而无须在柜台办理业务，这样开户行所在地法是否可以直接作为准据法也有了疑问。对网络环境中的金融消费者合同来说，欧盟立法规定，消费者

与金融机构之间需要有地域性上的联系方可适用消费者保护规则,这也是出于对两者之间权利与义务的合理平衡考虑。

在跨国存款合同关系中,通过特征性履行方法,可以清晰地判断开户行是特征性履行义务方,基本上多适用开户行所在地法。但是,合同包括多个环节,在准据法的适用范围之外,仍有特殊的方面如当事人缔约能力等方面仍需适用特定的法律。在贷款合同中,特征性履行方法的作用更明显,定期贷款合同中,在当事人未选择法律的情况下,借款人负有偿还贷款本息的义务,其一般被法院确定为特征性义务履行方而得以适用其所在地的法律。然而,有可能因为借款人所在国的法律发生变动,尤其是外汇管制法律发生变动,而对借款人的还款义务发生影响。在这种情况下,准据法的冻结、准据法的隔离等方法都被采用以保证借款人履行其义务,保护贷款人的权利得以实现。在信用证合同复杂的关系体系中,特征性履行方法也被用来确定当事人之间的权利义务关系。在涉及消费者的交易中,虽然经常直接适用消费者经常居所地法,但是在金融市场多边交易系统中进行的证券、债券、股权等交易统一适用多边交易系统所在地法。这是因为在多边交易系统中各种合同和权利义务关系极复杂,适用消费者保护规则非但不能很好地保护当事人的利益,反而会对跨国金融交易造成阻碍,在这种情况下,鉴于多边交易系统具有更密切的联系,因而适用其所在地法更合理。

第四节　礼让原则:金融服务合同法律冲突的解决思路

通常来说,关于法律冲突的解决包括冲突规则与实体规则的适用,其中又包含了国内规则与国际统一规则的区别,礼让原则在金融服务合同法律冲突的解决中可以发挥更大的作用。

一、国内冲突规则的适用:礼让原则的重要性

法院需要慎重研究金融服务合同的法律适用,因为这不仅对建立在私法关系上的合同当事人间的权利义务有着重要影响,也涉及有关国家的金融主权利益。建立在国家主权基础上的金融管制政策,以及金融法强烈的属地性,使法院地法的适用倾向在金融服务合同案件中尤其明显。但若各国法院仅考虑到本国的利益,不顾外国法适用的可能性而直接适用法院地法,则有可能使

相同法律关系在各国间法律适用的结果不同，形成一个个法律适用上的“孤岛”。而且，在实践中不考虑冲突规则直接适用法院地法会造成对胜诉方当事人不利的后果，即会使判决难以在外国得到承认与执行。

在美国联邦最高法院的“希尔顿诉古约特案”（Hilton v. Guyot）[①]中，将国际礼让原则表述为“一国在其领域范围内，对另一国的立法、行政或者司法行为的承认和接受，并合理关注国际责任和方便性，及其本国公民的权利和其他处于其法律保护下的人们的权利”。礼让原则鼓励法院考虑对涉及其司法权力的国家的主权利益，对外国国家主权给予更多的尊重，以此来避免或缓解主权国家间的法律冲突，以达到保持国家间的友好合作关系、促进人员、服务和商品跨国流通的目的，最终实现私人利益与国际利益的和谐。[②] 对于与主权国家的利益密切相关的跨国金融交易来说，礼让原则更能够体现其作用。

冲突规则是解决法律冲突的传统方式，法律冲突实际上就是法律适用的冲突，而冲突规范恰恰就是法院用来指定适用的法律，是一种有效的方法。但是冲突规则只是指定了所要适用的法律，只作法律适用的选择，并不问适用法律的实际内容。就金融服务合同而言，各国基于其金融政策、经济发展程度的不同，对相关的法律适用也有所差别，在不同国家的法院起诉，可能会得到不同的结果，由此而助长了挑选法院的可能性。在法律冲突的解决中，应当重视礼让原则的适用。在相互依赖和交往合作已成为当代国际潮流的今天，为维护国际经济贸易的正常交往与发展，各国有必要对他国从保护本国金融秩序和经济利益出发而制定的金融法制给予必要的认可与尊重，对依外国法取得的权利予以尊重，通过国际礼让与合作以解决法律冲突。

然而，学界对于国际礼让原则在法律适用中的作用也存在不同的意见，主要争议在于礼让原则本身的定义并不明确，在实务中这种定义的模糊性会造成法院自由裁量权的扩大，便于法院用法律术语来掩盖牵涉国家主权利益的政治倾向，使法院得以涉足于其司法管辖权之外的领域如外交事务等。[③]

斯托里在其著名的《冲突法评论》中结合荷兰法则区别说，尤其是以胡伯的礼让说为基础提出了自己的礼让说，但仍未清楚地阐述礼让原则适用的标

---

① Hilton v. Guyot, 159 U. S. 113. 164 (1895).

② 参见李港：《美国冲突法下的国际礼让原则》，中国政法大学国际法学院2011年硕士学位论文，第11页。

③ Samuel Livermore, *Dissertations on The Questions Which Arise from the Contrariety of The Positive Laws of Different States and Nations*, London, Wakeman Press, 2010, p. 28.

准。但斯托里的学说受到了美国法院的广泛重视,并得到频繁引用。从1839年首次引用礼让说的“奥古斯塔银行诉厄尔案”(Bank of Augusta v. Earle),[①] 到具有深远影响的“希尔顿诉古约特案”(Hilton v. Guyot),以及之后的其他案例,美国法院不断援引国际礼让原则,并通过案例来廓清礼让原则的适用标准。富勒(Fuller)法官在“希尔顿诉古约特案”中强调,在法律意义上礼让并不是一种绝对义务,也不应当仅看作一种对他人或他国的尊重或者善意,而是指一国在其境内,出于对国际责任和国家间交往的便利的合理考虑,出于对其本国公民和其他出于其法律保护下的人的权利的合理考虑,而对另一国家所作出的立法、行政、司法行为的承认。美国法院对礼让原则的反复引用与强调,体现了在当今互相高度依赖的国际商业环境下,礼让原则在跨国诉讼的法律适用中正越来越受到重视,地位愈加重要。

冲突规则是以方便时代对财富、技术和人的适当有序的跨国流动的需要为基础的,若每个国家都穷尽每一个主张其狭隘利益的可能机会,将导致不公正和正常生活模式的混乱。[②] 礼让原则的适用,符合了金融自由潮流的要求,即便利金融产品与服务的自由流动,避免法院因受到各国金融管制政策的影响而加大适用法院地法的倾向,使当事人的权利与义务获得所涉国家法律的承认,处于稳定的状态,最终有利于国际金融市场的健康发展和金融秩序的和谐稳定。

二、国际统一规则的适用:有效但局限的解决方法

(一)国际统一冲突规则

虽然法院对于礼让原则的采纳有助于合同法律冲突的解决,但是礼让原则概念的模糊使法官自由裁量的范围也难以确定。相较而言,针对特定法律关系的国际统一冲突规则更具有确定性的适用效力,其对于合同法律冲突的解决更加有效可行。作为国际私法统一化的最新和重要成果,《罗马条例Ⅰ》承继并发展了《罗马公约》的规定,系统地规定了合同义务法律适用规则,并且主张其效力可以及于欧盟成员国之外,作为最新的统一冲突法必将在金融

---

① Bank of Augusta v. Earle, 38 U.S. 13 Pet. 519 519 (1839).

② 参见刘仁山:《国际民商事判决承认与执行中的司法礼让原则——对英国与加拿大相关理论及实践的考察》,载《中国法学》2010年第5期。

服务合同的法律适用中起到至关重要的作用。①

此外,海牙国际私法会议作为在国际私法统一化方面重要的国际组织,其所制定的有关民事诉讼程序和司法协助与合作的公约,比法律适用的公约得到更多国家的签署、批准或加入。可以适用于金融服务的公约主要有1956年

---

① 欧洲一体化发展带动了国际私法统一化的运动。从进程上来看,欧盟国际私法统一化进程大致可分三个阶段,包括欧洲经济共同体时期、《欧洲联盟条约》生效后时期及《阿姆斯特丹条约》生效后时期。第一阶段,各国坚持成员国中心主义,以国际公约作为协调国际私法规则的手段。第二阶段,国际私法的统一被纳入"司法与内务合作"中,但欧共体并未取得直接立法权,因此统一成果仍以公约形式呈现。第三阶段,国际私法的统一化进程出现了质的飞跃,《阿姆斯特丹条约》赋予欧共体在国际私法领域的直接立法权。欧盟国际私法立法因而可以避开公约谈判、签署、批准等复杂程序,直接以条例的形式统一各成员国的相关立法。条例作为欧盟最重要的立法形式,具有普遍适用性、全面拘束力和直接适用性,有利于国际私法规则的解释和统一。在国际民事案件的管辖权及判决的执行方面,经过多次发展与完善,确立了《布鲁塞尔条例I》(Council Regulation No. 44/2001 of 22 December 2000 on jurisdiction and the recognition and enforcement of judgments in civil and commercial matters, Brussels I Regulation)、《布鲁塞尔条例Ⅱ》(Council Regulation No. 2201/2003 of 27 November 2003 concerning jurisdiction and the recognition and enforcement of judgments in matrimonial matters and the matters of parental responsibility, Brussels II Regulation)和《布鲁塞尔IIa》Council Regulation No. 2201/2003 of 27 November 2003 concerning jurisdiction and the recognition and enforcement of judgments in matrimonial matters and the matters of parental responsibility (Brussels IIa Regulation)三足鼎立的体制。在侵权法领域,2007年《罗马条例Ⅱ》统一了非合同之债冲突规则。

在合同冲突法这一重要且发展相对成熟的领域,欧盟却一直未能将1980年《罗马公约》转化为条例。《罗马公约》是国际协调的产物,无论是条文内容还是适用范围上均有很大模糊性和局限性,各缔约国对规则的运用很难实现完全的一致与协调。鉴于《罗马公约》的不足,欧盟部长理事会和欧盟委员会早在1998年12月3日就已在《维也纳行动计划》第4项规定,"在必要时可对《罗马公约》的个别条款进行修订,同时应当考虑共同体的其他协定中的特别冲突规则"。欧盟委员会进而于2003年提交了《关于将1980年〈合同之债的法律适用公约〉转化为共同体文件及其现代化的绿皮书》(以下简称《绿皮书》)。《绿皮书》针对成员国实施《罗马公约》时出现的问题,设计了20道问题,分发欧盟各界征求意见。在收到的书面评论的基础上,欧盟委员会于2005年12月15日发布了《欧洲议会和欧盟理事会关于合同义务法律适用的条例(议案)》[以下简称《罗马条例Ⅰ(议案)》]。

2007年12月部长理事会和欧洲议会第一次审议草案,2008年正式通过将《罗马条例Ⅰ》转化为共同体立法,该条例是欧盟统一国际私法的最新成果,使欧盟合同冲突法融入了共同体这一自足的法律体系,冲突规则的解释得以统一,并有利于同其他领域的冲突规则相协调。至此欧共体1980年《罗马公约》最终为《罗马条例Ⅰ》所取代,其以共同体立法的形式完成了欧盟成员国之间合同之债法律适用的统一,是欧盟国际私法"共同体化"的重要进展。以上参见王传丽:《国际贸易法》,法律出版社2004年版,第420页;黄进、邹国勇:《欧盟民商事管辖权规则的嬗变——从〈布鲁塞尔公约〉到〈布鲁塞尔条例〉》,载《东岳论坛》2006年第5期;邹国勇:《论欧洲联盟国际私法的统一化》,载《法学评论》2007年第1期;李凤琴:《欧盟合同之债法律适用制度的新发展》,载《时代法学》2010年第2期;谢宝朝:《论〈罗马条例I〉对欧盟合同冲突法的发展及对我国的启示》,载《西南政法大学学报》2010年第3期。

《承认外国公司、社团和财团法律人格公约》、2002 年《关于经由中间人持有证券的某些权利的法律适用公约》等。

国际统一冲突规则有利于统一不同国家的法律适用规则,达到判决的一致。其不足在于,相对于纷繁复杂的法律冲突,统一冲突规则仍只是在特定的领域内缔结,对于难以缔结条约或形成惯例的领域仍需要适用国内冲突规则来确定法律适用,所起的作用仍然有限。

(二)国际统一实体规则

包括国际条约、惯例在内的国际统一实体规则是解决法律冲突的有效途径,但金融法律和经济安全有着紧密的联系,各国对此的法律规制较严格,缔结国际条约较少,因而该类规则在数量和涉及面上并不广。

国际惯例的统一化和成文化,是金融领域的国际统一实体法的主要来源,是在长期的国际金融实践中逐渐形成的不成文的规范。其内容涉及国际商业贷款、国际支付结算、国际证券融资、国际融资担保等广泛领域的金融交易。在各国利益冲突和国际竞争日趋激烈而相关国际金融统一立法难以形成的情况下,国际金融惯例在规范国际金融交易活动方面起着不可或缺的作用。值得一提的是,在跨国电子银行交易中有一个特殊的情况,即在环球银行金融电信协会系统,或译环球同业银行金融电讯协会系统(Society for Worldwide Interbank Financial Telecommunication System,SWIFT System)中缔结合同的法律适用。① 银行之间的业务主要涉及资金的移转,其法律适用与银行与客户间合同关系的法律适用基本相同,即适用提供金融服务银行,又称被请求银行(requested bank)或义务行(obligor bank)所在地法。传统上银行间资金转移使用电报和电传方

① 环球同业银行金融电讯协会,简称 SWIFT,是一个国际银行间非营利性国际合作组织,总部设在比利时的布鲁塞尔。该组织成立于 1973 年 5 月,目前 SWIFT 在全世界拥有会员国 150 多个,会员银行 5000 多家,其全球计算机数据通信网在荷兰和美国设有运行中心,在各会员国设有地区处理站。SWIFT 系统日处理 SWIFT 电讯 300 万笔,高峰达 330 万笔。中国是 SWIFT 会员国。中国银行作为中国的外汇外贸专业银行于 1983 年 2 月加入 SWIFT,成为中国第一家会员银行,1985 年 5 月 13 日,中国银行正式开通 SWIFT。中国金融体制改革后,中国工商银行、中国农业银行、中国建设银行、中国交通银行也可以开展外汇外贸业务,这几个专业银行也加入了 SWIFT 组织,开通 SWIFT。这个时期是中国 SWIFT 发展的初级阶段,各行是采用 ST200 单机、单点形式与 SWIFT 连接,只限在各专业银行总行使用,收发的 SWIFT 报文需手工处理,SWIFT 收发报量少,缺少应用接口,手工处理多,使用业务范围小。加入 SWIFT 组织的银行都有一个 SWIFT 代码,在银行间进行的国际汇兑和清算通过 SWIFT 系统,可以自动识别和发送,快捷、安全。SWIFT 取代了过去的电传和电报,使效率大大提高,差错率大大降低。

式，随着电子商务的发展，更多的电子交易使银行跨国资金划拨变得更加简单与快捷。SWIFT 系统的总部设于布鲁塞尔，其规章中明确规定了在 SWIFT 系统中订立的合同和相关交易的纠纷解决机制：布鲁塞尔法院具有管辖权，纠纷适用比利时法律；①但若诉求金额超过 100,000 欧元，则须选择仲裁作为纠纷解决方式，仲裁庭须按照国际商会仲裁院规则组建，实体问题仍适用比利时法律。②

此外，国际商会制定的《跟单信用证统一惯例》《托收统一规则》《合同担保统一规则》《见索即付统一规则》等均被从事相关国际金融交易的当事人在其合同中普遍适用。联合国贸易法委员会制定的 1980 年《联合国国际货物销售合同公约》和 2005 年《联合国国际合同使用电子通信公约》、欧盟的《欧盟电子商务指令》《消费品销售及担保指令》《远程销售合同指令》《金融工具市场指令》《消费者合同不公平条款指令》等指令也促进了统一市场的建立，并对金融服务合同的法律适用提供了极大便利。

① Article 16 "Applicable Law" of the SWIFT General Terms and Conditions.

② Article 15(3) "Claims Procedure" of the SWIFT General Terms and Conditions.

第二章　服务自由原则与欧盟金融服务合同法律适用规则的完善

探究法律适用规则演变的内在驱动力，有助于更加深入和全面地分析规则、适用规则和促进规则的完善。欧盟适用于跨国金融合同关系法律适用规则的完善过程，也是服务自由原则对共同体和成员国法律适用规则产生影响的过程，体现在从《罗马公约》到《罗马条例Ⅰ》以及相关金融指令中含有的法律适用规则演变之中。以服务提供者经常居所地法为标志的统一法律适用规则有利于服务自由的实现，同时，以强制性规则和消费者保护规则对其进行的限制，体现了以服务自由流动为基础的服务提供者利益与法院地国公共利益和消费者权益三者之间的博弈与平衡。服务自由原则将进一步影响消费者保护规则的完善，应当合理协调二者的互动关系，在促进服务自由流动的同时保护消费者的利益。

第一节　问题的产生

一、欧盟金融服务合同法律适用规则的碎片化与改善

欧盟法律适用规则分为共同体法和成员国法两个层面，散见于公约、条例、指令与各国国内法中。金融机构与一国的金融体系和经济安全有着紧密联系，

各成员国较重视对其的法律规制，较难达成共识缔结统一立法。[①] 但是，金融自由化和跨国金融机构的扩张趋势又不可避免，更多的法律冲突随之出现。金融领域法律适用规则的碎片化加重了不同国家法院法律适用结果的不确定性，由此产生的挑选法院现象对当事人诉讼权益的平衡造成了不利影响。

为促进欧洲共同体内部金融服务的自由流动和当事人合理利益的保护，欧盟成员国一直在为保证法律适用的确定性和可预期性作不懈的努力，1980年《罗马公约》[②]是欧盟第一部统一合同义务方面法律适用规则的法律文件，然而该公约仍然有很多限制。首先，其并不能被直接适用，而需要经过成员国烦琐复杂的程序将其纳入国内法，欧盟立法者们不得不在一些金融指令中规定法律适用规则。[③] 其次，《罗马公约》允许成员国作出保留，并且可以自行制定特定类型合同的法律适用规则和加入其他含有法律适用规则公约。[④]最后，《罗马公约》所涉及的范围有限，比如，没有特别规定保险合同的法律适用规则，没有解决该类合同的法律适用规则散见于指令和国内法之中的问题。

《罗马公约》的上述限制不利于欧盟法律适用规则碎片化现象的改善，为避免出现法律适用规则分散于各种法律文件以及这些规则之间所存在歧义的情况，[⑤]欧盟委员会于2008年6月17日发布了《罗马条例Ⅰ》，[⑥]以取代《罗马公约》作为规制欧盟内部合同义务的统一法律适用规则。《罗马条例Ⅰ》对欧盟保险合同的法律适用规则进行了重构，并可适用于银行与证券合同，但其并不尽善尽美，欧盟金融合同法律适用规则的完善仍在进行过程中。

笔者提出，在欧盟金融合同法律适用规则统一化的过程中，作为欧盟金融服务法建立基础之一的服务自由原则(free to provide services principle)[⑦]起到

---

① 参见李仁真、刘轶：《论欧盟金融服务法中的相互承认原则》，载《法学评论》2006年第4期。

② Convention 80/934/ECC on the law applicable to contractual obligations opened for signature in Rome on 19 June 1980.

③ 参见邹国勇：《论欧洲联盟国际私法的统一化》，载《法学评论》2007年第1期；李凤琴：《欧盟合同之债法律适用制度的新发展》，载《时代法学》2010年第2期。

④ Artcles 22, 23, 24 of the Rome Convention.

⑤ Para. 40 of the Preface of the Rome Ⅰ Regulation.

⑥ Regulation (EC) No. 593/2008 of the European Parliament and of the Council of 17 June 2008 on the law applicable to contractual obligations.

⑦ 服务自由原则同设立自由原则(free to establish principle)被视为欧盟金融服务法的两大基石，既是直接推动金融服务市场一体化的法律方法，又是单一金融服务市场的立法依据。参见刘轶：《论欧盟金融服务法中的服务自由原则》，载《暨南学报》(哲学社会科学版)2008年第2期。

了潜在的推动作用,通过对该作用进行分析,有利于发现服务自由原则同法律适用规则间互动的内在规律和发展趋势。通过对现行有效的欧盟金融指令进行统计,可以归纳出三点:(1)在《罗马公约》生效之后,银行合同和证券合同的法律适用规则已经开始具有较高的统一化程度;(2)保险合同的法律适用规则仍散见于不同的指令之中,但可以预计的是随着《罗马条例Ⅰ》的施行,其统一化程度也将得以加强;(3)作为共同体建立基础之一的服务自由原则,已经被广泛地规定在金融指令中。下文将主要探讨服务自由原则在欧盟金融合同法律适用规则完善过程中所起到的潜在推动作用,并展望其未来的发展趋势。

二、电子商务时代金融服务合同法律适用的新问题

随着电子商务的发展,金融合同领域的法律冲突愈加复杂,主要体现在:(1)服务提供者有机会借助网络平台与大量位于不同国家的客户进行同一类型服务和产品的交易;(2)电子商务环境对传统属人性和属地性连结点的内涵与外延都产生了重要影响,连结点的含义呈多样化的趋势。[①]

在电子商务时代,服务提供者可以借助技术手段向位于不同国家的客户提供相同类型的金融服务,如果客户所在地法适用于服务合同纠纷,那么服务提供者有可能面临在一个集团诉讼中适用不同国家法律的处境。在这种情况下,服务提供者耗费在法律事务上的成本将会被不合理的提高,并且有可能对不同国家客户的救济产生不均衡、不平等的状况。在下文中,笔者讨论将在以下前提下展开:(1)服务提供者承担外国法查明义务,(2)提高服务提供者经常居所地法对客户的保护水平,(3)加强国际法律合作,(4)允许法律适用例外,纠纷解决中统一适用服务提供者经常居所地法并不必然对客户不利,并且有利于平衡两者在纠纷解决中的利益结构。即在给予客户利益必要保障的前提下,减少服务提供者不必要的成本和非实体性壁垒,最终将促进金融服务的自由流动和整体收益的提高。

---

① 参见袁泉:《传统国际私法连接点在互联网环境中所面临的挑战及其应对方略》,载《河北法学》2009年第3期。

第二节　服务自由原则对欧盟金融服务合同法律适用规则的适用

一、服务自由原则的确立

作为欧盟金融法建立的基础,服务自由原则的目的在于消除跨国金融服务贸易中的限制性措施,该原则源自《欧洲共同体条约》第 59 条以及在后来《欧盟运行条约》第 56 条中所承继的关于服务提供自由的规定。在欧洲一体化的早期,服务自由原则主要适用于实体性贸易限制措施,之后该原则被纳入金融服务指令之中,并进一步地被适用于那些违反"共同利益"的非歧视性贸易限制措施之中。① 共同利益是一个司法概念,泛指极重要的公共利益要求(imperative public interest requirements),始见于 20 世纪 70 年代欧洲法院有关货物自由流动的判例之中,②后来这一概念在金融服务领域得以推广。③

二、服务自由原则对法律适用规则的可适用性

在欧洲一体化早期,成员国对跨国金融合同的法律适用通常规定了排他性的管辖权,排除相关公约的适用,服务自由原则在这一时期不可以适用于法律适用规则。随着时代的发展,特别是电子商务的普及改变了跨国服务贸易的模式之后,碎片化的法律适用规则对跨国金融服务流动的不利影响逐渐显现。在适用不同的客户所在地法的情况下,金融机构可能将承担在一个集团

---

① 参见刘轶:《冲突规则也适用服务自由原则吗? ——以欧盟金融服务法为视角》,载北大法律信息网:http://article.chinalawinfo.com/Article_Detail.asp? ArticleId = 35122#m4,最后访问日期:2018 年 2 月 28 日。

② 从司法实践来看,共同利益的范围是开放式的(open-ended),其内容也不是一成不变的,而且在不同成员国,共同利益的表现形式也可能有所不同。目前,已经被欧洲法院认可的共同利益有:维护行业关系的稳定、保护服务接受者的利益、保护贷款人的利益并确保司法行政的效率、遵守职业道德、维护金融市场的良好声誉、防止欺诈、保护投资者和存款人的利益、保护劳工,也包括社会保障、社会秩序、保护知识产权、保护本国历史和艺术遗产以及文化政策和保护音像领域的文化多样性等。参见刘轶:《论欧盟金融服务法中的服务自由原则》,载《暨南学报》(哲学社会科学版)2008 年第 2 期;Commission of European Communities, Commission Interpretative Communication on Freedom to Provide Services and the General Good in the Insurance Sector, *Official Journal of the European Communities*, February 16, 2000, pp.17 - 18。

③ S. K. Schmidt, The Impact of Mutual Recognition: Inbuilt Limits and Domestic Response to the Single Market, *Journal of European Public Policy*, December, 2002, pp.937 - 938.

诉讼中适用不同国家不同赔偿标准法律的不合理成本，而这不利于金融服务的自由流动。例如，《罗马条例Ⅰ》第7条规定承保风险所在地或者投保人经常居所地法应适用于跨国保险合同纠纷，即规定了投保人经常居所地作为强制性连结点。在实践中，即使保险公司与不同外国投保人签订的保险合同中的条款和提供的服务毫无二致，其仍将适用不同国家的法律，由此而提高的额外法律成本和经济负担由保险公司承担。法律适用的差别将国际保险市场分割为多个不同的部分，构成了非歧视性的贸易限制措施，这是与欧盟构建统一市场的目标背道而驰的。

欧洲法院在之后的一系列判例中确定，成员国所做出的任何措施均不得限制《欧洲共同体条约》中所规定的四种基本经济自由，即使该措施属于成员国国内法中所规定的排他性管辖权范围之内。① 欧洲法院在其早期的判例中，也曾经强调共同体法可以适用于成员国国内法规定的事项，因而服务自由原则在有关的金融市场一体化事项上有直接适用的效力。② 综上，欧洲法院已经确立了服务自由原则可以适用于成员国所作出的非歧视性贸易限制措施的规则，③包括成员国国内法中的法律适用内容，该规则在服务贸易中得以广泛适用。

三、服务自由原则对共同体与成员国法律适用规则之间关系的影响

(一)欧盟金融服务合同的法律适用规则

目前，在跨国金融服务纠纷中的法律冲突问题，多适用各国国内冲突规则和有关的统一立法来解决。以欧盟为例，并没有一套能够统一适用于各种类型跨国金融服务合同的专门性法律适用规则，绝大部分与银行、证券和保险跨国服务合同有关的纠纷可以适用《罗马条例Ⅰ》来寻找准据法。

《罗马条例Ⅰ》中的法律适用规则反映了以当事人意思自治为原则，以最密切联系原则为补充，以强制性规则为必要限制的精神。④ 根据该公约，无论是商务合同(commercial contract)，还是消费者合同(consumer contract)的当

---

① Joined Cases C－92/92 and C－326/92, [1993] ECR I－5145; C－43/95, [1996] ECR I－6017; C－274/96, [1998] ECR I－7637.

② Case C－33/74 [1974] ECR 1299; C－2/74 [1974] ECR 631.

③ 刘轶：《论欧盟金融服务法中的服务自由原则》，载《暨南学报》(哲学社会科学版)2008年第2期。

④ Articles 3, 4 and 9 of the Rome Ⅰ Regulation.

事人都可以合意选择合同的准据法。通常,在银行向客户提供的格式合同中,会载明以该银行设立地所在成员国的法律为准据法。如果当事人未选择合同的准据法,该合同适用与之有最密切联系的国家的法律,通常是服务提供者经常居所地法。① 跨国金融合同的特征性履行义务,②在一般情况下都被认定为是由提供服务的金融机构完成的,所以在金融机构直接提供跨国服务时,与合同有最密切联系的国家就应是该金融机构的设立地所在国。在通过设立分支机构的方式提供跨国金融服务的情况下,与合同有最密切联系的国家则是其分支机构所在的成员国;如果消费者合同的当事人未选择合同的准据法,且该合同符合特定条件,那么该合同适用消费者经常居所地国的法律。

在《罗马条例Ⅰ》中,限制当事人意思自治的冲突规则主要有两种类型:一种是强制性规则。成员国法院可适用本国的强制性规则,以代替金融服务合同依据《罗马条例Ⅰ》本应适用的准据法;成员国法院还可以适用第三国的强制性规则,但该第三国应当与合同有密切的联系。不仅如此,成员国法院还可以公共秩序保留为由,拒绝适用冲突规则指向的另一成员国的法律。另一种是消费者特别保护规则。根据该条例的有关规定,如果在特定情况下适用消费者经常居所地的强制性规则有助于维护消费者利益,那么不应排除上述规则在消费者合同中的适用。③

电子商务的发展使经营者暴露在所有消费者面前,经营者面临着有可能被遍地起诉的不利境遇,《罗马条例Ⅰ》对适用消费者经常居所地法进行了一定限制,以及第6条第4款第1项④的排除,体现了在新贸易环境下对经营者和消费者利益的兼顾。⑤

(二)欧盟统一法律适用规则对成员国法的影响

在欧洲一体化早期,关于共同体法与成员国法律适用规则之间的关系有

① 《罗马条例Ⅰ》第4条第2款规定:"……服务合同,依服务提供者的经常居所地法……"

② 有关特征性履行方法,参见《罗马条例Ⅰ》第2条和《罗马条例Ⅰ》序言第19条。

③ 参见刘轶:《冲突规则也适用服务自由原则吗?——以欧盟金融服务法为视角》,载北大法律信息网:http://article.chinalawinfo.com/Article_Detail.asp? ArticleId=35122#m4,最后访问日期:2018年2月28日。

④ 《罗马条例Ⅰ》第6条第4款第1项规定:"……本条第一款和第二款不适用于专门在消费者的经常居所地国之外的其他国家向消费者提供服务的合同……"

⑤ 参见许军珂:《论消费者保护的法律选择模式——欧美模式与中国模式之比较、启示与思考》,载《法学家》2011年第5期。

多种争论和意见。[①] 但随着欧洲一体化的发展，二者之间的关系脉络日渐清晰，共同体法成为成员国冲突规则的直接法源之一，促进了不同领域法律适用规则的统一。晚近以来，为促进欧盟内部市场的统一化与商业的自由流动，成员国间的民商事司法协助更广泛，冲突规则的统一化也在更加深广的领域内进行。[②] 除了统一冲突法外，欧盟法中有许多以促进内部市场统一化为目的的强制性规则，虽不属于冲突法的范畴，但对于法律适用也有着重要影响，《电子商务指令》中的母国控制原则，或称来源地国原则（country of origin principle）即是这种情况的集中体现。[③] 而作为欧盟成立基础的《马斯特里赫特条约》第49条承继了《欧洲共同体条约》关于成员国间服务贸易自由流动的规定，[④]其对跨国金融合同法律适用规则也有着重要影响。

在欧共体成立初期，多数成员国曾规定，基于共同体法的非歧视性原则，由内国专属管辖的部门法不属于共同体法适用的范围，即其部分内国法可优先于共同体法适用，这引起了诸多争论。[⑤] 欧洲法院在1971年"SAIL案"[⑥]中确定了成员国内国法不得优先于共同体法适用的原则，之后法律适用规则是否符合在欧共体法第12条中所确立的非歧视性原则，以及是否阻碍了欧共体内部的自由经济流动成为一个重要议题。欧洲法院通过"菲尔·科林斯案"（Phil Collins）、[⑦]"德利科塔案"（Data Delecta）[⑧]和"比克尔案"（Bickel）[⑨]等一系列案例确立：成员国在其内国市场中所实施的影响其他成员国经济活动的措施，即使属于内国专属管辖的范围，或者并不属于商法的范畴，也都将受到非歧视原则和自由流动原则的限制。从逻辑上看，服务自由流动原则应适用

---

① See Ulrich Drobnig, Conflict of Laws and the European Economic Community, *American Journal of Comparative Law* 15, 1967, pp. 204 - 229.

② See Jürgen Basedow, "The Communication of Conflict of Laws", *Common Market Law Review* 37, 2000, pp. 687 - 708.

③ See Fallon & Meeusen, "Le Commerce Electronique, la Directive 2000/31/CE et le Droit International Privè", *Revue Critique de Droit International Privé* 91, 2002, pp. 435 - 490.

④ 参见《马斯特里赫特条约》第49条。

⑤ See Apostolos A. Gkoutzinis, "Free Movement of Services in the EC Treaty and the Law of Contractual Obligations Relating to Banking and Financial Services", *Common Market Law Review* 41, 2004, pp. 119 - 175.

⑥ Case C - 82/71, SAIL, [1972] ECR 119.

⑦ Joined Cases C - 92 & 326/92, Phil Collins, [1993] ECR I - 5145, para. 27.

⑧ Case C - 43/95, Data Delecta, [1996] ECR I - 4661.

⑨ Case C - 274/96, Bickel, [1998] ECR I - 7637 para. 17.

于成员国内国法范畴的法律适用规则，而法律适用规则的发展也对于跨国服务流动产生了实际影响。[①]

四、欧盟在线金融服务基础法律体系对成员国法律适用规则的影响

随着网络技术的发展，电子商务开始在国际民商事交往中扮演着越来越重要的角色。与外在的物理世界相比，在网络中进行的民商事交易牵涉更多的国家，法律冲突问题愈加复杂，使国家间进行法律合作的要求更加迫切。

为了避免法律差异带来的法律冲突及增加的成本，各国多通过单边修法和多边合作的方式来实现法律的协调，《罗马条例Ⅰ》的施行使成员国法院有义务对特定的法律关系适用相同的冲突规则，而即使是非专门规定冲突规则的欧盟指令中的有关条款，也可能会对成员国冲突规则的适用造成影响。[②]2000 年 6 月 8 日，欧洲议会及欧盟理事会通过了《关于共同体内部市场的信息社会服务，尤其是电子商务的若干法律方面的第 2000/31/EC 号指令》（以下简称《电子商务指令》），[③]2002 年 9 月 23 日，欧洲议会及欧盟理事会通过了《关于远程消费者金融服务市场的第 2000/31/EC 号指令》（以下简称《远程消费者金融服务指令》）。[④] 上述两个指令构建了欧盟规制在线金融服务的基础法律体系，其虽并非专门性的冲突规则，但也对欧盟境内金融服务合同的法律适用产生了显著的影响，这也是电子商务环境下跨国金融服务合同法律适用发展的新现象。

《电子商务指令》旨在保证"社会信息服务"在成员国之间的自由流动，即任何有偿、远程、通过电子方式按照客户要求提供的服务。[⑤] 该指令与《远程

---

① See Jan Wouters, "Conflict of Laws and the Single Market for Financial Services", 2 *Maastricht Journal of European and Comparative Law* 4, 1997, pp. 215 – 309.

② Matteo Ortino, "EC Law on Cross-border On-line Financial Services", *European Business Law Review* 15, 2004, pp. 367 – 379.

③ European Parliament and Council Directive 2000/31/EC of 8 June 2000 on certain legal aspects of information society services, in particular electronic commerce, in the internal Market, OJ 2000 No. L178/1, 17 July 2000.

④ European Parliament and Council Directive 2002/65/EC of 23 September 2002 concerning distance marketing of consumer financial services, OJ 2002 No. L271/16, 9 October 2002.

⑤ Article 2(a) of the European Parliament and Council Directive 98/48/EC of 20 July 1998 Amending Directive 98/34/EC Laying Down a Procedure for the Provision of Information in the Field of Technical Standards and Regulations, 1998 OJ (L 217) 18.

消费者金融服务指令》一起,构建了欧盟规制在线金融服务的基础法律体系,适用于金融机构通过电子方式提供的金融服务,是欧盟在相互承认原则和母国控制原则基础上,着眼于统一内部市场而构建的法律体系的一部分。

2000年欧盟《电子商务指令》[①]适用于电子商务领域中有关信息服务的特定法律问题,特别是在欧盟内部市场中通过电子商务手段提供的服务,但并没有包括相关的法律适用或管辖权条款。[②] 该指令第3条第1款与第2款规定成员国须保证其国内的服务提供者遵守欧盟管制规则,且成员国不得限制服务提供者自其他成员国内提供的服务,通过电子商务方式提供的金融服务包含在这一条的适用范围内。[③] 虽然不能确定本条款在实质上是否具有冲突规则的性质和作用,但如果依据冲突规则确定的准据法的适用,造成了内外国金融机构不正当竞争的结果,影响了成员国内部市场中的贸易自由,则母国控制原则将得以适用以保护外国金融机构的利益。

在欧盟金融服务法中,母国控制原则是指跨国金融服务应主要遵循母国的监管规则,相应的监管责任也主要由母国监管当局承担。[④] 该原则在《电子商务指令》第3条中被反复强调,但消费者合同则被排除在母国控制原则的适用范围之外。在某一成员国(母国)成立的企业,可以自由地在另一成员国(东道国)开展业务,而不受制于东道国的法律规定和监管机构的监管。但这是以母国与东道国之间的监管法律都基本相同为前提的,因而成员国有义务对其国内法,尤其是在各国的公共利益条款和监管规则方面进行修订,以进行协调与推进法律的统一化。

显而易见,欧盟推行母国控制和相互承认原则的目标,是减少内国管制给成员国间服务自由流动带来的限制,促进成员国企业的发展和欧盟内部统一市场的形成,上述原则在实践中多适用于银行业领域。在规定了一系列通行标准后,欧盟境内对各成员国的银行监管的相互承认体系得以建立,对于其他

---

① Directive 2000/31/EC of the European Parliament and of the Council of 8 June 2000 on certain legal aspects of information society services, in particular electronic commerce, in the Internal Market (Directive on Electronic Commerce).

② Article 1(4) of the Directive 2000/31/EC provides: "This Directive does not establish additional rules on private international law nor does it deal with the jurisdiction of Courts."

③ See Gerald Spindler, *E-Commerce in Europe*, *Multi-Media und Recht*, Beilage Publishing, 2000, p.4.

④ 刘轶:《论欧盟金融服务法中的母国控制原则》,载《法学论坛》2006年第3期。

信用机构的监管立法则仍得由各成员国独立规定。[①] 虽然建立在相互承认原则基础上的法律体系属于公法范畴,但仍有可能对私法关系造成影响,[②]法律适用规则也不例外,最终有利于欧盟领域内金融服务的自由流动。

第三节　服务提供者经常居所地法在金融合同中的适用及例外

一、服务提供者经常居所地法在银行跨国服务合同中的适用

(一)《罗马条例Ⅰ》对于银行跨国服务合同的适用

银行跨国服务合同关系属于民商事合同之债的范畴,且不属于《罗马条例Ⅰ》排除的事项,[③]可用以确定准据法。《罗马条例Ⅰ》第3条为银行与客户通过意思自治选择合同的准据法提供了依据。然而在银行跨国服务合同中,也常出现没有明示法律选择,且难以通过合同条款和案件事实来阐明当事人合意的情况。在这种情况下,就需要适用《罗马条例Ⅰ》第4条,确定合同所应适用的准据法,即服务合同依服务提供者的经常居所地法。公司、社团和法人的经常居所系指其主要管理中心所在地。[④] 若金融服务是由跨国银行在国外具有独立法人地位的子银行提供,则该子银行所在地应视为合同争议中服务提供者的经常居所地。例如,一个法国客户在一个德国银行的伦敦子行开立账户,在当事人未约定合同准据法的情况下,该合同关系将适用英格兰法。

(二)银行跨国服务合同的特征性履行分析

首先,《罗马条例Ⅰ》规定,当事人未选择法律时,应根据为各种特殊合同

---

① Directive 2000/12/EC of the European Parliament and of the Council of 20 Mar 2000 relating to the taking up and pursuit of the business of credit institutions, 2000 OJ (L 126) 1.

② 例如,银行董事违反其对于银行的义务而产生的责任,在违反监管规则行为的同时产生私法后果。See Matteo Ortino, "EC Law on Cross-border On-line Financial Services", *European Business Law Review* 15, 2004, pp. 367 – 379.

③ 根据《罗马条例Ⅰ》第1条第1款的规定,该条例适用于任何涉及法律冲突情形的民、商事合同之债,但不适用于税收、海关或行政事务,以及(1)涉及自然人的身份或法律能力的问题;(2)因家庭关系产生的债务;(3)因婚姻财产制产生的债务;(4)因汇票、本票、支票和其他流通性票据而引起的债务;(5)仲裁协议及选择法院的协议;(6)由公司法或者其他关于法人团体或非法人团体的法律所调整的问题;(7)代理人能否代表本人对第三人承担责任的问题;(8)信托相关问题;(9)在订立合同前进行谈判而产生的债务等。

④ Article 19(1) of the Rome Ⅰ Regulation.

所制定的规则确定准据法。如果合同不能归入特殊的合同种类或者合同的各部分涵盖了一种以上的特殊合同,则合同由实施特征性履行一方当事人的经常居所地法支配。① 如果准据法既不能根据将合同归入特定的合同种类的方法确定,又不能确指实施特征性履行的当事人的经常居所地法,则合同由与其有最密切联系的国家的法律支配。②

其次,通过确定该类合同的特征性履行义务来明确其法律适用,即履行合同义务的重心在银行一方还是客户一方。一旦在银行开立账户,客户仅负有极少义务,他有权随时向账户中存款、取款、进行各种金融服务交易和销户。相较于银行来说,客户在两者的合同关系中享有更大的权利和自由。虽然客户在开出支票或向银行提示付款时将负有一定的义务,但是相较于银行的义务来说并不属于合同的重心所在。相反地,合同的主要内容就是银行向客户提供服务,银行提供服务的义务是合同的重心。即使在贷款关系中,相较于客户仅限于按时返还贷款和利息的义务来说,银行审查客户申请和提供适格贷款的义务更关键,仍然更可认定为合同的特征性履行。③ 综上所述,应当以银行的义务来确定合同的特征性履行,银行跨国服务合同以开户行作为特征性履行方,其应受开户行或受指令提供服务的银行所在地法支配。

早在《罗马条例Ⅰ》出台之前,美国和英国法院就已经有判例,承认了银行跨国服务合同关系的特征性履行应由银行义务来确定,合同应当适用提供服务的银行所在地法。在“美国培训服务公司诉商业联合银行案”(American Training Services Inc v. Commerce Union Bank)④中,田纳西州纳什维尔地方法院对该案的法律适用问题作出了如下判决:“本案是有关公民权的纠纷,根据判例本法院受其所在州的冲突规则的约束,⑤本案法院所在地是田纳西州。田纳西州冲突规则规定‘合同的权利和义务适用合同缔结地法’,⑥‘合同可以

---

① Article 4(2) of the Rome Ⅰ Regulation.

② Article 4(4) of the Rome Ⅰ Regulation.

③ See Charles Proctor, *The Law and Practice of International Banking*, Oxford University Press, 2010, p. 644.

④ American Training Services Inc v. Commerce Union Bank 415 F Supp 1101 (1976) aff'd 612 F2d 580 (1979).

⑤ Klaxon v. Stentor Electric Mfg. Co., 313 U. S. 487, 61 S. Ct. 1020, 85 L. Ed. 1477 (1941).

⑥ Bowman v. Price, 143 Tenn. 366, 226 S. W. 210 (1920).

被推断缔结于其履行的地方'。[①] 基于本案所涉合同在田纳西州履行，主要目的(银行审批申请并发放贷款)在该州达成，因而该州实体法应适用于本案。"[②]

在英国"利比亚阿拉伯外国银行诉信孚银行案"(Libyan Arab Foreign Bank v. Bankers Trust Co.)[③]中，斯托顿(Staughton)法官认为，在当事人未约定准据法的情况下，银行与客户间的合同应该适用账户开立地法律的原则业已广为接受，[④]且承诺还贷的银行应该在其开立账户所在地的子行偿还贷款。斯托顿法官进一步分析了在现代银行业电子商务化的情形下，虽然银行开始减少纸质交易记录导致难以确定是哪个子行开立了账户，但是用于开立账户的电脑以及记录资料用的磁碟、软盘及其他物理设施的所在地，可以被用来确定子行账户的开立地。在该案中，虽然涉案银行的纽约总部向其伦敦子行发出开立账户的指示，但是开立该账户所涉及的所有物质材料都在伦敦，因此该账户应当是由伦敦子行开立。

(三)分割法律适用情况下的特征性履行

在实践中，很多客户持有跨国银行在不同国家的子行所开立的账户，每个账户都形成一个合同，每个合同都适用不同的法律。但当某一客户拥有某一银行位于不同国家子行的账户，且这些账户间发生联系时，法律适用问题便变得复杂起来。在"利比亚阿拉伯海外银行诉信孚银行案"(Libyan Arab Foreign Bank v. Bankers Trust Co.)[⑤]中，客户与某银行达成了结算合同，约定其资金可以于特定情形下，在该银行位于伦敦和纽约的子行开立的账户中自动移转。本案中的结算合同中包括两个独立的账户，相较于将涉案法律关系

---

① Deaton v. Vise, 186 Tenn. 364, 210 S. W. 2d 665 (1948).

② Macpherson v. Macpherson, 496 F. 2d 258, 261 (6th Cir. 1974); Moody v. Bass, 357 F. 2d 730, 732 (6th Cir. 1966); Ohio Cas. Ins. Co. v. Travelers Indem. Co., 493 S. W. 2d 465 (Tenn. 1973).

③ Libyan Arab Foreign Bank v. Bankers Trust Co [1989] QB 728.

④ Mackinnon v. Donaldson, Lufkin & Jenrette Securities Corporation [1986] Ch. 482, 494; X A. G. v. A Bank [1983] 2 All E. R. 464; Dicey, Morris & Collins, *The Conflict of Laws*, London, Sweet & Maxwell, 2010, p. 1292; Ernst Rabel, *The Conflict of Laws, A Comparative Study: Foreign Corporations, Torts, Contracts in General*, Michigan, University of Michigan Law School Press, 1960, p. 17; American Law Institute, *Restatement of the Law, Second: Conflict of Laws*, the American Law Institute Publisher, 1979, p. 622.

⑤ Libyan Arab Foreign Bank v. Bankers Trust Co [1987] QB 728.

分为两个独立的合同,将其视作一个可以分割为两个部分的合同更"符合逻辑"和具有"一致性"。子行与母行之间为互相独立的经营实体,与客户成立的合同应各自适用其所在地法。法院判定银行与客户间仅存在一个合同,合同中两个独立的账户由结算关系相连接,涉及在伦敦开立账户的部分适用英国法,涉及在纽约开立账户的部分适用纽约州法。

合同准据法的分割适用的统一立法最早可见于《罗马公约》中,第 3 条第 1 款规定:"在合同没有依据本公约第 3 条选择法律的情况下,该合同应适用与其有最密切联系国家的法律。然若合同中一个可分的部分与另一国家有更密切联系的话,该部分可以适用该另一国家的法律。"综上所述,在当事人没有选择法律时,一般情况下银行跨国服务合同应当适用服务提供者经常居所地法,即开户行所在地法。

二、服务提供者经常居所地法在跨国证券合同中的适用

(一)消费者经常居所地法在证券合同法律适用中的排除

《罗马条例 I》第 6 条规定,消费者经常居所地法不适用于"作为决定发行、向公众发售或公开收购可转让证券的条件"。这一例外规定旨在涵盖一级市场(primary market)和二级市场(secondary market)中公开发行的证券合同类型,即公开发售或认购证券(issuance or offer to the public)合同和公开股票收购(public takeover bids)合同。

欧盟立法者们在《罗马条例 I》的序言中,回答了将公开发行、发售或公开收购可转让证券的合同排除在适用范围之外的原因,即"无论何时发行或发售这种金融工具,为确保发行或发售条件的统一性,发行者或发售者与消费者之间业已建立的合同关系并不必然强行适用消费者的经常居所地法"。[1]如果第 6 条适用于上述合同,则发行人和发售人很可能将受制于来自不同国家投资人的经常居所地国的强制性规则。这虽然不会直接增加成本,但可能导致同一项可转让证券适用不同的准据法,彼此之间发生冲突,最终造成经营的困难,包括在要约有效期、要约的条件、超额认购量分配、订单撤回以及支付方式等方面的差异。

将公开发行可转让证券合同排除在《罗马条例 I》第 6 条之外,有利于吸引国际投资人。一方面,有利于保证合同所产生的责任仅适用一个法律;另一

① See Para. 28 of the Preface of the Rome Ⅰ Regulation.

方面，避免了受各国投资人本国法牵制的影响，因为各国立法在是否应当把规制消费者合同中不公平条款的规定适用于公开发行证券合同方面都有不同的标准。① 《罗马条例Ⅰ》出台后，关于合同不公平条款的规定应适用合同准据法，保证了法律适用的一致和确定性。

（二）发行人所在地法在直接持有证券合同中的适用

《罗马条例Ⅰ》虽然将消费者经常居所地法排除适用于证券合同，但没有明确规定证券合同的法律适用，在此我们可以引用美国《统一商法典》作为本书讨论的证明。作为成熟的商业立法，美国《统一商法典》第八章第110条详细地区分并厘清了直接持有证券合同和间接持有证券合同准据法的适用范围。

直接持有是证券持有的传统形式，在传统证券市场上，由投资者自行持有实物证券，其名字直接记录于发行人的证券持有人名册，发行人能够清楚地知晓实际投资者的身份及其持有情况。投资者通过持有证券（对于无记名证券而言）或记录于证券持有人名册（对于记名证券而言），对证券享有直接、独立的所有权，进而拥有发行人的股东或债权人的身份，而无须借助中间人的协助或证明。发行人所在地法适用于直接持有证券合同关系，包括：(1)证券的有效性；(2)发行人有关证券登记及移转的权利义务；(3)发行人对证券移转登记的效力；(4)发行人对证券权利人所负的义务；(5)对于经移转登记之投资证券或非投资证券之权利人，或非投资证券之持有人，是否得主张权利。②

（三）中间人所在地法在间接持有证券合同中的适用

随着金融业的发展及证券交易量剧增，为缓解文档工作压力，提高交易和结算效率，证券间接持有制渐渐成为主流。证券间接持有是指在发行人同实际投资人之间存在多个中间性的持有层次，投资人的名称和证券持有情况不直接体现在证券持有人名册中，而是只在与其最邻近的中间人（intermediary）——所谓直接相关中间人处开立账户，通过该中间人的账簿记录而“间接”持有相关证券。③ 由于这一体系是一种由多个发行人、中间人和最终客户参与的多层面间接持有体系，因而被称为混合持有体系，又叫多层持有体系。这样在证

---

① See Christoph Kumpan, “Carrot and Stick: The EU's Response to New Securities Trading Systems”, *European Company and Financial Law Review* Vol. 3(4), 2006, pp. 383 - 407.

② Uniform Commercial Code § 8 - 110: Applicability; Choice of Law.

③ 参见廖凡:《间接持有证券的权益性质与法律适用初探》，载《环球法律评论》2006年第6期。

券合同关系中,包括了发行人所在地、中间人所在地、客户住所地、合同缔结地等多个连结点,这种复杂的关系使准据法的确定变得很困难。

在美国《统一商法典》中确立了中间人所在地法适用于间接持有证券合同的规则,包括:(1)通过中间人对证券权利的取得;(2)证券中间人及权利人间之权利义务;(3)中间人是否有义务抗辩第三人对证券权属的请求;(4)对于自中间人处取得证券权利者,或自证券权利人取得其证券之权利或利益者,是否得主张权利。美国《统一商法典》不仅明确将有价证券区分为投资人通过中间人所有和非通过中间人所有,而且区分了有价证券发行之法律规范与发行后之法律规范。并明确规定投资人通过中间人所有的证券发行之后,以持有证券划拨账户的中间人所在地作为法律适用的最密切联系因素,而不适用证券实体权利证书所在地法。[①] 此外,在纳入意思自治原则的同时,鉴于中间人可能有多个分支机构的情况,规定首先适用证券权利人与设置其证券划拨账户的中间人之间协议的准据法。若无法律适用协议,则适用证券划拨账户资料所记载的分支机构所在地法。

美国《统一商法典》在间接持有证券合同的法律适用中采纳了"相关中间人所在地原则"(Place of the Relevant Intermediary Approach,PRIMA)原则,将中间人所在地法适用于证券的取得、权属、第三人抗辩等事项,但证券的有效性仍然由发行人所在地法确定,即权利成立地法。

PRIMA 原则最早在比利时、卢森堡以及美国法律中被采用,其后在欧盟《最终结算支付和证券结算系统第 98/26/EC 号联合指令》第 9 条第 2 款中也被采用。英国在将上述指令转化为国内立法《金融市场及破产(最终清算)规则》[②]的同时,在法律适用条款中也引用了 PRIMA 原则;之后的欧盟《金融担保协议指令》和《关于由中间人持有的证券若干权利的法律适用公约》更是将其作为通则。[③]

PRIMA 原则适用于有价证券交易等事项,尤其是在证券担保方面,其取代了传统的透视方法。在利用 PRIMA 原则寻找准据法时,不需要通过透视介于有价证券权利人与发行人间的层层中间人关系,去紧盯载有证券实体权利

---

① 参见伍伟华:《论有价证券处分行为之准据法》,台湾政治大学法学院 2007 年博士学位论文,第 152 页。

② Financial Markets and Insolvency (Settlement Finality) Regulation 1999.

③ See Christophe Bernasconi & Richard Potok, "PRIMA Convention Brings Certainty to Cross-border Deals", *International Financial Law Review* 22, 2003, p. 11.

的证书,而仅需确定有价证券移转或设定担保当事人所直接接洽之中间人。其优点在于:即使有价证券的实体权利证书分散于多个国家,或“一揽子”投资组合有价证券的发行机构分散于各国,投资人对其证券的权利仍然可以由统一的准据法规范。[①] 在一般情况下,中间人所在地既是证券移转的实际发生地,也是第三人容易预见到的地点,这样的选择不会导致适用与中间业务无关国家的法律。对于第三人而言,他至少可以预见到合同准据法是中间人的若干分支机构之一的所在地法律,而不会是不可预见的法律,[②]PRIMA 原则使法律的选择自由和第三人权益保护之间的冲突得到了适当平衡。其所带来的确定性和便利性,使证券合同关系当事人的权益保护有了实用的法律适用规则,有利于国际金融市场的健康和稳定发展。

三、服务自由原则影响下跨国保险合同法律适用规则的重构

在《罗马条例Ⅰ》出台之前,保险合同的法律适用规则主要规定在欧盟《寿险指令》[③]和《第二非寿险指令》[④]之中。《寿险指令》第 32 条规定,适用于保险合同的应当是承保风险所在地成员国的法律,且“承保风险所在地”应当是投保人经常居所地;若投保人是法人,则应将该法人成立地成员国的法律作为准据法。《第二非寿险指令》第 7 条规定,保险合同当事人意思自治选择法律的范围应当包括投保人经常居所地成员国法或中心管理所在地成员国法。上述条文实质上确立了以“承保风险所在地成员国法”作为保险合同强制性准据法的规则。

《罗马条例Ⅰ》出台之前,欧盟保险合同的法律适用规则十分复杂,并散见于《罗马公约》和相关的指令之中。保险公司与不同成员国投保人之间缔结的合同即使条款和提供的服务完全相同,其法律适用也会因风险所在地的

---

① 参见余延宏:《海牙〈关于经由中间人持有证券的某些权利的法律适用公约〉述评》,载《武大国际法评论》2004 年第 1 期。

② 参见苏颖霞、王葆莳:《国际证券抵押物权关系法律适用原则初探——兼评〈关于由中间人持有证券若干权利的法律适用公约〉》,载《时代法学》2005 年第 1 期。

③ Directive 2002/83/EC of the European Parliament and of the Council of 5 November 2002 concerning life assurance.

④ Second Council Directive 88/357/EEC of 22 June 1988 on the coordination of laws, regulations and administrative provisions relating to direct insurance other than life assurance and laying down provisions to facilitate the effective exercise of freedom to provide services and amending Directive 73/239/EEC.

不同有所区别，事实上造成了欧盟内部保险市场的分割状态。

为消除保险合同法律适用规则碎片化状态对于统一市场内服务自由流动的阻碍，欧盟立法者们在《罗马条例Ⅰ》中对保险合同的法律适用规则进行了重构，规定在当事人未选择准据法时，保险合同适用保险人的经常居所地法。如果案件的所有情况表明，合同显然与另一国有更密切联系，则适用该另一国法律。① 保险人，即保险合同的服务提供方经常居所地法被规定作为合同的默示准据法，避免了同种保险合同适用不同成员国的法律，而给投保人的救济带来不公平的现象。此外，为了更好地保护投保人的利益，《罗马条例Ⅰ》授权合同双方自主选择法律，但选择的范围有所限制，包括：订立合同时风险所在的成员国法、人寿保险中的投保人国籍国法、投保人的经常居所地法，对于所承保的风险仅限于财产损害的保险合同，如果该财产损害发生于风险所在成员国之外的其他成员国，则以该其他成员国法为保险合同准据法。②

由此可以看出，《罗马条例Ⅰ》中有关保险合同的法律适用规则很好地协调了投保人和保险人二者的利益，既主张默示适用保险人经常居所地法以保证法律适用的确定性和一致性，又兼顾了投保人的意愿和保护，这无疑有利于欧洲统一市场内的服务自由流动。

四、服务提供者经常居所地法适用的例外

（一）强制性规则

《罗马条例Ⅰ》授权成员国法院可以基于维护本国或者第三国公共利益的理由，直接适用内国强制性规则，排除本应适用于金融合同的准据法，包括服务提供者经常居所地法。③ 强制性规则的设置体现了《罗马条例Ⅰ》在推进法律适用规则统一化的同时，对成员国公共利益的尊重。为了保证欧洲统一市场的构建不受成员国强制性规则的过度阻滞，欧盟立法者们对强制性规则的适用进行了限制。虽然可以适用强制性规则以拒绝合同准据法的适用，但是不得导致合同的无效。同时，法院在行使裁量权时，应当综合考虑强制性规则的内容、性质、目的以及适用或不适用其将产生的后果是否与服务自由原则的基本精神相悖，不得以成员国本国利益代替统一市场的共同利益。

---

① Article 7(2) of the Rome Ⅰ Regulation.

② Article 7(3) of the Rome Ⅰ Regulation.

③ Article 9(1) of the Rome Ⅰ Regulation.

比如,法国和德国等素以实行严格的消费者保护著称,在其他监管标准宽松的成员国设立的金融机构,可以利用特定类型服务的监管差异向位于法国和德国的消费者提供服务。适用服务提供者所在地法律的结果,一方面,对消费者保护的力度明显不如法国和德国(消费者经常居所地法),而且法国和德国较严格的监管使位于其境内的服务提供者的竞争力受到影响,这无疑会造成对东道国金融机构的反向歧视,损害东道国的公共利益。① 强制性规则赋予法院考量平等适用法律结果的权力,避免不公平竞争,为共同体内的服务提供者营造一个公平的市场环境。

(二)消费者保护规则

《罗马条例Ⅰ》中适用消费者保护规则,以排除服务提供者经常居所地法的规定符合服务自由原则的基本精神。

首先,合同适用消费者经常居所地所在成员国保护性规则的条件,应当是有助于维护消费者利益。因此,只有结合上述保护性规则的具体内容并将其与合同的准据法进行对比分析,才能够客观地评价上述消费者保护规则对服务自由的影响。在合同的准据法没有为消费者提供充分保护的情况下,适用上述旨在维护消费者利益的规则通常不会引发重叠监管。况且,上述保护性规则主要是在非歧视的基础上实施的,不会限制来自其他成员国的服务提供者进入消费者经常居所地成员国的市场。②

其次,即使适用上述保护性规则在事实上限制了服务自由,也是符合各国在金融市场上的共同利益的。因为维护消费者利益体现了重要的国际共同利益,这已经为各国司法实践所认可。

最后,适用消费者经常居所地成员国的保护性规则并没有完全排斥当事人自主选择合同准据法的权利。跨国金融合同的权利义务关系仍然适用其准据法,只是在消费者保护方面适用了消费者经常居所地成员国的保护性规则。可见,跨国金融服务活动在法律适用方面的确定性和可预见性并没有受到实

---

① 参见李仁真、刘轶:《论欧盟金融服务法中的相互承认原则》,载《法学评论》2006 年第 4 期。

② Apostolos A. Gkoutzinis, "Free Movement of Services in the EC Treaty and the Law of Contractual Obligations Relating to Banking and Financial Services", *Common Market Law Review* 41, 2004, pp. 119 – 175.

质性的影响，[①]消费者保护规则并不与服务自由原则相抵触。

第四节 展望：服务自由原则影响下的金融消费者保护规则

一、国际法律合作和服务自由对消费者的积极意义

跨国金融服务的自由流动和发展需要更多的国际合作，这就需要清楚明确、具有可预见性和非歧视性的法律与监管措施，并且应当平等对待国内外经营者与消费者。不管这种合作的形式如何，其目的都是双重的：首先，消除各国间因相关法律与监管规定不同对服务自由流动所造成的障碍；其次，对这种统一市场进行有效的规制与监管，以促进其合理有效的运行。前者实质上是要求放宽管制；后者实质上要求进行合理管制，使统一的规则和执行合作在参与国之间进行，以达到有效的规制效果，营造公平竞争环境。对金融市场进行合理管制和完善法律保障的目的，是将国外消费者对国内市场的信心提高到与对其本国市场相同的高度。[②]

网络减轻了距离给交易当事人双方带来的困难，扩大了市场空间，使消费者有更多的选择。但是相比较其他跨国交易模式来说，电子商务在现有的法律模式之下会引发更多的法律冲突。在一个成员国内法制尚未在各国间达到相互完全承认的国际或区域市场内，以及母国控制原则尚未得到完全贯彻的情况下，电子商务本身的高流动性和复杂性，以及各国立法的差异很容易引起法律冲突，造成法律适用不确定、提高信息成本、监管过度等阻碍贸易发展的后果。[③] 而且各国多倾向于将有关消费者保护的强制性规则适用于跨国金融服务贸易，造成了对国际贸易准入内国市场的阻碍。

冲突规则的高度统一化有利于弥合法律冲突、提高跨国争议解决的确定

---

① 刘轶：《冲突规则也适用服务自由原则吗？——以欧盟金融服务法为视角》，载北大法律信息网：http://article.chinalawinfo.com/Article_Detail.asp?ArticleId=35122#m4，最后访问日期：2018年2月28日。

② See Apostolos A. Gkoutzinis, "Free Movement of Services in the EC Treaty and the Law of Contractual Obligations Relating to Banking and Financial Services", *Common Market Law Review* 41, 2004, pp. 119－175.

③ See Zheng Sophia Tang, "Private International Law in Consumer Contracts: A European Prospective", 1 *Journal of Private International Law* 6, 2010, pp. 225－248.

性和可预测性、减少国际市场因各国分散立法造成的成本。法律适用的确定性也可以给消费者以信心,并且保证市场主体能够在一个相对公平的环境中竞争。而且基于电子商务在跨国金融业中的重要性,相关电子商务的统一立法也有利于促进市场的一体化进程和金融服务在统一市场中的自由流动。

二、消费者保护规则对于服务自由的消极影响

国际统一立法需要有效和可靠的执法、监管与跨国合作襄助,在欧盟跨国监管合作的背景下,其成员国国内立法与监管实践正朝着一种"相互承认"(mutual recognition)的模式发展。欧盟《金融工具市场指令》和《反不正当商业竞争行为指令》[①]将相互承认原则和母国控制原则适用于投资保护、公平竞争和促进跨国金融业的发展中。欧盟立法者们,力图不断扩大内国法相互承认的范围和推进母国控制原则在跨国银行审慎监管中的适用。《电子商务指令》确立了银行通过网络提供的服务适用开户行所在地法,即服务提供者所在地法,同时规定了消费者保护合同的例外,显示了冲突规则仍然在跨国电子银行交易中发挥着作用。

《罗马条例Ⅰ》第6条与第9条规定了远程金融服务仍有可能适用消费者经常居所地法,包括消费者保护规则和以消费者所在国的社会经济政策为指向的强制性规则等,同时以法院地公共利益为基础的强制性条款也可能适用于合同。这对服务提供者所在地法的适用进行了减损,实质上是通过限制当事人意思自治和强制适用消费者经常居所地法来保护消费者权益,同时兼顾法院地的公共秩序。在这种情况下,金融机构将面对消费者所在地的保护性规则排除合同准据法适用的可能性。因为不同国家的消费者保护法很难一致,造成了法律适用的不确定性,同时也阻碍了金融机构通过相同合同条款同时向处于不同国家的消费者提供相同服务的便利性。

此外,法官可以依据《罗马条例Ⅰ》第9条单方面地适用本国公共秩序保留和强制性条款,来排除外国法的适用。这些情况使金融机构不得不去对其金融产品与服务进行调整,以适应目标市场国的法律,这样就增加了其成本,并且减损了服务的国际竞争力,最终会造成对金融服务跨国流动的阻碍和消费者选择的减少。而那些本国管制较严格的金融机构却会在相对更加自由和

---

① European Parliament and Council Directive 2005/29/EC concerning unfair business-to-consumer commercial practices in the international market, OJ 2005 No. L149/22, 11 June 2005.

管制宽松的外国市场中受益,这种情况会导致各国金融监管机构进一步加强监管,最终妨碍国际市场的统一和金融服务的自由流动。

同时,消费者经常居所地法的适用,也会助长法院对源自其他国家的网络服务进行长臂管辖的倾向。网络使消费者能够更加便捷地获取国外金融机构所提供的金融服务,国外金融机构虽没有实际参与到消费者经常居所地市场中来,没有在该地的物理存在,但却也有可能受到消费者经常居所地法院的管辖。统一立法的目的应该是促进跨国商品与服务的自由流动,对远程服务提供者,应当对其施加相对于在消费者本国以物理形式存在的服务提供者更少的限制。

适用消费者经常居所地法未必是消费者保护的最佳选择,首先,没有必要断然否定合同当事人意思自治选择法律的效力;其次,服务提供者所在地的消费者保护法未必不可以更有效的使消费者得到补偿。在《远程消费者保护指令》出台后,欧盟消费者保护法统一化的进程相当可观,尤其在对于消费者信息披露权的保护上已经高于成员国立法的平均水准。①

三、合理协调消费者保护与服务自由的互动关系

在母国控制原则上建立起来的、以内国法的相互承认为基础的欧盟金融监管机制,已经渐渐不能适应统一市场内服务自由流动的需要。母国监管机关应当与东道国监管机关进行紧密的合作,建立互信机制,这将增强东道国市场与企业的信誉和竞争力,并使本国与外国消费者都能从中获益。在这个机制下,当母国监管失灵的时候,东道国可以对跨国网络金融交易进行适度的监管。② 清晰明确、具有可预见性和非歧视性的法律体系对网络环境下跨国金融业的发展至关重要,在有效保护消费者权益的同时,不至于使金融机构在跨国网络交易中面临不可测的风险。在服务自由原则的基础上,以内国法相互承认原则为连接所建立起来的法律体系,应当赋予合同当事人更大的自由。

更重要的是,消费者保护规则仅适用于那些与消费者经常居所地有充分地域联系(territorial proximity)的消费者合同。根据《罗马条例Ⅰ》的规定,只

---

① Apostolos A. Gkoutzinis, *Internet Banking and the Law in Europe: Regulation, Financial Integration and Electronic Commerce*, Cambridge, Cambridge University Press, 2006, p. 308.

② European Commission, First Report on the Application of Directive on Electronic Commerce, COM (2003) 702 final.

有在缔约活动主要在消费者经常居所地发生，或者消费者在其经常居所地主动要求服务的情况下，才能认为有关的合同与消费者经常居所地有充分的地域联系。① 如果服务接受者到服务提供者设立地接受服务，或者服务提供者利用互联网等现代通信技术提供远程服务，那么，有关跨国金融服务合同就会被视为与服务接受者的经常居所地缺少地域联系，该国的强制性规则便不得适用。在“科斯滕案”(Corsten)②的判决中，欧洲法院曾经强调，与设立自由相比，通过服务自由开展的业务活动应受到较少的监管。依此类推，在行使服务自由权利的情况下，服务接受者所在地强制性规则的强度也应当符合提供服务的具体方式及其与服务接受者所在地之间地域联系的紧密程度。从这一意义上来讲，《罗马条例Ⅰ》根据合同缔结方式以及合同与特定成员国的地域联系来适用消费者保护规则的规定，既符合共同利益标准，也尊重了欧盟基本法中的适当性原则(principle of proportionality)，即“(共同体)采取的任何行动都不得超出为实现(上述)目标所必要的限度”。③

结合欧盟司法实践来看，如果适用某项冲突规则将导致金融机构向不同成员国提供的服务适用不同成员国的法律，从而加大了该金融机构的合规成本或者给其带来了额外的行政或者经济负担，那么该项冲突规则就会被认为限制了服务自由。④ 但限制了服务自由的冲突规则如果符合共同利益，则仍然是合理的。⑤

欧盟合同义务法律适用规则的完善过程，实质上是在服务自由原则的基础上，对服务提供者与消费者之间利益的平衡与博弈。《罗马条例Ⅰ》作为区域法律适用规则统一立法的典范，其规则体现了对在金融合同争议中统一适用服务提供者经常居所地法的强调。其目的是，无论该跨境金融服务向哪一成员国提供，无论有关合同项下的争议被提交给哪一成员国的法院来审理，作为合同准据法的实体规则基本上都是服务提供者所在地的法律。这不仅契合

---

① Article 6(1) of the Rome Ⅰ Regulation.

② Case C-58/98, [2000] ECR I-7919.

③ Para. 43 of the Preface of the Rome Ⅰ Regulation.

④ Case C-164/99, Infringement Proceedings against Portugaia Construçoões Lda, [2002] ECR I-787; Case C-165/98, Criminal Proceedings against André Mazzoleni and Inter Surveillance Assistance SARL, [2001] ECR I-2189.

⑤ 参见刘轶:《论欧盟金融服务法中的服务自由原则》，载《暨南学报》(哲学社会科学版)2008年第2期。

了欧盟消除贸易壁垒、构建单一金融服务市场的目标，也可以增强跨境金融服务活动在法律适用方面的确定性和可预见性。可以预见，在服务自由原则的影响下，欧盟金融合同义务法律适用规则在促进构建统一市场的基础上，将更多强调对消费者的保护，争取二者之间的协调，最终有利于欧盟内部服务自由流动和利益最大化的实现。

第三章　跨国银行法人属人法的变革

第一节　银行法人在跨国语境下的差异

普通法认为,银行法就是关于银行与客户关系的法律。始于客户在银行建立账户,而账户则是客户存款的凭证,主要是债权人与债务人、委托和被委托的关系,银行与客户的这种法律关系始于某人成为银行客户之时。① 本书的分析对象是作为私法主体的银行,仅针对商业银行,而不包括作为监管机构的各国中央银行,因而本书中所称"银行",若无特别注明,皆为"商业银行"。

银行间的业务主要涉及资金的移转,主要适用提供金融服务和产品银行所在地法,又称被请求银行(requested bank)或义务行(obligor bank)所在地法。传统上银行间资金转移使用电报和电传方式,随着电子商务的发展,使银行跨国资金划拨变得更加简单与快捷。

一、商业银行

从所规制的银行机构及其活动来看,银行法通常

---

① 参见周仲飞、郑晖编著:《银行法原理》,中信出版社 2004 年版,第 8 页。

可分为中央银行法和商业银行法。英文的用语"bank"就是概括性的银行称谓,而且一般侧重指具有商业经营目的的商业银行或者银行业金融机构。[①]根据《布莱克法律辞典》,银行是以存贷款、汇兑、货币发行、资金融通为经营目的的机构;而商业银行可以开立定期和活期存款账户、提供信托及相关服务。[②]而在《牛津法律大辞典》的词条中,银行包括经营银行业的个人或公司,从事的业务有吸收储蓄存款、向客户发放贷款、就所开支票付款、为客户托收支票以及提供一般性的金融咨询和服务等。[③]

(一)英美立法关于银行的界定

在正式立法中出现对商业银行的定义进行界定之前,[④]英国法官丹宁(Denning)勋爵便已在"联合领土信托公司诉柯克伍德案"(United Dominions Trust Ltd. v. Kirkwood)[⑤]中对银行业的三个特征进行了归纳:(1)接受顾客的存款并开立和托收支票;(2)承兑顾客的支票和汇票;(3)管理借贷双方开立的账户。随后,在英国《1979年银行法》中规定了经营公共信贷业务必须得到作为中央银行的英格兰银行的授权。[⑥] 英国银行法虽几经修订,[⑦]一直到现行的英国《2009年银行法》,这个原则没有改变。在英国《2009年银行法》中,

---

① 参见李金泽:《银行业法国际比较》,中国金融出版社2008年版,第37页。

② See Bryan A. Garner (ed.), *Black's Law Dictionary*, Thomson West Press, 2010, p. 164.

③ 参见[英]戴维·M. 沃克:《牛津法律大辞典》,李双元等译,法律出版社2003年版,第100页。

④ See Lord Denning M. R., "Seeing that there is no statutory definition of banking, we must do the best we can to find out the usual characteristics which go to make up the business of banking", in United Dominions Trust Ltd. v. Kirkwood [1966] 2 QB 431.

⑤ United Dominions Trust Ltd. v. Kirkwood [1966] 2 QB 431.

⑥ Banking Act 1979 (UK).

⑦ 分别经过 Banking Act 1979, Banking Act 1987, Bank of England Act 1998, Banking (Special Provisions) Act 2008 和 Banking Act 2009 等立法修订。

对“银行”的定义是指遵循英国《2000 年金融服务和市场法》,[1]指经营存贷款义务的机构。[2] 英国《2000 年金融服务和市场法》本身并没有对银行作出明确的定义,而是代之以受监管的人(regulated person)或获得授权的人(authorized person)。[3]受监管的人包括获得授权的人、认可的投资交易所或认可的清算所。[4] 获得授权的人是指除根据英国《2000 年金融服务和市场法》第 3 部分获得授权和第 4 部分获得许可的人外,依据该法第 4 部分被许可从事一项或多项受监管活动的人。申请授权的人可以包括自然人、法人、合伙或非法人社团,但是只有法人或合伙才有权申请经营存款业务。

同样,美国的法律中没有对商业银行作出明确的定义,而是在不同的单行法律中,根据其立法的不同目的对银行进行解释。银行被授予的执照的类型和执照赋予的业务范围有所区别,美国立法中的商业银行包括国民银行、州成员银行(该银行为联邦储备系统成员)和州非成员银行(该银行不是联邦储备系统成员)。美国《纽约州银行法案》中也没有对银行作出明确的定义,而是对银行可以在该州进行的业务进行列举,包括贴现和购买本票、汇票及其他债权凭证;对购买货物和服务进行分期付款;购买应收账款(该应收账款不包括在未来某一时间出售商品或提供服务所应得的报酬);有担保贷款;借款以及提供担保;买卖外汇、硬币及珠宝;吸收公众存款、有价证券及其他符合该法规定的个人财产;[5]与上述银行业务相关的其他杂项事务开立远期和即期信用证;提供保管箱服务;发行金融债券;作为美国政府的金融代理处理吸收美国公民存款等业务。

相较而言,英国和美国这两个普通法系国家的法律对银行都没有进行统

---

① 2001 年 12 月 1 日,英国《2000 年金融服务和市场法》(Financial Services and Markets Act 2000)生效,英国议院对其提案修改达 2000 余次,既是英国历史上对提案修改次数最多的立法,也是英国建国以来最重要的一部关于金融服务的法律,它使此前制定的一系列用于监管金融业的法律、法规都为其所取代,从而成为英国规范金融业的一部“基本法”。该法明确了新成立的金融监管机构和被监管者的权力、责任及义务,统一了监管标准,规范了金融市场的运作。根据英国《2000 年金融服务和市场法》的规定,英国成立了世界上最强有力的金融监管机构——金融服务监管局(Financial Services Authority,FSA),英国的金融监管模式从此前的多个监管机构并存(分业监管)向单一的监管模式过渡。FSA 成为英国金融业的统一监管者,监管银行、保险和投资等相关行业,其发布的诸多规则在实践中甚至获得了优先于法律适用的地位。

② Article 2(1) of the UK Banking Act 2009.

③ Article 31 of the Financial Services and Markets Act 2000.

④ Article 6(5) of the Financial Services and Markets Act 2000.

⑤ New York CLS Bank § 96 (2011).

一的界定,而是从各个单行法律的不同立法目的出发对银行这个概念进行解释。因此,在案件审理时,法官就需要援用普通法中关于银行的定义。普通法确立了三个基本原则,来界定银行的概念。虽然银行业务的概念是不断变化的,但仍然有其本质的结构,一般来说由三种核心业务构成:(1)吸收公众客户的存款,而吸收存款的目的是通过再投资进行营利,这也是银行最重要的业务。[①]在1901年爱尔兰法院审理的"希尔兹资产案"(Re Shields' Estate)和1914年澳大利亚法院审理的"维多利亚州储蓄银行特派员诉保尔罗怀特公司案"(Commissioners of the State Savings Bank of Victoria v. Permewan, Wright & Co. Ltd.)[②]中,法官都强调向公众借款和发放贷款是银行的业务,而其他金融机构只能向有限的成员如社员或股东等吸收存款和发放贷款;(2)承兑客户开立的支票并在客户的账户上借记;(3)开立和维护客户的支票账户,或称流动账户。银行业界定包括三个原则:第一个原则是如果一个机构没有从事其中的一项业务,就不会被承认是普通法意义上的银行。第二个原则是在一个地方被认为是在从事银行业务的机构并不意味着在另一个地方也必然会被视为是在从事银行业务,这是由于各国有关银行业务和结构的立法不同导致的。第三个原则是许多判例都强调机构声誉和经营习惯在银行资质认定中的重要性,[③]如果人们普遍认为某个机构是银行,并且其经营银行业务已经受到公众和官方认可,法官也会倾向于认为这个机构是在从事银行业务。

上述的第三个原则,即以机构声誉和经营习惯来界定银行的方法有一定的争议。在"联合领土信托公司诉柯克伍德案"(United Dominions Trust v. Kirkwood)[④]中,原告联合领土信托公司(United Dominions Trust,以下简称原告UDT)是位于伦敦的一家大型金融机构,其拥有一家专门为购销业务融通资金的全资子公司,并自称为银行。被告柯克伍德(Kirkwood)是一家经营车库和汽车修理业务公司的总经理。在1961年,被告向原告UDT借款。为了还款的安全性,被告要求将贷款金额分为五张汇票。原告UDT出票后,被告对汇票进行了背书。但是向原告UDT提示付款时,汇票被查出不符,原告UDT拒绝承兑。不久后被告破产,原告UDT将被告作为被背书人诉上法庭。

① 参见周仲飞、郑晖编著:《银行法原理》,中信出版社2004年版,第4页。

② Commissioners of the State Savings Bank of Victoria v. Permewan Wright & Co. Ltd. (1914) 19 CLR 457.

③ 参见周仲飞、郑晖编著:《银行法原理》,中信出版社2004年版,第4页。

④ United Dominions Trust Ltd. v. Kirkwood [1966] 2 QB 431.

被告辩称原告 UDT 在未经注册和许可的情况下经营借贷业务，基于英国《1900 年金钱借贷法》(Money Lenders Act)，[①]原告 UDT 无权收回资金。原告 UDT 辩称，多年以来它在遵从英国《1900 年金钱借贷法》第 6 款第 4 项[②]的前提下向客户提供了大量贷款，因此它有权放贷。在审理中，原告 UDT 举证证明了其经营借贷业务的严谨性和在业内所享有的良好声誉。证据表明，原告 UDT 在伦敦被公众普遍地视为是一家银行，并且税务局也对其按照银行的标准收税。Mocatta 法官判决被告不能依据英国《1900 年金钱借贷法》免除还款责任，被告不服，提出上诉。上诉法院判决：(1)基于原告 UDT 将借贷作为其主要业务，其有责任举证其经营行为符合英国《1900 年金钱借贷法》第 6 条第 4 款，并善意的经营银行业务。(2)在原告 UDT 所提供的证据中，其并不能完全符合银行业的特征，但是根据现有证据表明其在经营银行业务方面的良好声誉足够解除其举证责任，上诉被驳回。

在"联合领土信托公司诉柯克伍德案"(United Dominions Trust v. Kirkwood)中，法官丹宁(Denning)勋爵认为，一个公司不能仅因为从事融通资金业务就可宣称自己为银行。银行业的通常特征是进行存贷款业务，但这并不是银行业唯一的特征，银行业还有其他的特征，包括稳定、安全和正直经营等。良好的业务声誉可以作为是否有权经营银行业务的重要标准。如果商人已经建立了系统的业务，其运转良好且无违法行为，那么法官不应当妨碍它的发展。原告 UDT 胜诉的主要原因，是基于其在伦敦作为一家银行的良好声誉和地位。如果其他公司需要被法院承认为银行，那么它需要首先去英国公平贸易局申请相关资质的证书。但哈曼(Harman)法官对此持反对意见，认为仅有相关业务声誉还是不足以将一家公司或机构认定为银行，还需要对其事

---

① 英国《1900 年金钱借贷法》，是英国最早对金钱借贷予以调控的法案，现在被英国《1974 年消费者信贷法》取代。该法要求从事这项业务的人须得到公平贸易局局长的许可，更重要的是对可附加于交易的条款和条件作了严格的管制，并且赋予法院重审勒索性交易及命令退付超额利息的广泛权力。

② See Section 6(d) of Money Lenders Act 1900. Section 6:—The expression "money-lender" in this Act shall include every person whose business is that of money-lending, or who advertises or announces himself or holds himself out in any way as carrying on that business; but shall not include (a) any pawnbroker in respect of business carried on by him in accordance with the provisions of the Acts for the time being in force in relation to pawnbrokers; or ...(d) any person bona fide carrying on the business of banking or insurance or bona fide carrying on any business not having for its primary object the lending of money, in the course of which and for the purposes whereof he lends money.

实经营行为进行考察。迪普洛克(Diplock)法官认为,在原告 UDT 与被告之间,原告 UDT 作为银行的身份已具有既判力,但是这仅在这二者之间有效。这并不能当然地认为在其他类似案件中判决结果也可以一致。原告 UDT 就其本身来说不能被认为是银行,但它在从事发放贷款、资金融通等业务,而且伦敦金融界把它当作银行的事实足以证明它具有从事银行业务的良好声誉,这两点足以使该公司符合银行的定义。

(二)欧盟关于商业银行的界定

欧盟 2006 年 6 月 24 日颁布的《2006 年欧盟信贷机构设立及其业务经营指令》①没有对商业银行进行定义,而是仍然沿袭了以前立法所适用的“信贷机构”(credit institution)这个术语,②也没有改变 1977 年《欧共体第一号银行指令》③对信贷机构所作出的界定,即其属于经营从公众中吸收存款或其他可偿还资金并用自营账户发放贷款业务以及经营电子货币的机构。在欧盟某一成员国授权注册的信贷机构,有权在欧盟其他成员国境内开展该指令附录一中所列举的以下相互承认的业务:(1)接受存款和其他可偿还资金;(2)发放贷款,包括消费信贷、抵押贷款、保付代理、有追索权或无追索权的向商业活动融通资金(包括福费廷业务);④(3)融资租赁;(4)货币转移服务;(5)签发和管理支付方式(如信用卡、旅行支票、银行汇票等);(6)担保和保证;(7)自有账户或客户账户交易(包括货币市场工具、外汇交易、金融期货和期权、外汇票证、可转让证券);(8)有价证券及相关业务;(9)为公司的资本结构、工业发展策略以及公司合并等提供咨询意见;(10)货币经纪;(11)资产组合管理;(12)保管及管理证券;(13)信用备询;(14)保管箱业务。

从 1989 年的《欧共体第二号银行指令》⑤到《2006 年欧盟信贷机构设立及其业务经营指令》,欧盟立法从来没有认为信贷机构属于金融机构的范畴

① Directive 2006/48/EC of the European Parliament and of the Council of 14 June 2006 relating to the taking up and pursuit of the business of credit institutions.

② Article 4(1) of the Directive 2006/48/EC.

③ Directive 77/780/EEC of 12 December 1977 on the coordination of the laws (First Banking Directive).

④ 福费廷(Forfaiting),改善出口商现金流和财务报表的无追索权融资方式,包买商从出口商那里无追索地购买已经承兑的、并通常由进口商所在地银行担保的远期汇票或本票的业务就叫作包买票据,音译为福费廷。

⑤ Second Council Directive 89/646/EEC of 15 December 1989 on the coordination of laws (Second Banking Directive).

中，而是注明金融机构是与信贷机构不同的实体企业，其主要的经营业务是增持控股权和在欧盟其他成员国境内经营上述《2006 年欧盟信贷机构设立及其业务经营指令》附录一中所列的第（2）项到第（12）项的业务。[①]综合来看，第（1）项业务是指吸收存款和其他应偿还资金，第（2）项至第（12）项业务包括贷款、金融租赁、担保和贷款承诺等。从欧盟的立法看，信贷机构可以被认为是商业银行，金融机构则是非商业银行性质的机构。[②]信贷机构可以经营商业银行传统而特殊的业务：接受公众的存款，而金融机构只可以经营存款之外的其他金融业务。

（三）我国立法关于商业银行的定义

《中华人民共和国商业银行法》中规定了“商业银行”是指“依照本法和《中华人民共和国公司法》设立的吸收公共存款、发放贷款、办理结算等业务的企业法人”。[③]该法第 3 条进一步列举了商业银行可以经营的业务：吸收公众存款；发放短期、中期和长期贷款；办理国内外结算；办理票据承兑与贴现；发行金融债券；代理发行、代理兑付、承销政府债券；买卖政府债券、金融债券；从事同业拆借；买卖、代理买卖外汇；从事银行卡业务；提供信用证服务及担保；代理收付款项及代理保险业务；提供保管箱服务；经国务院银行业监督管理机构批准的其他业务。该条同时规定商业银行的经营范围由其章程规定，报国务院银行业监督管理机构批准。经营结汇、售汇业务须经中国人民银行批准。[④]

（四）对商业银行进行界定的目的

通过比较可以看出，各国多通过详细而谨慎的业务范围划分来对商业银行进行界定。立法机关和政府通过授权一个机构经营，以向公众吸收存款和发放贷款为核心的银行业务，而不是允许任何金融机构都可以经营相关业务，目的是对银行业务实施比其他金融机构更强的监管。因为吸收公众存款和发

---

① Article 4(5) of the Directive 2006/48/EC.

② 参见周仲飞、郑晖编著：《银行法原理》，中信出版社 2004 年版，第 5 页。

③ 参见《中华人民共和国商业银行法》第 2 条，1995 年 5 月 10 日第八届全国人民代表大会常务委员会第十三次会议通过；根据 2003 年 12 月 27 日第十届全国人民代表大会常务委员会第六次会议《关于修改〈中华人民共和国商业银行法〉的决定》修正；根据 2015 年 8 月 29 日第十二届全国人民代表大会常务委员会第十六次会议《关于修改〈中华人民共和国商业银行法〉的决定》再次修正。

④ 《中华人民共和国商业银行法》第 3 条。

放贷款导致的商业银行资产和负债到期日不一致的情况以及部分存款准备金制度,使存款人的存款面临到期不能偿付的风险。加上存款的高流动性,一旦存款人的信心受到影响,极易造成对银行的挤兑,从而造成银行的破产。而个别银行的破产极易造成连锁效应,造成银行的连锁挤兑和破产,对整个国内乃至国际金融系统造成冲击。商业银行的失败或倒闭会损害存款人的利益和影响金融体制的稳定,而商业银行失败或倒闭的脆弱性来自于从事吸收公众存款和发放贷款业务而附随的银行资产和负债到期日不匹配现象。[①]出于对存款人利益和金融系统安全的考虑,政府需要对商业银行加强监管。所以,认定一个机构是否是商业银行不在于其名称,而是取决于该机构是否吸收公众存款和发放贷款。换言之,某个机构只要同时被授权从事这两项业务,就可以被界定为商业银行。

综上所述,商业银行可以被定义为:(1)得到中央银行或相关管理机构授权并受其监管的机构;(2)不同国家对银行业务范围的规定有所不同,但核心业务包括吸收公众存款和发放贷款、票据承兑等。仅仅经营借款业务的机构不能必然地被视作银行,这些机构与客户所签订的合同与商业银行作为主体一方与客户签订的合同条款多有不同,[②]其法律适用也有所区别。

二、银行跨国分支机构

银行之所以在海外设立分支机构,其目的主要是满足业务范围不断扩张的需要。为了适应经济全球化的发展趋势,整合资金优势以分散经营风险和扩大利润空间,或者与之有合作关系的本国大型工商企业已经成功进入外国市场,为了维持原有的客户关系,就需要在国外设立分支机构,为当地经营者提供金融服务。

综观各国法律实践,银行跨国分支机构在法律形态上主要包括以下几种:(1)代表处或办事处,指银行在东道国设立的不具备法人资格、不能从事经营性营业的分支机构组织形式。(2)分行,指银行在其他国家或地区依法设立的不具有独立法律地位,但可从事一定范围内的经营性业务的分支机构组织形式。从东道国监管的角度来看,由于分行不在东道国注册,不具有东道国

① 参见周仲飞、郑晖编著:《银行法原理》,中信出版社2004年版,第7页。

② See Charles Proctor, *The Law and Practice of International Banking*, Oxford University Press, 2010, p. 297.

的国籍，其业务经营完全受总行控制，因而东道国往往难以对其实施有效监管。另外，分行很容易受金融风险，特别是总行经营状况的传染性影响，因此各国在实践中都对跨国银行分行采取特别的监管措施。(3)子行，指跨国银行母行依照东道国法律在东道国境内设立的，由母行控制全部或多数股权，并具有东道国法人资格的分支机构组织形式。附属银行或子行在法律地位上独立于母行，拥有独立的资本，并以自己的名义从事活动，对外独立承担有限责任；母行仅以出资额为限对其承担有限责任。(4)合资银行，指跨国银行总行与东道国金融机构共同出资，依照东道国法律在东道国境内成立的从事银行业务的分支机构组织形式。

银行在国外的代表处、办事处和分行因不具有独立的法人资格，而不能作为跨国银行交易合同的主体。跨国银行的子行拥有相当的自主经营权限，在法律适用上应被视为独立的实体，而可适用与母行不同的法律。①跨国银行子行的法律适用有其特殊性，若无特别说明，下文中所提及的跨国银行分支机构均指其子行。

三、银行商务及专业客户

(一)账户：银行客户资格的重要标准

账户是成为银行客户的重要但非唯一标准，银行客户的范围包括但不限于拥有在该银行开立账户的人。银行也提供不涉及账户的金融产品与服务，购买该服务与产品的相对人也可以援引法律要求对其权益进行保护。例如，某公司向银行借款，而并未开立账户，这种情况多出现在跨国银团贷款的情形下。②多个贷款银行加入跨国银团贷款合同，由代理行向借款人提供贷款，多个银行与代理行之间开立账户，而借款人并不参与到贷款行与代理行之间的账户经营中。出于审慎贷款的考虑，贷款银行也将对借款人的内部信息进行评估。虽然借款人与贷款银行间没有直接的账户关系，但借款人也被视为贷款银行的客户，因而贷款银行有义务对借款人的内部信息保密。

(二)客户在供应链上的位置区分

相对于银行的定义来说，很难有一个对“客户”的明确定义。客户指的是

---

① Reg. v. Grossman (1981) 73 Cr. App. R. 302.

② See Charles Proctor, *The Law and Practice of International Banking*, Oxford University Press, 2010, p. 303.

在供应链的交易中，购买产品或服务的个人或机构。这个术语在商业文献中的使用是不一致的，这导致关于究竟谁是“真正的”客户的争论，但这种争论毫无学术价值。这一术语通常被定义为交易中的一个角色，它适用于供应链上的任何一方。由此可见，最终的客户是供应链终端的消费者。

在我国，银行客户指的是在银行开立账户办理存款、贷款或结算等业务的单位或个人。银行与客户之间的法律关系取决于银行为客户提供的服务，其本质上属于债权债务关系，主要有银行与存款人之间的存款合同关系、银行与借款人之间的贷款合同关系、银行与客户间的委托合同关系等。

（三）商务客户与消费者之间的区别

根据商业供应链的不同位置，银行客户的类型也有所区别。《牛津法律大辞典》将消费者合同与商务合同区分开来，前类合同中买方为一个私人，所购买的商品与服务通常是由经济上更强大的供应商提供，消费者受到更广泛的法律保护，以避免有缺陷或难以令人满意的商品与服务；商业合同中的买方不是私人，而是与卖方有同等谈判能力的商业机构。① 此外，在消费者合同和商业合同中，客户所购买产品与服务的目的不同，消费者是为个人生活等非商业目的购买产品与服务，而商务机构则是为了经营目的。

从逻辑上看，在银行跨国交易中，商务或专业客户应当是购买上文中所述银行的产品或服务的非消费者的自然人、法人或其他组织。换言之，客户须在银行拥有一个用于托收和支付支票的账户，或至少其正在与银行进行商讨以开立该账户，②即使账户已经被透支，仍不影响银行与客户之间的权利义务关系。③换言之，某人在银行开立账户时，他就成为银行的客户，银行与客户之间的合同关系也就随之建立，至于账户存续时间不是客户的构成要件。银行为相对人开设支票簿的行为则可视为是其成为该银行客户的确定性标志。④对于银行客户的类型并没有明确的限制，即使是一家向其他银行借款的银行也

① 参见［英］戴维·M. 沃克：《牛津法律大辞典》，李双元等译，法律出版社2003年版，第255页。

② See FSMAs 59 (11)："'Customer' in relation to an authorized person, means a person who is using, or who is or may be contemplating using, any of the services provided by the authorized person"; Woods v. Martins Bank Ltd. [1959] 1QB 55; Warren Metals Ltd. v. Colonial Catering Co. Ltd. [1975] 1 NZLR 273.

③ Clarke v. London and County Banking Co. [1897] 1 QB 552.

④ Great Western Railway Co. v. London and County Banking Co. Ltd. [1901] AC 414 (HL).

能够被视作被借款银行的客户。商务或专业客户与消费者之间的区别在于消费者对所购买的产品或服务没有专业知识,并且购买的目的是个人或家庭生活。而商务或专业客户一般须对产品或服务具有专门的知识或经验,且一般具有相对雄厚的财力与组织规模,具有与银行进行谈判的能力,购买产品与服务的目的在于再生产。

第二节　银行法人属人法变革的需要

法人属人法,是解决法人的一般权利能力的准据法。法人是国际民商事法律关系的重要参与者,是法律拟制主体。与法人的本质特征相关的问题,如法人的成立效力、行为能力与权利能力等问题都需要由法人属人法来调整。随着国际经济交往的不断加强,参与国际经济活动的法人种类与情况也变得越来越复杂。有的法人在甲国登记设立,但它的管理中心在乙国,经济活动中心在丙国,股东和董事会成员由不同国籍的人组成。在这种情况下如何确定法人属人法,各国所采取的标准不一,形成了设立地说、准据法说、资本控制说、主事务所所在地说以及营业所所在地说等多种标准。

在银行法律实践中,属人法问题对于其在国际金融交易中的权利与义务的确定极为重要,各国大多在其国际私法立法中规定了公司属人法的确定方式,或直接规定了银行本国法的适用。如韩国《涉外私法》第 30 条规定,“银行业务的各项具体问题(前提条件)及效果适用银行的本国法”;奥地利《联邦国际私法法规》第 38 条第 1 款规定,“银行业务依该银行设有特定常设营业所的国家的法律”;罗马尼亚《1992 年关于调整国际私法法律关系的第一百〇五号法》第 103 条第 3 款规定,“银行合同,适用金融机构所在地法”。

传统上以法人的本国法作为属人法,并以住所、国籍或登记注册地等为连结点。银行一般是根据其本国的公司法和有关的银行法设立的法人,首先是组织法,其次才涉及行为法问题,因而银行法律所发生的一般冲突也需要首先考虑以法人本国法为准据法。法人的属人法一般适用于其法律性质、名称、成立、转让及解散、能力、管理权力及运作方式、取得或丧失成员资格的方式以及由此产生的权利和义务、负债的责任、违反章程的后果等。[1] 此外,即使是银

---

① 参见李双元、徐国建主编:《国际民商新秩序的理论建构》,武汉大学出版社 1998 年版,第 507 页。

行发行股票、债券、银行的合并或跨国银行的内部成员的法律责任问题上的法律冲突,也往往需要顾及公司本国法的规定。在欧盟“设立自由原则”的影响下,银行法人的属人法朝着使其权利能力和行为能力更少地受到地域性限制的方向发展,有利于银行参与国际贸易,但同时也使法律冲突更复杂,尤其是跨国银行的母行与分支机构本国法的确定更是一个值得研究的问题。

适用本国法原则的实质,在于肯定法人的既有法律利益,反映了强烈的属地色彩。适用本国法有助于银行在运行中获得相对稳定的法律秩序,但本国法原则也有其保守和僵硬的一面。[①] 在金融全球化和银行跨国交易频繁的背景下,尤其是跨国银行的出现,使银行的交易与运作处于在不同法域间流动的状态中,机械、绝对地坚持本国法原则易造成银行参与国际贸易的阻碍与不便。在这种情况下,各国开始了对法人属人法的修正与变革,主要体现在意思自治与客观标准在属人法确定中的发展和最密切联系原则的补充。

第三节 意思自治与客观标准的冲突与协调

国际私法上有关法人的问题,除外国法人的国籍认定、认许及其营业许可外,主要是法人属人法的确定。法人属人法几乎可以适用于所有涉及法人的问题,从法人的权利能力的开始到消灭,其间所发生的法人的内部事务,乃至一定程度的外部事务的问题,都可以适用。法人的属人法争议与自然人的属人法争议不同,较少地限于本国法主义和住所地法主义的争议之中,而主要是在设立准据法主义与实际住所地主义之间的分歧。[②] 国际私法上的设立准据法主义和实际住所地法主义,即法人受其设立所依国家法律,或者实际管理、营业中心所在国法律的管辖,两种不同的模式体现了在本国法的确定中意思自治原则与客观标准原则的博弈。

---

① 参见李金泽:《关于公司法律冲突及其协调的若干问题思考》,载《江海学刊》1998 年第 6 期。

② 参见陈荣传:《法学教室:国际私法上法人国籍的问题》,载《月旦法学杂志》1995 年第 2 期;Ernst Rabel, *The Conflict of Laws, A Comparative Study: Foreign Corporations, Torts, Contracts in General*, University of Michigan Law School Press, 1960, p. 69; Martin Wolff, *Private International Law*, Clarendon Press, 1950, p. 308。

一、设立准据法主义和意思自治

设立准据法主义（又称法定住所理论、注册机构理论），认为法人的人格由法律所创设，故其人格的存否、范围及其他属人法决定之事项，均应依其所据以设立的法律决定。在该模式下银行根据那个国家的法律成立，就意味着银行在该国设立。例如，若某银行根据荷兰法成立，那么该法就是其准据法，与股东的住所、国籍以及公司的主要营业地或者管理中心所在地等因素无关，与成立地国唯一的联系是法人的注册机构，或者法定住所位于该国。① 设立准据法主义体现了意思自治原则，即银行法人的发起人可以选择最符合其利益的国家的法律为准据法，而无须在该国设立管理中心或者实体机构。银行可以根据内部董事会决议而改变其准据法，而不受客观因素的影响。② 目前英国、美国、荷兰等国采用了成立地模式。

设立准据法主义能够确保法律适用的可预见性与确定性，对于当事人而言，确定一家银行的设立地比确定其主要营业地和管理中心地更容易。银行的设立地是形式要件，可以根据其设立文件就作出判断，相反，确定银行的主要营业地和管理中心地则需要对银行内部运作的情况展开细致的调查。同时设立地模式可不因跨国银行经营中心的改变而改变本国法，以便利其经营活动。但不加限制的意思自治，有可能使银行管理层不顾非控股股东、债权人、交易相对人的利益而选择对其有利的准据法。更严重的是，若某个国家的立法机关针对上述情况采取限制性措施，可能会导致各国“竞相降低标准”的情况。③

二、真实本座地法主义和客观标准

真实本座地法主义又称实际住所地法理论，在该模式下银行的本国法应为其实际住所地所在国法律，即其实际管理和控制中心所在国法。例如，某跨国银行位于适用真实本座模式的奥地利，但其在荷兰依据荷兰法成立分支机

---

① See Stephan Rammeloo, *Corporations in Private International Law*, Oxford University Press, 2001, p. 172.

② 参见［西］戈西马丁·阿尔弗雷泽：《跨境上市：国际资本市场的法律问题》，刘轶、卢青译，法律出版社2010年版，第32页。

③ See Luca Enriques, “EC Company Law and the Fears of a European Delaware”, *European Business Law Review* 15, 2004, p. 1259.

构。1978 年奥地利《联邦国际私法法典》第 10 条规定："法人或者其他任何享有权利或者承担义务的社团法人或者财团法人，其属人法应是该法律主体主要办事机构所在国的法律。"那么从奥地利的角度来看，该分支机构应受奥地利法管辖。在真实本座模式中，银行法人准据法的确定受到客观标准的限制，即其实际管理和控制中心所在地。① 除奥地利外，德国、葡萄牙、希腊等国②在其司法实践中也采用了真实本座模式。

三、两种方式的修正与融合

如前所述，设立准据法主义有可能对第三方，即债权人的利益造成损害，为避免这种情况的发生，有些国家已经着手对法人属人法的适用范围作一定的限制。荷兰在其 1998 年《公司冲突法》③中确立了"公司的组织形式和结构以及公司组成部分的职能应适用公司据以成立的法律"的原则，以设立准据法主义来确定法人的属人法。同年，荷兰还发布了《形式外国公司法》，④针对在荷兰开展全部或者接近全部业务且与其设立地无实际联系的公司作了一些强制性的规定，要求虚假(pseudo)外国公司或者形式上的(pro-forma)外国公司承担更严格的披露义务，要求其必须在各类文件、纸质材料和公告中披露完整的公司名称、类型、公司所在地和成立地等，并明确禁止公司违背事实的表明其属于荷兰法人。⑤ 给外国公司附加上述义务的目的，在于让与其进行交易及订立合同的对方当事人能够意识到其虽位于在荷兰，但实际上是一家外国公司，以便对方当事人履行订约注意义务，对履约的后果有所预见而更谨慎的订立合同。

理论上，在采用真实本座地法主义的国家，如果一家公司根据外国法有效成立，但该外国法与其实际管理和控制中心所在国的法律不一致，那么该公司的法律人格在该国就不会被承认，而须在实际管理和控制中心所在国重新成

---

① 参见[西]戈西马丁·阿尔弗雷泽:《跨境上市:国际资本市场的法律问题》，刘轶、卢青译，法律出版社 2010 年版，第 33 页。

② 1966 年《葡萄牙民法典》第 33 条规定:"法人的属人法为其主要管理机构的实际所在地法";1946 年《希腊民法典》第 10 条规定:"法人的能力适用其主事务所在地法。"

③ Conflict of Laws (Corporations) Act 1998 (The Netherlands).

④ Pro-Forma Foreign Companies Act 1998 (The Netherlands).

⑤ 参见[西]戈西马丁·阿尔弗雷泽:《跨境上市:国际资本市场的法律问题》，刘轶、卢青译，法律出版社 2010 年版，第 41 页。

立。但若某个国家与一家公司的经营活动有着密切的联系，且该公司根据其发起人选择的法律成立，那么该国并无充分的理由拒绝承认其为有效的商事主体。在实践中，采用真实本座地法主义的德国法接受反致，若公司真实本座所在国法采用了设立地模式，该公司在德国仍将得到承认。

四、欧盟设立自由原则对法人属人法的影响

《欧洲共同体条约》第 43 条和第 48 条规定了在欧洲共同体内部法人的设立自由原则，即法人若已根据某成员国法成立且其注册机构、管理中心或者主要营业地位于共同体内，应与作为成员国国民的自然人享有同等地位。设立自由并不是一项独立的权利，而是“人员流动自由”(free movement of persons)这一基本经济权利(fundamental economic rights)在金融服务市场一体化方面的具体体现。① 设立自由是欧盟金融服务法中的重要原则，这一原则要求各成员国取消对共同体金融服务提供者跨国设立机构的各种限制，以促进金融服务的自由化和跨国流动，该原则对于真实本座地法主义产生了较大影响。

根据真实本座地法主义，法人的设立地应与其“真实本座”一致。因此，银行如果在欧盟一成员国设立但其主要机构并不位于该成员国，将不会得到其他成员国的承认，而这种不予承认给银行带来的重大不利影响，将妨碍该银行行使设立自由的权利。在设立自由原则提出后不久，由欧洲法院裁判的“森图斯(Centros)案”在欧洲引起了真实本座地法主义是否会对设立自由构成阻碍的争论，欧洲法院在随后的“超验公司(Überseering)案”和“启艺公司(Inspire Art)案”中对这个问题做出了肯定的回答。② 欧盟的立法与判例在设立自由原则的基础上进一步延伸了相互承认原则，即若某银行法人根据一成员国有效成立，就应被其他成员国承认。自此，真实本座法主义在欧盟境内受

---

① 《欧共体条约》第 43 条规定：“……应当取消对一成员国国民(nationals)在另一成员国境内设立机构的限制。任何成员国国民在共同体任何成员国境内设立代表机构(agencies)、分支机构(branches)和附属机构(subsidiaries)的限制也应取消。”参见刘轶：《论欧盟金融服务法中的服务自由原则》，载《暨南学报》(哲学社会科学版)2008 年第 2 期。

② Centros (Case C－212/97, 9 March 1999); Überseering (Case C－208/00, 5 November 2002); Case C－167/2001, 30 September 2003); 关于以上三个案例的详细论述，参见[西]戈西马丁·阿尔弗雷泽：《跨境上市：国际资本市场的法律问题》，刘轶、卢青译，法律出版社 2010 年版，第 46～51 页。

到严格限制，设立地法主义因其更能体现发起人的意思自治，有利于银行法人资格的承认和金融服务的自由流动而更多地被接受。

但为了保护第三人的利益，设立地法主义受到一定的限制和修正，《罗马条例Ⅰ》第13条规定："在同一国家的双方当事人订立的合同，依该国法律应属有行为能力的自然人，不得依据另一国法律主张其无行为能力，除非合同的另一方当事人在订立合同时明知或因疏忽而不知其无行为能力。"该条虽是规定自然人无行为能力的状况，但亦可延伸参照法人的行为能力。若某法人的属人法对其行为能力和法人内部机构的代表权加以限制，但其仍与外国客户开展经营活动，则其不得依属人法主张其无行为能力而致合同无效。

五、最密切联系原则的补充适用

当法人通过资产、法定代表人、代理人等作用于设立地以外的国家或地区时，那么设立地法赋予该公司的权责能否得到行为地承认便是一个值得讨论的问题。这里可能发生设立地法与行为地法中有关外国法人规定的冲突，也可能发生设立地法与其他有密切联系国家的法律的抵触。

银行跨国交易直接作用的对象是行为地国家的金融秩序和相关利益，从国家主权原则的角度来看，对这些秩序和利益应予以适当的尊重，否则会助长行为地法院利用其属地管辖的方便，对银行属人法的适用采取对抗的措施。在这种情况下，很多国家对于外来法人的属人法在本国的适用进行了一定的限制，如《瑞士国际私法》第159条规定："依照外国法设立的公司在瑞士进行活动或从瑞士开始活动时，以该公司名义进行活动的人员的责任由瑞士法律支配。"①行为地法的适用有利于保护涉外合同的本国当事方的利益，避免因其不明外国法的规定或外国法人的身份而受到不利影响。但是，若行为地法过度地代替外国法人属人法而适用，实际上是否认了冲突规则的作用，回到了属地原则的老路，在割裂本国与国际社会联系的同时，也是对国际法律秩序的一种损害。

作为现代国际私法发展的一项重要原则，最密切联系原则对各国的立法与实践有着重要作用，同时也作为一种"兜底"条款在各国的国际私法立法中

---

① 参见李金泽：《关于公司法律冲突及其协调的若干问题思考》，载《江海学刊》1998年第6期。

得到广泛应用。[①] 法人属人法与行为地法的冲突，本质上是法人本国与行为地国之间利益的冲突。在涉外民商事争议解决中机械地根据表面的连结因素确定准据法，或者直接根据公共利益原则排除外国法的适用，都容易造成不公平的后果。在不便于直接适用属人法或行为地法的情况下，宜适用更加灵活、多元、兼顾各方利益的最密切联系原则加以调和。在具体的争议问题中应当灵活地选择联系因素，合理地确定与争议具有最密切联系的准据法。

美国《第二次冲突法重述》第13章第6条规定，在有关公司的权限和责任、股东的地位和权利、表决权委托、股份占多数的股东人的义务、董事或高级职员的义务等问题的法律选择上，均在坚持成立地州法原则时，辅之以最密切联系原则。换言之，按照美国《第二次冲突法重述》第13章第6条，另一州与当事人或公司（或交易）有更重要的联系时，应适用另一州法。在跨国银行方面，在设立准据法模式下，母行与其子行分别在不同国家注册，应各受其注册地国家法律的管辖。而实际上子行的经营受到母行的指示，若依真实本座模式，则子行也应受到母行所在国法的管辖，因为这样更加贴近行为的本质。然而，子行所在国是否能够接受在其境内注册成立的银行受另一国法律的管辖，仍有疑问。在这种情况下，就需要依据最密切联系原则综合注册地、行为地、管理中心地等多重因素来确定准据法。

---

① 参见黄进：《中国涉外民事关系法律适用法的制定与完善》，载《政法论坛》2011年第3期。

第四章　跨国存款合同的法律适用

在跨国存款合同中，存款人包括单位和个人，他们与银行之间的关系是债权人和债务人的关系。银行是债务人，主要享有使用存款的权利和负有到期支付存款本息的义务；存款人是债权人，主要享有要求银行支付存款本金和约定利息的权利和负有信息披露与谨慎签发支票的义务。此外在合同履行过程中还延伸出了客户知情权、公平交易权、信息保密义务等权利义务关系。有关存款合同关系的法律适用问题主要包括银行与客户存款权利义务关系的成立、合同的解释与履行、解除与诉讼时效等。

上文中对于银行、客户及二者权利义务关系的界定，均是就各国国内法的角度而言。然而随着经济全球化的发展，大型跨国公司在各个国家开展业务，银行也在各个国家开设分支机构为当地经营者提供金融服务。商品与服务的跨国流动需要位处不同国家的银行进行金融支持，大型公司和富有的个人也倾向于将其资金存入不同金融法制发达国家的银行，跨国银行复杂的投资管理组合和金融衍生品经常涉及多个国家的分支机构和其他跨国银行，随着各国外汇管制政策的放松,[①]上述业务也得以迅速发展。

在国内法的范畴内,存款合同关系中不存在法律冲突问题,某国银行为一个经常居所地或营业地在相同国家的客户开立账户,该行为所形成的合同关系应适用该国法律。但是若客户的经常居所地或营业地在国外,在该国银行开立账户,法律冲突问题就出现了。究竟是适用该国银行的法律,抑或该国银行在外国分支机构的法律,还是客户经常居所地或营业地的法律?为分析这个问题,我们可以统一国际私法作为线索来进行研究。《罗马条例Ⅰ》是欧盟国际私法统一化最新和最重要的成果。[②] 欧盟包括受大陆法系与英美法系影响的成员国,且成员国以大陆法系国家居多,其法律发展更多地体现了两大法系立法技术的相互借鉴和有机融合,在一定程度上反映了国际社会法律尤其是大陆法系发展的方向,值得像我国这样受大陆法系影响深厚的法制发展中国家借鉴。

第一节 银行与客户存款权利义务关系的成立

关于银行与客户存款权利义务关系的成立,主要有在传统交易模式和电子商务交易模式下的两种情况。

一、传统交易模式合同关系建立前银行责任的认定

早在1950年,英国法院便已对银行与客户的合同关系正式建立之前银行责任的认定作出了判决。在"伍兹诉马丁斯银行案"(Woods v. Martins Bank Ltd.)[③]中,原告经营一家主要业务是销售金属片的小型公司,但其缺少相关的销售经验,因此其打算雇用被告银行做其金融顾问,被告银行的经理表示同意。随后,被告银行的经理表示他可以向原告提供某公司的优先股份。实际上该公司是被告银行的客户,并且其透支严重,急需资金。在原告正式与被告

---

① 之前有很多国家立法限制本国居民持有外国银行的账户,但是基于欧盟公约中有关"资本自由流动"的条款,这种限制近年来在欧盟境内有放松的趋势。See Charles Proctor, *The Law and Practice of International Banking*, Oxford University Press, 2010, p. 641.

② 参见李凤琴:《欧盟合同之债法律适用制度的新发展》,载《时代法学》2010年第2期,第105~112页;谢宝朝:《论〈罗马条例Ⅰ〉对欧盟合同冲突法的发展及对我国的启示》,载《西南政法大学学报》2010年第3期。

③ Woods v. Martins Bank Ltd. [1959] 1QB 55.

银行签署顾问合同之前，被告银行的经理建议原告向某公司购买其优先股份作为投资项目。1950年5月9日，原告授权被告银行管理其投资项目。1950年6月1日，被告银行为原告开立账户，随后被告银行的经理建议原告追加对某公司的投资，该投资被用来作为某公司的周转资金以销售其存货。被告银行向原告提供的建议并没有站在原告的利益立场上，最终导致原告所投资的14,800英镑全部损失。1952年原告打算在被告银行为另一家公司的透支提供1000英镑的抵押担保，被告银行向其保证此项担保不会有任何风险，但这个保证并没有任何根据。基于被告银行的保证，虽然原告提供了抵押担保，但最终原告在这项抵押担保上损失了990英镑，原告将被告银行诉至法院。经过审理法院认定：(1)提供投资建议属于被告银行的业务范围之一，且被告银行在向原告提供投资建议时并没有尽到合理的注意义务，因此被告银行须对原告的投资损失负责。(2)原告在1950年5月9日与被告银行达成缔结顾问合同的合意，并在6月1日正式开立账户，但在此之前的商讨过程中，被告银行业已对原告作出了投资建议，被告银行负有合理的注意义务。(3)被告银行对抵押担保的保证是在双方顾问合同期内作出的，而且这也直接促使原告提供了抵押担保，被告银行须对原告损失的990英镑负责。法院所作出的被告银行须对顾问合同签署前所作出的投资建议负责的判决，表明了在客户与银行商谈建立合作关系的过程中，银行客户关系便已建立并对双方产生了拘束力。

在“伍兹诉马丁斯银行案”中，英国法院确立了在银行与客户谈判过程中双方的合作关系即已成立的判例，双方最早在谈判过程中即同对方当事人建立一定的权利义务关系。但作为二者合作关系成立的客观标准，银行对客户开立账户的行为则更具有确定性，双方的合同关系至迟在银行为客户开立账户的时刻产生，[①]在账户取消的时刻终止，即使该账户已经被透支也不影响双方的权利义务关系。在“克拉克诉伦敦和郡银行案”(Clarke v. London and County Banking Company)[②]中，原告的支票被其代理人伪造了背书，该代理人持该被伪造背书的支票要求被告银行将款项转账到其账户。由于该代理人的账户已经被透支，被告银行在支票款项中扣取了一定费用以平衡透支。原告

① Great Western Railway Co. v. London and County Banking Co. Ltd. [1901] AC 414 (HL).

② Clarke v. London and County Banking Company [1897] 1 QB 552.

将被告银行诉至法院,要求被告银行承担兑现其被伪造背书支票以致其损失的责任。Cave 法官认为,若某人以划线支票的形式从支票中向银行支付透支费用,即使该人不是划线支票的真实所有人,只要银行尽到了其诚实信用义务并且没有重大过失,则其有权收取该透支费用,不向支票真实所有人负责。从该案中可以看出,基于账户已经被透支的事实,该账户所有人对银行负有债务,银行从支票中扣取费用以平衡透支的行为是合法有效的。原告应当向其代理人追索损失。

根据上文分析,存款合同关系中的客户为进行支票的托收与支付等业务而持有银行的账户,或正在与银行办理该账户的手续之时即可成为银行的客户。①而英国《2000 年金融服务与市场法》则更进一步规定,预期与银行建立合同关系的也属于银行客户的范畴,②这样就更有力地保护了客户的利益,但同时也对法律关系的认定及法律适用带来更多的复杂性。

二、电子商务模式合同建立前双方权利义务的认定

"网络银行"(online banking)这个术语几乎包括了所有的银行客户自助服务,客户可以在家中用电话、电脑等方式进行自助服务,客户通过使用已获授权的用户名、身份识别码等手段在互联网上与银行沟通,接入客服系统,以转账资金、查询账户余额、开立支票、指示银行作为经纪人买卖证券,诸如电子签名、特定硬件设备则被用来证实用户的权限。以上活动都在银行与客户之间成立的合同中进行运作,合同的主要内容为客户以网络为手段或载体获取银行提供的特定服务,也即是所谓的网络银行合同。在客户与银行都处于同一国家时,该合同毫无疑问将适用二者所在地法。但若位处不同国家,则面临法律适用的问题,基于网络空间的复杂性,网络电子银行 B2C 与 B2B 合同的法律适用有其自身的特点。

(一)先合同义务的法律适用

如上所述,银行与客户在商谈阶段,即在线交易开始之前,就已经产生了权利义务关系。在这个阶段尚未牵涉与网络电子技术相关的问题,依旧适用

---

① See Charles Proctor, *The Law and Practice of International Banking*, Oxford University Press, 2010, p. 297.

② See FSMA 2000, Section 404 E(1): "for the purpose of sections 404 to 404B 'consumers' means persons who have used, or may have contemplated using, any of the services within subsection (2)."

普通合同的连结点——以当事人意思自治、最密切联系原则以及特征性履行方法来确定当事人先合同义务的法律适用,包括合同的订立、双方当事人的权利与义务、第三人的权利、违约责任、诉讼时效。在银行所提供的格式合同中,通常开户行所在地法会被作为合同准据法列入法律适用条款,适用于银行在线服务、当事人信息保密义务以及在使用银行所提供的硬件、软件过程中出现损坏的赔偿义务等。

关于违反先合同义务而产生的缔约过失责任,虽然《罗马条例Ⅰ》没有明确规定,但在欧洲议会和欧盟理事会2007年7月11日通过的《关于非合同义务法律适用的第864/2007号条例》(以下简称《罗马条例Ⅱ》)①第12条中却有对于缔约过失责任的简单表述。不同国家对此存在不同的认识,有的认为先合同行为产生的责任属违约责任,有的认为是侵权责任,还有的认为它自成一体。② 因而《罗马条例Ⅱ》规定了一个独立的法律选择规则,以统一该问题的法律适用,避免不同成员国对该问题进行不同识别而造成法律适用上的冲突和麻烦。③

《罗马条例Ⅱ》第12条规定:"(1)因合同签订前的磋商而产生的非合同义务,无论该合同是否事实上成立,应适用的是合同的准据法或如果合同成立应该适用的法律;(2)如果依据本条第一款不能确定的,则应当适用:(a)损害发生地法,而非引起损害事件发生地法或间接结果地法;(b)如果当事人在损害发生时在同一国家有经常居所的,适用该经常居所地法;(c)如果案件所有情况表明因合同缔结前的行为而产生的非合同义务明显与非a项和b项中规定的第三国有最密切联系的,适用该第三国法律。"可见,该条第2款的结构与条例第4条基本相同。但因为前者针对的是先合同责任,后者是对侵权或不法行为的一般规定,所以在具体适用中应有所区别。缔约过失责任是一个自治概念,同时也不应按照国内法含义加以解释。④《罗马条例Ⅱ》中的缔约过失责任包括对披露义务的违反和合同谈判的破裂。《罗马条例Ⅱ》第12条只

---

① No. 864/2007 of the Ruropean Parliament and the Council of July 2007 on the Law applicable to non-contractual obligation (Rome Ⅱ Regulation).

② See Dicey, Morris & Collins, *The Conflict of Laws*, Sweet & Maxwell, 2010, p. 214.

③ See Cheshire, North & Fawcett, *Private International Law*, Oxford University Press, 2008, p. 832.

④ 参见于飞:《欧盟非合同义务法律适用统一化——以〈罗马条例Ⅱ〉为中心》,载《法律科学》2009年第1期。

规定了与合同缔结前的行为具有直接联系的非合同义务，这意味着，如合同正在商谈时当事人遭受人身损害的，《罗马条例Ⅱ》第 4 条或者其他相关条款将得以适用。①

（二）合同的订立

在客户与银行之间通过网络或电话等其他电子通信方式进行商谈以开立账户和进行其他金融交易的阶段，虽未成立合同，但双方之间已存在权利义务关系。根据《罗马条例Ⅰ》第 10 条第 1 款，合同或合同任何条款的成立及效力，应根据假设该合同或条款有效时依本条例应适用的法律确定，在这种情况下以当事人意思自治作为连结点，将当事人选择的法律作为合同有效性的依据，《瑞士国际私法法典》第 116 条第 2 项对此也作了类似的规定。② 然而，在美国等普通法系国家，法院更倾向以合同缔结地法来作为确定合同成立有效性的准据法，③这一点即使是在作为现代通信工具的网络出现之后仍未改变。银行可以与远程客户进行更方便的沟通，达成更清楚明确的意思表示，并可在网络介质中对相关信息进行储存以便将来取证，但是由于当事人双方是通过网络进行交流，确定合同的缔结地变得困难。为解决这个问题，有学者提出可以借助银行网站的语言、内容、注册地来作为确定合同缔结地的依据。④

在线跨国交易中，银行通常希望其所在地法得以适用。若能够提供有效存续（durable）的记录和证明，则当事人之间的电子通信往来与纸质协议有着相同的效力，⑤因而在银行网站或由电子邮件发送的格式合同条款满足“纸面要求”。通常银行会对其管辖权和法律适用条款作严格的规定和限制性的解释。⑥

---

① Para. 30 of the Recital of the Rome Ⅱ Regulation.

② Article 116(2) of the Swiss Private International Law provides: “The choice of law must be express or clearly evident from the terms of the contract or the circumstances. In all other respects it shall be governed by the law chosen.”

③ See Herbert Kronke, *Applicable Law in Torts and Contracts*, *in Internet—Which Court Decides? Which Law Applies?* ed. by Boele Woelki & Kessedjian, Kluwer Law International Publishing, 1998, p. 65.

④ See Herbert Kronke, *Applicable Law and Jurisdiction in Electronic Banking Transactions*, *in Legal Issues in Electronic Banking*, ed. by Norbert Horn, Kluwer Law International Publishing, 2002, p. 77.

⑤ See Article 23(2) of Brussels Regulation.

⑥ Case C-71/83 Partenreederei ms. Tilly Russ v. NV Haven & Verroerbedrij F Nova and NV Goeminne Hout [1984] ECR 1-2417.

第二节 存款义务所在地与存款合同的法律适用

一、存款的法律性质

(一)现金说与债务说

关于存款的法律性质,主要有现金说和债务说两种不同的观点。在英国的立法与司法实践中主张债务说,当客户的款项通过现金、支票或电子转账解付到他的流动账户时,该笔款项就被视为客户对银行的贷款,这是两者之间存在的一种默示协议。换言之,在客户流动账户里的存款,是银行对客户所欠的债务。[①] 在著名的 Foley v. Hill 案中,英国法院确立了"货币所有与占有相一致原则"。[②] 客户在银行存入货币之后,两者之间就成立了债权人与债务人的关系,客户随时有权向银行提出返还存款。该笔存款归账户开立银行所有,银行有权对其进行处分。银行不是受客户委托对存款进行管理,二者之间不成立信托关系。

(二)货币所有与占有相一致原则

在 1974 年"巴尔莫勒超市公司诉新西兰银行案"(Balmoral Supermarket Ltd. v. Bank of New Zealand)中,"货币所有与占有相一致原则"得到了进一步诠释,即该原则的前提是存在转移货币所有权的合意。货币的所有权通过占有而转移,如果客户存进现金,那么直到该笔现金被柜台另一侧的收银员接收、开立收据时,现金的所有权才转移到银行。只要现金仍然在柜台的客户一侧,所有权就没有转移,银行对这笔现金不承担任何责任。[③]

在此案中,原告是一家名为巴尔莫勒超市(Balmoral Supermarket Ltd.)的公司,被告即新西兰银行(Bank of New Zealand)。在 1972 年 4 月 17 日,原告的一名雇员受店方委托持约 4000 美元到被告处去存款,这个雇员到了银行以后,从包中取出钱并填写了存单,然后交于工作人员的柜台前,按照银行一般业务规则,工作人员在清点完存款并与存单数目核对无误后,应向存款人交付存折。而在本案中,正当柜员刚清点完 100 美元时,银行内冲进一群抢劫犯,

---

① 参见周仲飞、郑晖编著:《银行法原理》,中信出版社 2004 年版,第 16 页。

② Foley v. Hill and others [1843 - 1860] All ER Rep 16. "Property in cash passes with possession because it is a primary characteristic of currency that it may pass from hand to hand without any question as to title."

③ Balmoral Supermarket Ltd. v. Bank of New Zealand [1974] 2 NZLR 155.

将未清点的仍放在柜台上的钱款抢走。原告于是向法院起诉,要求被告支付被抢走的钱款,认为,既然其已将现金交与工作人员清点数目,那么根据"货币占有与所有相一致原则",则货币所有权则已转移至银行,故银行理所当然应当承担钱款被抢的损失。被告不服,辩称:按照银行一般业务规则,只有当银行在清点完存款人的钱款并与存单核对无误后向存款人交付了存单后,货币的所有权才发生转移。而在此案中,钱款被抢在前,银行还未来得及核对并交付存单,故此时货币所有权并未发生转移,仍有存款人所有,那么毫无疑问,也应当有存款人自身承担存款被抢的损失。

此案中法院最终判决原告败诉,主审法官认为,尽管在"福勒诉希尔案"(Foley v. Hill)中明确地指出了银行与存款人之间的关系是债权人与债务人之间的关系,但这并不能简单地被适用到对此案的判断中,因为两者之间如果要形成债权债务关系,一个重要前提就是必须现实的存在一个"deposit"关系(存款关系),如果根本没有将钱存入银行,则根本无债权债务关系可谈。因为只有存款这一过程得以完成,才可以说银行与存款人之间达成了转移货币所有权的合意。而在本案中,很明显存款这一过程没有得到顺利完成,也就是说,原告与被告之间关于"转移货币所有权的合意"并未达成,因而货币所有权也就并未发生转移。对此,在法官科特汉姆(Cottenham)勋爵在"福勒诉希尔案"的判决中有一段经典的论述:"当(客户的)货币(作为存款)交付给银行之后,其就成为银行资本金的一部分,即成为银行所有的货币,银行有义务在客户要求时(向客户)偿付与存款相符的款项。在银行保管下的货币毫无疑问是银行的自有资本,归其自由支配。"

(三)银行与客户间基于存款的债权债务关系

像其他借款人一样,银行可以自主地使用客户的存款,而客户像其他贷款人一样,放弃了对存款的控制,只保留了要求银行偿还的权利。客户账户上的存款不可以被视作客户的货币,它只是一笔没有担保的债务,当银行破产时,它要在优先债权和担保债务之后获得清偿。所以,客户只是普通的债权人。当客户指令银行向第三人支付款项时,银行是用自己的资金履行客户的指令,[①]然后通过借记客户的账户来对自己进行偿付。

我国《储蓄管理条例》规定,国家保护个人合法储蓄存款的所有权及其他

---

① Halesowen Presswork and Assemblies Ltd. v. National Westminster Bank Ltd. [1972] AC 785.

合法权益。[①] 有学者认为《储蓄管理条例》使用"所有权"一词并不恰当,因为银行按存款合同返还存款,并不是基于客户对存款的所有权,而是基于存款合同的约定,即存款合同所确立的银行还本付息的义务。[②] 另外,若银行的存款所有权仍属于存款人的话,那么在银行破产时,存款人的存款就不能被列为破产财产,存款人也就不能作为债权人。然而,存款人作为普通债权人已为《中华人民共和国商业银行法》[③]所确认。

二、"诉讼产"与存款义务所在地的确定

(一)诉讼产与诉讼产权

民法中财产的传统分类,是依据权利客体将财产区分为有形(体)财产与无形(体)财产。前者包括动产和不动产,如物品、土地、房屋等;后者则包括股票、债券、知识产权等。有形(体)财产的权利客体是具体有形之物,而无形(体)财产的权利客体是无形之"物",比如知识成果,票据等。上述分类是建立在财产权一定有客体的认识基础之上。但所有权总是有客体的吗?具体到被划入无形财产的每一种类型,如股票、债券、知识产权,它们都是有权利客体的吗?如果回答是肯定的,该权利客体又是什么?

在英语中,无形财产或无体物有几种表述:intangible property, *res incorporrales*, chose in action, things in action 等,对应地,有形财产或有体财产则分别表述为 corporeal property, *res corporeales*, chose in possession, things in possession 等。其中"intangible"和"corporeal"这样的词汇都是描述型的,字面的意思是"无形、有形",指的是客体能否被人直观地感知和把握。如果将"无形"理解为对象难以被人直观地感知和把握,那么如石油气、电力等就都有理由被归入无形财产范围。

股票、债券、知识产权与电力、石油气显然不能划为同一类型的财产,所以将"无形"理解为客体难以被人直观地感知和把握显然不妥。这种看法关注

---

① 《储蓄管理条例》,1992 年 12 月 11 日中华人民共和国国务院令第 107 号发布。根据 2011 年 1 月 8 日《国务院关于废止和修改部分行政法规的决定》修订。

② 参见周仲飞、郑晖编著:《银行法原理》,中信出版社 2004 年版,第 16 页。

③ 《中华人民共和国商业银行法》第 71 条规定:"商业银行不能支付到期债务,经中国人民银行同意,由人民法院依法宣告其破产。商业银行被宣告破产的,由人民法院组织中国人民银行等有关部门和有关人员成立清算组,进行清算。商业银行破产清算时,在支付清算费用、所欠职工工资和劳动保险费用后,应当优先支付个人储蓄存款的本金和利息。"

的是财产的外在特征，未能揭示不同财产的内在属性的差别，而石油气、电力等"无形"财产与债券、股票、知识产权等无形财产的内在区别是十分显著的：石油气、电力虽然无形无迹，但是客观存在，并可以直接呈现自己，即可以通过特定方式为人们所感知，也可以"捕获"；而债券、股票则很难说是客观存在的，它们只是权利凭信，记载了某种权利关系，因为它们无法直接呈现自己，所以只能以约定的标记、凭信代表。[①] 那些无法呈现自己、只能以标记代表的财产，包括股票、债券、商标等，实际上不具备特定权利客体，称它们为"无客体财产"较之"无形财产"或"无体财产"更准确。

由于存在有客体财产和无客体财产，笔者更倾向于接受有形财产和无形财产的另外两对表述："无形动产"（chose in action，things in action）和"有形动产"（chose in possession，things in possession）。前者有时也被翻译为"无形准动产"，其中"准"字的意思可以解释为可以合法占有但是尚未占有，这些财产包括版权、商标、专利等。从字面上看，无形准动产的意思是"诉讼"中的财产，有形财产的意思是"占有"的财产。这两个表述揭示了无形财产与有形财产的区别：无形与有形，不是根据财产的外在特征，不在于客体能否为人直观感知区分，而是根据财产内在本质的不同来区分。无形财产往往是潜在的财产，（当然并非所有无形财产都是准财产，债券就是既定财产。）只有通过"诉讼"才能够真正实现财产，比如拥有专利权和版权并不意味着拥有实在的财产，如果不能成功地进行商业运作，它们就不可能转化为实际的收益，甚至可能带来负收益，成为消极财产。在这个意义上，知识产权只是准财产。而有形财产总是表现为一定的外在有形（如房屋、电器）或无形（如电力、石油气）之物，占有它们也就意味着拥有财产。但有形财产有的也是准财产，比如江、河、湖、海、山脉、草原本身无从计量财产价值，虽然它们也可以作为财产标的。[②]

诉讼产权（chose in action，things in action）是普通法中的一个概念，与实际占有的动产（chose in possession）不同，是只有通过诉讼程序才能够实现的个人财产权利，[③]属于一种被法律所承认和保护的无体财产。[④] 诉讼产权指的是通过法律程序来执行到期债务、要求违约或侵权赔偿的权利。简单地说，可

---

① 参见龙文懋：《知识产权权利客体析疑》，载《政法论坛》2005 年第 5 期。

② 参见梁慧星主编：《中国财产法》，法律出版社 1998 年版，第 2 页。

③ (Canada) Montana Code Annotated 2011, 70 – 2 – 101: "Thing in action defined. A thing in action is a right to recover money or other personal property by a judicial proceeding."

④ Head v. City of St. John's [1996] 148 Nfld. & PEIR 155.

以通过胜诉取回的金钱就是诉讼产权,代表诉讼产权的文件有债券、保险单等。诉讼产权在其性质上既可以是普通法的,也可以是衡平法的,当某种权利只有通过普通诉讼程序才可以实现,比如债权(包括违约和侵权),就属于普通法上的诉讼产。若某种权利必须通过衡平诉讼才可以实现(如遗赠或信托),就属于衡平法上的诉讼产。普通法上的诉讼产是不可以转让的,因为受让人不能够对他自己提起诉讼。但在某些情况下,如发生婚姻、死亡、破产等特殊事件,也可以使转让有效。另外,根据商人习惯法,汇票也是可以自由转让的。在上述情况下,虽然实际利益属于受让人,但关于诉讼产权的诉讼程序却应以让与人的名义提起。衡平法上的诉讼产是可以转让的,受让人依其自己的名义提起诉讼,将出让人作为共同原告或者被告。英国《1873 年司法法》①第 25 条第 6 款规定债权或其他诉讼产权是可以通过书面协议转让的,这一点在后来的英国《1925 年财产法》②中得到进一步确认。

银行与客户之间的关系本质上属于债权人与债务人之间的合同关系,存款与贷款之间的结欠余额(balance:结算后共欠的款项)在两者间形成了债的关系。③ 结欠余额本身属于一种财产,主要是客户在银行中的存款,其作为无体物可以转让或作为有价证券流转,其特点在于:(1)银行存款都在特定的账户中,对于存款的操作都是在特定的账户中进行。(2)客户常以出具有价证券的方式进行对存款的操作,如担保、债券、信用证或通过银行开立的其他票据。(3)当客户在一家银行开立账户并出具有价证券,则该银行可以享有对

① (UK) Supreme Court of Judicature Act 1873.(已废止)

② Article 136(1) of the (UK) Property Act provides: Legal assignments of things in action (1) Any absolute assignment by writing under the hand of the assignor (not purporting to be by way of charge only) of any debt or other legal thing in action, of which express notice in writing has been given to the debtor, trustee or other person from whom the assignor would have been entitled to claim such debt or thing in action, is effectual in law (subject to equities having priority over the right of the assignee) to pass and transfer from the date of such notice—(a) the legal right to such debt or thing in action; (b) all legal and other remedies for the same; and (c) the power to give a good discharge for the same without the concurrence of the assignor: Provided that, if the debtor, trustee or other person liable in respect of such debt or thing in action has notice—(a) that the assignment is disputed by the assignor or any person claiming under him; or (b) of any other opposing or conflicting claims to such debt or thing in action; he may, if he thinks fit, either call upon the persons making claim thereto to interplead concerning the same, or pay the debt or other thing in action into court under the provisions of the M15Trustee Act, 1925.

③ Foley v. Hill [1948] 9 ER 1002.

于该账户的控制权，以使有价证券保持在一个固定的价格上。(4)若客户在开户行以外的金融机构出具有价证券，则需要向银行书面告知并履行严格的手续，包括银行须出具证明证券上无其他附随义务、银行对证券无抵销权、银行保证按客户的指示操作账户等，这样才能够保证证券被及时和有效地兑现。①

(二)存款义务所在地的确定

物作为物权的客体，无论是动产还是不动产，是存在于人身之外、为人力所能支配而且能满足人类某种需要的物体。在涉外物权关系中，由于各国法律关于物权的内容、取得、变更、消灭以及保护的规定大不相同，往往不可避免地会发生法律适用上的冲突。目前，虽然《中华人民共和国涉外民事关系法律适用法》第37条在物权关系法律适用中引入了意思自治原则，体现了物权自由主义国际思潮在国际私法领域的影响，②但是物之所在地法(*lex situs*)仍然是国际私法上经常用来解决有关涉外物权关系法律冲突的一项基础性冲突原则。③ 适用物之所在地法的前提是必须确定一种物的"所在地"(*situs*)，以便确定当事人是否有权对这种财产进行处分、是否产生担保物权以及国有化的效力等相关方面。如何确定存款的"所在地"，是一个重要的问题。不动产与有体动产相对来说更容易确定其所在地，就有体物而言，物之所在地应为有体物在物理上的处所，而如存款或其他类型的债务因其天然的没有一个物理处所而难以确定其所在地。在"赫伯特·瓦格公司案"(Re Helbert Wagg & Co. Ltd.)④中，当事人主张在债务到其履行期前不存在"所在地"的概念，然而这种主张被证明是错误的。债务是一种可以在到期日前出售或处理的财产，如债券，因此在到期日之前就可以确定其所在地。⑤

在"郭智良(音)诉遗产税署案"(Kwok Chi Leung Karl v. Commissioner of Estate Duty)⑥中，该案的立遗嘱人(住所地在香港地区)临去世前不久在利

---

① See Charles Proctor, *The Law and Practice of International Banking*, Oxford University Press, 2010, p. 561.

② 参见杜涛：《论物权国际私法中当事人意思自治原则的限度——兼评〈涉外民事关系法律适用法〉第37条》，载《上海财经大学学报》2012年第5期。

③ 参见黄进主编：《国际私法》，法律出版社2005年版，第268页。

④ Re Helbert Wagg & Co. Ltd. [1956] Ch 323.

⑤ English, Scottish and Australian Bank Ltd. v. Commissioner of Inland Revenue [1932] AC 238 (HL).

⑥ Kwok Chi Leung Karl v. Commissioner of Estate Duty [1988] 1 WLR 1035 (PC).

比里亚成立了一家公司，并指定了授权经营人。公司的董事和股东都是立遗嘱人当时居住在香港地区的家庭成员，公司唯一的经营活动是收购了立遗嘱人所有的财产。在立遗嘱人去世前一天，公司与其签订协议，以购买其在香港地区的所有股份，约定价款以不可转让本票的形式，30 日后在利比里亚首都蒙罗维亚向其支付。根据原告——立遗嘱人的儿子之一，也是主要遗嘱执行人的申请，法官根据香港地区《遗产税法案》第 10 条第 2 款[①]裁定，在立遗嘱人去世之日，不可转让本票中所含的债务或义务的所在地位于香港以外，得以免征遗产税。后香港地区上诉法院推翻了此裁定，并宣布，在立遗嘱人去世当天，其所有财产已经转化为本票中的金额，而这些财产位于香港地区，因此须按香港法律缴纳遗产税。原告不服，提出上诉。香港地区终审法院支持了原告的上诉，并判决：即使在立遗嘱人去世当天本票仍未到付款日，但是本票中的义务属于一种诉讼产权，且该诉讼产权的所在地即应为其将被实现的地方，也就是债务人居住并被诉的地方。但由于公司位于利比里亚，在该地成立，并有注册地址以便送达。即使其可以在香港地区被诉，诉讼产的位置也应当由合同来确定，基于本案案情，诉讼产的位置在利比里亚首都蒙罗维亚，因此有权免除适用香港地区《遗产税法案》的义务。

如上所述，债务或者其他诉讼产权的客体应以其可以被补偿或者履行之地为所在地，这条规则已经为诸多判例所承认和引证，[②]通常来说即为债务人的住所地国，因为根据原告就被告原则，债权人通常在此提起诉讼。[③] 但是这条规则在银行合同诉讼程序中却受到了挑战，显示出其不方便的一面，因为账户义务的所在地可能会基于结欠余额的归属（借记余额或贷记余额）而变动。如账户的结欠为借记余额，那么客户是债权人，银行为债务人，而若结欠为贷记余额，则银行是债权人，客户是债务人。这样在跨国业务中，基于银行与客

---

① Estate Duty Ordinance, s. 10 (b): "Estate duty shall not be payable in respect of … (b) property situate outside Hong Kong."

② See UK case law: New York Life Insurance Co. v. Public Trustee [1924] Ch 101, 109 (CA); Arab Bank Ltd. v. Barclays Bank (DC & O) [1954] AC 495 (HL); Societe Eram Shipping Co. Ltd. v. Compagnie Internationale de Navigation [2003] 3 WLR 21 (HL). For US case law, see Pervez v. Chare Manhattan Bank NA, 463 NE 2nd 5 (1984); Callejo v. Bancomer SA 764 F2d 1101 (1985), US Court of Appeals, Fifth Cir; Citibank NA v. Wells Fargo Asia Ltd. 495 US 600 (1990). For Australian case law, see European Bank Ltd. v. Citibank Ltd. [2004] NS WCA, 76.

③ English, Scottish and Australian Bank Ltd. v. Commissioner of Inland Revenue [1932] AC 238 (HL).

户分处不同的国家，且账户结欠变动频繁，难以用传统的债务人所在地原则来确定法院的管辖。如何确定跨国银行的“所在地”也是个复杂问题，基于相关判例，公司的所在地应为其实际管理中心所在国，即使公司章程规定其管理中心在其他国家。而若分公司虽有董事会，但是所有事务都接受总公司的指令，则可认定其非独立经营，这种情况下的分公司的管理中心所在国也应与总公司一致。[①] 跨国银行子行的管理中心所在国的认定，也可以借鉴该判例中确立的原则。

基于上述“债务人住所地标准”在适用于存款合同案件时的种种不便，英国法院在著名的“利比亚阿拉伯外国银行诉信孚银行案”（Libyan Arab Foreign Bank v. Bankers Trust Co.）[②]中放弃了这一标准，基于在存款合同关系中双方当事人已经默示同意了在开户行所在地履行义务，[③]涉及银行账户的债权债务关系中心所在地应为开户行所在地。以开户行所在地作为案件所在地更方便和经济，因为这样一来密切关系双方当事人权利与义务的账户关系的准据法和物之所在地法更加确定。因而债务的所在地应为开户行所在地。

在大多数情况下，开户行的位置比较容易确定，如在支票等票据上通常注明开户行的地址。但也有例外情况，在“阿拉蒂尼诉肯尼迪案”（Aratini v. Kennedy）[④]中，第二次世界大战期间某美国存款人在日本住友银行的加利福尼亚子行存入美元，但证据显示这笔钱被兑换成日元，而且还款是由住友银行在日本的总行进行的。法院据此裁定住友银行加利福尼亚子行并不是为其自身的账户接受存款，而是作为其日本总行的代理处在美接受存款后将其直接交付总行，因而日本才是存款义务的所在地。这种情况在现代社会也不鲜见，因而不能僵硬地适用开户行所在地法，而需要对当事人的意图进行具体分析来最终确定存款义务的所在地。

（三）确定存款义务所在地的意义

确定存款义务的所在地具有很重要的意义，在没有当事人明示意思表示的情况下，法院只有依据存款义务所在地的法律才能改变存款的所有权，其他

---

① Bullock v. Unit Construction Co. [1960] AC 351.

② Libyan Arab Foreign Bank v. Bankers Trust Co. [1989] QB 728.

③ Joachimson v. Swiss Bank Corporation [1921] 3 KB 110 at 129.

④ Aratini v. Kennedy 317 F 2d 161, 323 F 2d 427 (1963).

地方的法律不能对存款所有权产生效力。[①] 由于银行账户是一种财产，对于一个共同账户中一位客户死亡的情况下该账户的所有权问题，应适用物之所在地法，即开户行所在地法。银行有义务向持有共同账户的客户支付存款，这需适用账户准据法。[②] 而如上所述，账户准据法与开户行所在地法基本上是一致的。

在"伯鲍姆房地产公司诉席尔瓦案"（Berbaum Estate v. Silver）中，两位客户在加拿大的新斯科舍省（Nova Scotia）开立了一个共同账户，其中一位客户一直居住在佛罗里达州，在其死后，遗产管理人向法院请求确认其共同账户中的遗产的法律适用问题。法官认定银行账户实质上是银行欠其客户的合同债务，而合同债务应被视为位于可以诉讼补偿的地方，[③]即为开户行所在地法，在该案中即为新斯科舍省，该地法律应得以适用。

第三节 《罗马条例Ⅰ》对涉外存款合同的适用

根据《罗马条例Ⅰ》第1条的规定，该条例适用于任何涉及法律冲突情形的民商事合同之债，但不适用于税收、海关或行政事务，以及：(1)涉及自然人的身份或法律能力的问题；(2)因家庭关系产生的债务；(3)因婚姻财产制产生的债务；(4)因汇票、本票、支票和其他流通性票据而引起的债务；(5)仲裁协议及选择法院的协议；(6)由公司法或者其他关于法人团体或非法人团体的法律所调整的问题；(7)代理人能否代表本人对第三人承担责任的问题；(8)信托相关问题；(9)在订立合同前进行谈判而产生的债务等。涉外存款合同关系属于民商事合同之债，且不属于《罗马条例Ⅰ》排除的事项，可用以确定准据法。

一、《罗马条例Ⅰ》中合同法律适用的逻辑顺序

《罗马条例Ⅰ》第3条规定当事人可以通过意思自治明确其合同关系的法律适用，这也为银行与客户通过意思自治选择合同的准据法提供了依据。

---

① Banco de Vizcaya v. Don Alfonso de Borbon y. Austria [1934] All ER 555; Zack & Co. v. Kraus Bros & Co. 237 F 2d 235 (1956).

② Berbaum Estate v. Silver 192 NSR 2d 30 (Nova Scotia).

③ See Jean-Gabriel Castel, *Canadian Conflict of Laws*, Butterworths Publishing, 2002, p. 401.

然而，在涉外存款合同中，也常出现没有明示法律选择，且难以通过合同条款和案件事实以阐明当事人默示合意的情况。[①] 在这种情况下，就需要适用《罗马条例Ⅰ》第4条确定的在缺乏当事人意思自治的情况下合同所应适用的准据法。这样，合同法律适用的逻辑顺序分为四步。

首先，《罗马条例Ⅰ》规定合同当事人双方可以依意思自治选择法律。当事人之间的法律选择须为明示；或者若当事人间的合意可通过合同条款、案件事实予以阐明并具有确定性，则该选择具有法律拘束力。且《罗马条例Ⅰ》引入了“分割法”，即当事人可以选择将法律适用于合同的全部或部分。[②] 如果在开立账户时银行与客户之间的合同上写明该合同所适用的法律须为某国法，那么该国法律就将确定的作为该合同关系的准据法。

其次，当事人未选择法律时，应根据为各种特殊合同所制定的规则确定准据法。特殊合同包括：(1)货物销售合同，包括通过拍卖方式订立；(2)服务合同；(3)有关不动产物权或者不动产租赁的合同；(4)特许销售合同；(5)分销合同；(6)在多边体系下订立的合同。[③]

再次，如果合同不能归入特殊的合同种类或者合同的各部分涵盖了一种以上的特殊合同，则合同由实施特征性履行一方当事人的经常居所地法支配。[④]

最后，如果准据法既不能根据将合同归入特定的合同种类的方法确定，又不能确指实施特征性履行的当事人的经常居所地法，则合同由与其有最密切联系的国家的法律支配。[⑤]

学界有关于涉外存款合同的性质究竟是服务合同还是借贷合同的争论，[⑥]本书对此不进行讨论，而从两种角度进行分析：(1)将存款合同视为服务合同以适用特殊法律适用规则；(2)不视为服务合同而以特征性履行方法确定准据法。最终得出结论，在一般情况下均适用开户行所在地法。涉外存款

---

① 参见罗国强：《论离岸货币交易争端的法律适用问题》，载《浙江社会科学》2011年第9期。

② 参见陈卫佐：《欧共体国际私法的最新发展——关于合同之债准据法的〈罗马Ⅰ规则〉评析》，载《环球法律评论》2010年第2期。

③ Article 4(1) of the Rome Ⅰ Regulation.

④ Article 4(2) of the Rome Ⅰ Regulation.

⑤ Article 4(4) of the Rome Ⅰ Regulation.

⑥ See Charles Proctor, *The Law and Practice of International Banking*, Oxford University Press, 2010, p. 644.

合同关系大体可以分为三类：(1)开户行位于客户经常居所地；(2)开户行位于客户经常居所地之外国家；(3)客户在位于不同国家的银行所开立的账户间发生联系。第一类合同应当适用开户行与客户共同经常居所地法；第二类合同应适用开户行所在国法；第三类合同则应当予以分割适用，如下详述。

二、角度一：服务合同法律适用规则的特殊规定

首先，《罗马条例Ⅰ》第4条列举了一系列特殊合同，在当事人未选择合同法律适用的情况下，这些合同适用特别的法律选择规则。《罗马条例Ⅰ》第4条第1款第4项规定："服务合同，依服务提供者的经常居所地法。"若将存款合同列入服务合同的范畴，[①]则须适用开户银行的"经常居所地法"。

其次，法人的经常居所地应该是其设立登记地、主营业地或中心管理机构所在地。[②] 但是在开户银行是跨国银行的一个分支机构，或者根据合同约定该分支机构具有履行涉案合同的义务的情况下，该分支机构所在国将被视为是跨国银行"服务提供者"的"经常居所地"。在确定该经常居所地时，以合同成立时的状态为准，[③]即作为子行的开户行与客户间所成立的合同应适用该开户行所在地法。若客户为了购买在某个特定地点的金融服务而在跨国银行位于该地的子行开立账户，那么《罗马条例Ⅰ》第4条第1款第4项将可以适用于该合同关系。例如，一个法国客户在一个德国银行的伦敦子行开立账户，在当事人未约定合同准据法的情况下，该合同关系将适用英国法。

三、角度二：涉外存款合同关系的特征性履行

(一)存款合同的特征性履行义务

若否定存款合同的服务合同性质，可通过特征性履行义务方法来明确法律适用，即履行合同义务的重心在银行一方还是客户一方。一旦开立账户，客户仅负有极少的义务，有权随时向账户中存款、取款和销户。客户在两者的合同关系中享有更大的权利和自由。虽然当客户开出支票或向银行提示付款时

---

① See Charles Proctor, *The Law and Practice of International Banking*, Oxford University Press, 2010, p. 643.

② 《中华人民共和国涉外民事关系法律适用法》第16条以设立登记地和主营业地(在与设立登记地不同的情况下)作为法人的经常居所地。《罗马条例Ⅰ》第19条以主要管理中心所在地作为法人的经常居所地。

③ Article 19(3) of the Rome Ⅰ Regulation.

客户负有一定的义务,但是相较于银行的义务来说这并不属于合同义务的重心。相反,合同的主要内容就是银行向客户提供服务,银行向客户提供服务的义务是合同的重心。即使在贷款合同中,相较于客户仅限于按时返还贷款和利息的义务来说,银行审查客户申请和提供适格贷款的义务更关键,仍然更可视作合同的特征性履行。①

综上所述,应当以银行的义务来确定合同的特征性履行,涉外存款合同以开户行作为特征性履行方,其应受开户行或受指令办理业务的银行所在地法支配。

早在《罗马条例Ⅰ》出台之前,美国和英国法院就已经有判例承认了涉外存款合同关系的特征性履行应由银行义务来确定,合同应当适用办理业务的银行所在地法。在"美国培训服务公司诉商业联合银行案"(American Training Services Inc. v. Commerce Union Bank)②中,田纳西州纳什维尔地方法院对该案的法律适用问题作出了判决:"本案是有关公民权的纠纷,根据判例本法院受其所在州的冲突规则的约束,③本案中法院所在地是田纳西州。田纳西州冲突规则规定'合同的权利和义务适用合同缔结地法',④该规则进一步规定'合同可以被推断缔结于其履行的地方'。⑤ 基于本案所涉合同在田纳西州履行,主要目的(银行审批申请并发放贷款)在该州达成,因而该州实体法应适用于本案。"⑥

在英国"利比亚阿拉伯外国银行诉信孚银行案"(Libyan Arab Foreign Bank v. Bankers Trust Co.)⑦中,斯托顿(Staughton)法官认为,在当事人未约定准据法的情况下,银行与客户间合同应该适用账户开立地法律的原则业已

---

① See Charles Proctor, *The Law and Practice of International Banking*, Oxford University Press, 2010, p. 644.

② American Training Services Inc. v. Commerce Union Bank 415 F Supp 1101 (1976) aff'd 612 F2d 580 (1979).

③ Klaxon v. Stentor Electric Mfg. Co., 313 U. S. 487, 61 S. Ct. 1020, 85 L. Ed. 1477 (1941).

④ Bowman v. Price, 143 Tenn. 366, 226 S. W. 210 (1920).

⑤ Deaton v. Vise, 186 Tenn. 364, 210 S. W. 2d 665 (1948).

⑥ Macpherson v. Macpherson, 496 F. 2d 258, 261 (6th Cir. 1974); Moody v. Bass, 357 F. 2d 730, 732 (6th Cir. 1966); Ohio Cas. Ins. Co. v. Travelers Indem. Co., 493 S. W. 2d 465 (Tenn. 1973).

⑦ Libyan Arab Foreign Bank v. Bankers Trust Co. [1989] QB 728.

广为接受,[①]且承诺还贷的跨国银行应该在其开立账户所在地的子行偿还贷款。斯托顿(Staughton)法官进一步分析了在现代银行电子商务化的情形下,银行开始减少纸质交易记录,导致难以确定是哪个子行开立了账户,但是用于开立账户的电脑以及记录资料用的磁碟、软盘及其他物理设施的所在地可以被用来确定子行账户的开立地。在该案中,虽然涉案银行由纽约总部向其伦敦子行发出开立账户的指示,但是开立该账户所涉及的所有物质材料都在伦敦,因此该账户应当是由伦敦子行开立。

在没有协议明文规定的情况下,涉外存款合同的默示核心义务可以归纳为两点:(1)银行承诺在其任何一个开立账户的子行向客户返还存款和约定利息;(2)开立账户的银行在收到客户的要求时返还存款和约定利息。如果客户提出返还存款和利息的要求,而该要求被银行拒绝,则客户可起诉银行。[②] 银行的主要义务是妥适地收取和返还存款及利息,这也是存款合同关系的核心所在,因而在有义务返还存款的银行所在地与合同关系具有最密切联系,该地法律应得以适用。

(二)准据法分割情况下的特征性履行

在实践中,很多客户持有跨国银行在不同国家的子行所开立的账户,每个账户都形成一个存款合同,每个合同都适用不同的法律。但当客户拥有银行位于不同国家子行的账户,且这些账户间发生联系时,特征性履行的确定便变得复杂起来。在"利比亚阿拉伯外国银行诉信孚银行案"(Libyan Arab Foreign Bank v. Bankers Trust Co.)[③]中,客户与某银行达成了结算合同,约定其资金可以于特定的情形下,在该银行位于伦敦和纽约的子行开立的账户中自动移转。该案中的结算合同含有两个独立的账户,相较于将涉案法律关系分为两个独立的合同,将其视作一个可以分割为两个部分的合同更加"符合逻辑"和具有"一致性"。子行与母行之间为互相独立的经营实体,与客户成

---

① Mackinnon v. Donaldson, Lufkin & Jenrette Securities Corporation [1986] Ch. 482, 494; X A. G. v. A Bank [1983] 2 All E. R. 464; Dicey, Morris & Collins, *The Conflict of Laws*, London, Sweet & Maxwell, 14th ed., 2010, p. 1292; Ernst Rabel, *The Conflict of Laws: A Comparative Study: Foreign Corporations, Torts, Contracts in General*, Michigan, University of Michigan Law School Press, 1960, p. 17; American Law Institute, *Restatement of the Law, Conflict of Laws 2nd* 4, American Law Institute Press, 1979, para. 622.

② Richardson v. Richardson [1927] P. 228; Joachinmson v. Swiss Bank Corporation [1921] 3 K.B. 110, 127.

③ Libyan Arab Foreign Bank v. Bankers Trust Co. [1987] QB 728.

立的合同应各自适用其所在地法。法院判定银行与客户间仅存在一个合同，合同中两个独立的账户由结算关系相连接，涉及在伦敦开立账户的部分适用英国法，涉及在纽约开立账户的部分适用纽约州法。

综上所述，在当事人没有选择法律时，一般情况下涉外存款合同应当适用开户行所在地法。

第四节 开户行所在地法的适用范围

一、合同的有效性

（一）合同的实质有效性："推定准据法"的适用

所谓合同的实质有效性问题，是相对于合同形式等方面而言的。合同或合同任何条款的成立及效力，应根据假设该合同或条款有效时应适用的准据法来确定。[①] 应由合同准据法来确定银行与客户合同是否成立以及是否应被撤销。实际上，因银行账户引发纠纷的前提是该账户已被开立，在这种情况下存款合同当然成立。[②] 但若有情况表明适用当事人所选择的合同准据法对当事人一方显失公平，则客户或银行均可主张适用其经常居所地法来确定合同是否成立。[③]

合同的成立本身有其独立性，在对要约承诺的要求上各国差异很大，各方当事人在选择合同适用的法律之时未必能够预想到在合同成立问题上遇到的种种分歧，法官根据最密切联系原则选择合同的准据法时也会更加侧重于合同的实质内容部分。所以，适用推定的合同准据法可能会使适用法律的结果与当事人的合理期待背道而驰，出现显失公平的情况，可以适用客户经常居所地法或开户行所在地法以进行一定的补救。

明确规定合同的成立适用合同准据法存在一个逻辑上的问题，即合同的存在是合同准据法存在的前提，在合同成立之前合同准据法是否生效还存在争议。对此，英国法院曾依据"推定存在的准据法"（putative applicable law）原

---

① Article 10 of the Rome Ⅰ Regulation.

② See Charles Proctor, *The Law and Practice of International Banking*, Oxford University Press, 2010, p. 646.

③ Article 10 of the Rome Ⅰ Regulation.

则来解决。[①] 推定存在的准据法，是指如果合同有效成立，将成为合同准据法的法律。这种"推定"的解决方案是可以接受的，毕竟有效地解决纠纷才是目的，如果囿于逻辑上的困境而裹足不前，最终受到影响的是当事人的利益。而且，法律适用条款不同于合同权利义务内容条款，它具有一定的独立性，因此这种推定是合情合理的。

（二）合同的形式有效性："场所支配行为"原则的突破

合同形式，即合同的订立方式，是当事人合意的表现形式，合同内容的外部表现和载体。在一般情况下，各国对纯粹的内国合同会采取相对宽松的形式要求。[②] 但是对有涉外因素的合同，各国则会出于风险管控等考虑作出有别于内国合同的规定。比如，我国在加入《联合国国际货物销售合同公约》时，曾经对于合同形式作出了保留，我国的立场是一定要采取书面形式。虽然我国后来撤回了合同书面形式的保留，但可以看出合同形式的法律适用问题具有较强的独立性。合同形式不同于实质性内容，虽不能直接决定当事人间的权利义务，但会直接影响合同的效力。

合同形式适用缔约地法是"场所支配行为"这一传统原则的体现，合理性在于只有行为形式符合行为地的法律要求才能够保证行为的有效性。但是，如果将其设定为唯一的连结点则不利于确认合同的有效性，可能因为合同不符合与交易没有实质联系的缔约地的法律规定就认定其无效。在这种情况下当事人的合同权益难以实现，纠纷得不到有效的解决，适用合同准据法则可以在一定程度上缓解这一问题。随着电子、交通与通信技术的迅速发展，合同缔结地不在同一个国家的情况时有发生，确定"缔结地"十分困难，如果坚持将"缔结地"作为唯一的连结点则会给法律适用带来不便。《罗马条例Ⅰ》规定将合同准据法与缔结地法共同适用于合同形式问题，突破了"场所支配行为"

---

① 在"阿尔伯科诉凯姆伯安鞋业机械公司案"（Albeko v. Kamborian Shoe Machine Co. [1961] 111 LJ 519）中，一家英国公司在英国向一家瑞士公司发出一封要约信件，提出委托该瑞士公司为代理人。该瑞士公司声称曾向该英国公司发出表示承诺的信件，但是该英国公司并未收到。依据英国法，采取投邮生效的规定，该合同已经成立；依据瑞士法，采取到达成效，合同未成立。Salmon 法官指出，该合同如果成立的话，准据法是瑞士法，那么，即使瑞士能够证明自己已经发出信件，合同仍然没有成立。

② 比如，我国的《民法通则》第 56 条规定："民事法律行为可以采用书面形式、口头形式或者其他形式。法律规定特定形式的，应当依照法律规定。"《合同法》第 10 条规定："当事人订立合同，有书面形式、口头形式和其他形式。"

原则的束缚。[①]涉外存款合同的缔结地一般在开户行所在地,在缺乏当事人明示法律选择的情况下,存款合同的准据法应当为开户行所在地法律。因此,存款合同的形式有效性应适用开户行所在地法或当事人意思自治选择的法律。

二、合同的解释与履行

(一)合同的解释:默示条款的效力

涉外存款合同的解释由合同准据法来确定,[②]包括两个方面:(1)关于合同中明示条款含义的阐明;(2)合同的默示条款的效力。后者在银行与客户合同关系中的影响很重要,因为许多重要方面的效力都基于合同的默示条款。

在"约积姆森诉瑞士银行案"(Joachimson v. Swiss Bank Corporation)[③]中,一家德国公司在某银行的伦敦子行开立账户。1914 年第一次世界大战爆发,德国作为英国的敌国,该德国公司在英国的账户被冻结,随后德国公司起诉该银行,要求收回其在账户中的存款。上诉法院判称德国公司并未在起诉前向银行作出提款要求,故不支持其主张。在之前判例[④]的基础上,"约积姆森诉瑞士银行案"进一步阐明了银行与客户间之间本质上是债权债务关系。与一般意义上的债权债务关系相同,当客户向银行作出提款要求时,银行才有义务向客户归还存款,该判例为随后的许多案件所引证。[⑤]

该判例的另一个重要影响是确立了存款纠纷的诉讼时效应从客户首次向银行作出提款申请的时间起算,客户无权单方面地通过多次作出提款申请来延长诉讼时效期限。[⑥] 此外,英国上诉法院在"约积姆森诉瑞士银行案"案中对银行与客户的默示权利义务进行了归纳。银行的默示义务包括:(1)收取存款并兑付支票;(2)在客户于银行正常营业时间提出要求的情况下,向客户

---

① Article 11 of the Rome Ⅰ Regulation.

② Article 12(1)(a) of the Rome Ⅰ Regulation.

③ Joachminson v. Swiss Bank Corporation [1921] 3 KB 110.

④ Foley v. Hill and others [1843 - 1860] All ER Rep 16; Pott v. Clegg [1847] 16 M. &W. 321.

⑤ Reksten v. Severo Sibirsko [1933] 1 KB 47; Arab Bank Ltd. v. Barclays Bank DC&O [1954] AC 495 (HL); Bank of New South Wales v. Laring [1954] AC 135 (PC); Bank of New South Wales Savings Bank v. Fremantle Auto Center Pty Ltd. [1973] WAR 161.

⑥ Bank of Baroda v. Mohamed [1999] 1 Lloyds Rep (Bank) 14 (CA); National Bank of Commerce v. National Westminster Bank plc. [1990] 2 Lloyds Rep 514; Das v. Barclays Bank plc. [2006] EWHC 817 (QB).

清还账户中的存款；(3)根据客户的书面提示，从其账户中承兑；(4)在银行有权通过返还存款余额而单方面终止存款关系的情况下，其有义务向客户作出合理通知，以便客户结算尚未兑现的支票。客户的默示义务主要是在开立支票或其他票据时须为合理注意，以减少票据虚假变更的风险。

(二)合同的履行：准据法与履行地法的结合适用

合同的履行应适用合同准据法，①但是对履行的方式以及在履行有瑕疵的情况下债权人应采取的措施，应考虑适用履行地国的法律。② 在某存款合同的准据法是中国法的情况下，若银行在中国向客户结算资金，那么该合同履行的问题应适用中国法。若以美元结算纽约某银行的票据，但履行地在中国，即使当事人约定合同的准据法为纽约州法，那么对于合同履行的方式和在银行履行义务有瑕疵的情况下，为保障客户的权益，中国法也应考虑予以适用。例如，按纽约州法的规定，在银行义务到期日为非银行工作日的情况下，若客户在到期日之后向银行提出请求，则银行可据以过期的理由解除其义务。而若依中国法规定，到期日遇到非工作日则可顺延。③ 在这种情况下，法院应考虑适用履行地中国的法律。

涉外存款合同的履行多涉及以下几个问题：

首先，客户是否适当地偿还透支本息。这种情况在跨国语境中比较复杂，例如，客户须向位于另一国的银行透支，而其经常居所地或营业地法规定其只需向银行缴纳透支款项的90%，其余的10%须向当地税务机关缴纳。那么对透支款项的利息，客户是否仅需要向银行支付90%的利息，而向税务机关缴纳10%的利息？根据《罗马条例Ⅰ》第12条第1款第2项，合同的履行若无瑕疵，应适用合同准据法。即若合同准据法中没有10%利息缴纳于东道国政府的规定，则银行有权要求客户全额支付透支款项及利息。

在此引用英国法院的一个判例以进行解释，“印度通用投资信托公司诉硼砂联合有限公司案”(Indian & General Investment Trust Ltd. v. Borax Consolidated Ltd.)④中，某铁路公司在美国注册并经营，其向作为原告的英国某公司抵押一笔黄金债券，并在合同中同意在伦敦支付所有款项和利息。被

---

① Article 12(1)(b) of the Rome Ⅰ Regulation.

② Article 12(2) of the Rome Ⅰ Regulation.

③ 最高人民法院、中国人民银行《关于人民法院查询和人民银行协助查询被执行人人民币银行结算账户开户银行名称的联合通知》，法发〔2010〕27号，2010年7月14日生效。

④ Indian & General Investment Trust Ltd. v. Borax Consolidated Ltd. [1920] 1 K.B. 539.

告为作为合同一方的某英国公司,保证在铁路公司无法履行合同义务时将支付所有债券本息。双方当事人约定与合同有关的所有事项适用英国法律,且铁路公司接受英国法院的管辖权。此后,美国政府对外国公司向美国境内的公司发行债券所得的利息征收 2% 的所得税。[①] 铁路公司主张在其向英国公司支付债券利息时应当减去美国所得税额。英国法院判称:铁路公司意图将政府对征收国外公司的所得税作为英国合同履行的一部分,这在英国没有法律依据。根据普通法,在一国缔结的合同不应被另一国管辖,且在合同中无法确知当事人同意在英国适用美国《所得税法案》的默示意思表示。因此,美国铁路公司无权主张从其应向原告支付的债券利息中减去美国政府所征收的所得税。

其次,银行是否已经不可撤销地将款项贷记到客户的账户中。对于此问题,可以引用"毛姆诉巴克莱国际银行案"(Momm v. Barclays Bank International Ltd.)[②]进行解释。在该案中,德国的赫伯特(Herbert)银行与另外一家德国银行(原告)在伦敦的一家英国银行(被告)中各自开立账户。后赫伯特银行与原告达成协议,指示上述英国银行在 1974 年 6 月 26 日从其账户中向原告贷记 120,000 英镑以购买等额的德国马克。交易当天,在赫伯特银行与原告在被告进行交易后,赫伯特银行宣布取消交易并破产清算。资料显示,被告每天的业务都是在营业日(赫伯特银行破产日)当晚由电脑集中处理完成。第二天,赫伯特银行的账户中仅余 15,350 英镑,被告没有同原告取得联系或提供任何提示,而直接根据赫伯特银行前一天取消交易的指示,将原告账户中的 120,000 英镑退回到赫伯特银行的账户中,原告向法院起诉被告该行为不当。法院判称:即使被告当时可以取消交易,但将 120,000 英镑从被告账户移转到赫伯特银行的交易不是附条件的,因而在 6 月 26 日在被告收到指示后计算机系统即已开始运作,当晚该交易已完成。因而,在 6 月 26 日营业时间结束后,被告无权将交易取消,并将贷记金额从原告账户中收回。

再次,银行是否有权将已经贷记到客户账户中的资金取出并返还给资金发送方。当一个账户被开立后,即可以接受自动交易系统转账的资金。当一笔资金得到合法授权转入客户的账户时,银行即有义务向客户付款,而且客户

---

① The Income Tax Act of the United States of America, 1916, c. 463 (as amended by the War Income Tax Act, 1917, c. 63).

② Momm v. Barclays Bank International Ltd. [1977] Q. B. 790.

对这笔资金的所有权是不可撤销的。银行不可以该笔转账有欺诈或者洗钱的嫌疑为由,而拒绝将资金转入客户的账户。

在"塔伊布诉汇丰银行案"(Tayeb v. HSBC Bank plc.)①中,Tayeb 是一位突尼斯公民,利比亚政府打算通过在英国的代理处向塔伊布(Tayeb)购买其拥有的域名".ly",塔伊布在汇丰银行(HSBC)英国德比郡子行开立了一个储蓄账户以收取出售域名的收入。收购谈判进行了数月之久,塔伊布的账户一直处于闲置状态。2000 年 9 月 21 日,塔伊布决定以 950,000 英镑的价格出售域名,该笔款项由利比亚政府在英国巴克莱银行(Barclays)开立的账户中支出。第二天,汇丰银行德比郡子行在内部会议上对该笔款项的来源持怀疑态度,因而决议将该笔款项退回巴克莱银行。塔伊布将汇丰银行诉至法院,虽然在实践中确实有退回存疑资金的惯例,但法院认为需要有更强有力的证据才可以解除银行基本的合同义务,即为其客户收取资金的义务,因而宣判汇丰银行的决议无效。

汇丰银行的做法体现了其对于收取存疑资金是否触犯英国《犯罪收益法》②的担心,如果依英国《犯罪收益法》,银行收取存疑资金应视为非法,那么银行便有权退回存疑资金以免触犯法律。然而,法院判定银行履行其为客户收取资金的合同义务与英国《犯罪收益法》无涉,银行可以收取存疑资金并将其冻结,并上报"严重及有组织犯罪调查局"(Serious Organized Crime Agency)。据此,汇丰银行有义务偿还塔伊布的存款,因为银行已经将该资金贷记到客户的账户中,其无权主张已经将资金退回巴克莱银行而单方面地解除其对于客户的债务。复次,银行是否不当地拒绝承兑客户的支票,应直接适用合同准据法。

最后,银行在履行合同过程中是否违反了其对于客户信息的保密义务,应直接适用合同准据法。

三、合同无效的后果:"推定准据法"的适用

如果涉外存款合同被认定无效,与无效后果相关的事务应适用"推定的准据法",即上文所述如果合同有效地成立,将成为合同准据法的法律。③ 法

---

① Tayeb v. HSBC Bank plc. [2004] 4 All ER 1024.

② UK Proceeds of Crime Act (2002).

③ Article 12(1)(e) of the Rome Ⅰ Regulation.

院应当适用合同准据法来确定银行客户合同无效后的救济与赔偿,在实践中这个问题可以简化为银行与客户索回所存贷的资金和注销账户。在通常情况下,如果合同准据法为开户行所在地法,则合同无效的后果应适用该法。

四、合同的解除与诉讼时效

(一)合同的解除:法院地法的适用

《罗马条例Ⅰ》第12条第1款第3项规定:"(合同准据法应适用于)在受诉法院地国诉讼法授予法院的权限内,完全不履行或部分不履行合同债务的后果,包括依法律进行的估算损失。""不履行合同债务的后果"包括要求赔偿金、撤销合同等。因而,客户对因银行不履行合同债务、违反保密义务而要求赔偿金的诉求应适用合同准据法,包括要求赔偿金的权利、银行保密义务的界定以及合同的实质性条款等。然而对赔偿金的估算与量衡则应当适用法院地法,判决应在法院地法的范围内。在这种情况下,如果合同准据法规定赔偿金可以分期给付或以其他方式救济,而法院地法规定赔偿金应一并以金钱形式给付,那么法院也应依法院地法而非合同准据法作出判决。

(二)诉讼时效:合同准据法的适用

存款合同义务的解除有两种途径:一是通过合法履行;二是超过诉讼时效。大陆法系国家一般都规定合同的时效问题受其所属民商事关系的准据法支配,例如波兰《1966年国际私法》第13条规定:"权利消灭时效,依支配其实质的法律。"①在普通法系国家,大多数时效法规为程序性法规,根据程序问题依法院地法原则,一般主张时效问题受法院地法支配。② 但为避免挑选法院现象,也设置了一些例外。美国法院认为,债权本身的准据法如规定有"特别的"时效期间,法院即可将这种"特别的"时效期间作为实体问题处理。1984年,英国议会通过了英国《外国时效法》,③该法规定,英国的冲突法规则待所有的外国时效一律识别为实体法问题,而无论该外国法将它识别为实体法问题还是程序法问题。如果英国的冲突规则指定适用一个外国的国内法时,包括适用该外国法关于时效的规定,并排除适用英国法关于时效的规定。④

---

① 参见黄进主编:《国际私法》,法律出版社2005年版,第262页。

② See Cheshire & North, *Private International Law*, Butterworths Publishing, 1999, pp. 252 - 253.

③ UK Foreign Limitation Periods Act 1984.

④ 参见韩德培主编:《国际私法》,高等教育出版社2000年版,第111~112页。

《罗马条例Ⅰ》关于时效法律适用的规定符合当前国际主流的立法，其规定债务消灭的各种方式、时效应适用合同准据法。[①] 在涉外存款合同关系中，有关贷方余额同账户透支等诉求的诉讼时效应适用合同准据法，时效起算时间应从客户向银行提出支付要求时开始。[②]

第五节 开户行所在地法适用的例外

开户行所在地法适用的例外主要有四种情况：第一是在不能确定合同特征性履行义务的情况下，需要通过最密切联系原则来确定；第二是在特征性履行义务所在地之外有与合同关系有更密切联系的情况下；第三是基于弱者保护规则，为平衡个人消费者与银行之间的谈判能力，而排除开户行所在地法以适用消费者经常居所地法[③]；第四主要是客户的缔约能力，通常不适用合同准据法而有独立的法律适用规则，[④]将作为重点论述。

一、难以确定特征性履行义务的合同

若不能确定合同的特征性履行，则合同应适用与其有最密切联系国家的法律。在复杂的多方交易系统中，很难确定究竟哪一方履行了特征性的义务，这在跨国银团贷款合同中尤其显著。在该类合同中，贷款人为多个国家的银行，而借款人可能只有一个，无论选择哪一个银行作为合同的特征性履行方都显得过于武断。[⑤]

二、具有开户行所在地之外的更密切联系地

如果合同关系与开户行所在地以外的其他法域有更密切联系，则开户行

---

① Article 12(1)(d) of the Rome Ⅰ Regulation.

② See Charles Proctor, *The Law and Practice of International Banking*, Oxford University Press, 2010, p. 648.

③ 参见范晓亮：《欧盟金融消费者合同法律适用规则研究》，载《武大国际法评论》2013年第2期。

④ 参见黄进主编：《国际私法》，法律出版社2005年版，第298页；Herbert Kronke, *Applicable Law in Torts and Contracts*, Boele Woelki & Kessedjian (eds.), Internet—Which Court Decides? Which Law Applies? Kluwer Law International Press, 1998, p. 78。

⑤ See Apostolos A. Gkoutzinis, *Internet Banking and the Law in Europe: Regulation, Financial Integration and Electronic Commerce*, Cambridge University Press, 2006, p. 295.

所在地法也不应当适用。在著名的 Giuliano and Lagarde' s Report① 中,两位学者指出,若在合同履行方所在地之外另有与合同的更密切联系地,则该更密切联系地法应优先得以适用。英国法院在判例中也已经承认,如果承担合同特征性履行义务的一方所在地与合同并无显著的联系,则该合同关系与其所在地并无关键连结点,其所在地法不必然作为准据法而得以适用。②

三、消费者经常居所地法的适用

在欧盟立法,尤其是《罗马条例Ⅰ》中有关消费者合同法律适用规则的立法原理在于:(1)对在合同中处于弱势地位的一方当事人,应通过适用较一般规则更有利的法律适用规则予以保护;(2)法律适用规则应尽可能降低那些标的额通常较低的消费者合同争议的解决成本,并应顾及远程销售技术的发展。虽然以开户行所在地法作为主要适用法律,但需要适用消费者经常居所地法以平衡服务提供者与消费者之间的谈判能力,保护消费者的合理权益。③消费者经常居所地法的适用有前提条件,包括银行需要以"提供服务或信贷为目的"标准,④以及合同必须与消费者经常居所地具有严格的地域性联系。⑤消费者经常居所地法的适用受到多重因素的影响,如金融消费者身份的界定、金融服务的性质、强制性规则的适用以及特殊合同排除消费者保护规则等。

四、自然人与法人客户的缔约能力

缔约能力属于行为能力的范畴,法律适用具有很强的独立性。相对于合同的本体问题,如合同的成立、效力、解释与解除来说,当事人(包括自然人和法人)的缔约能力是不能在合同中约定的,不能当然的适用合同准据法。《罗马条例Ⅰ》也不适用于确定当事人的缔约能力。⑥

---

① Mario Giuliano and Paul Lagarde, Report on the Convention on the Law Applicable to Contractual Obligations, *Official Journal C* 282, 31 October 1980. [EU Council of the EU Document].

② Samcrete Egypt v. Land Rover Exports Ltd. [2001] EWCA Civ 2019; Iran Continental Shelf Oil Co. v. IRI International Corporation [2002] EWCA Civ 1024.

③ Article 6 of the Rome Ⅰ Regulation.

④ Article 5(1) of the Rome Convention.

⑤ Case C-96/00 Rudolf Gabriel v. Schlank & Schlick GmbH [2002] ECR I-6367, para. 41.

⑥ Article 1(2)(a) and Article 1(2)(f) of the Rome Ⅰ Regulation.

客户包括居住在开户行所在地国外的自然人、在开户行所在地国外成立的公司、外国国家、外国地方政府及国际组织等，虽看上去比较复杂，但实质上关于客户缔约能力的实质问题仅需分析两点：(1)客户是否有资格签订合同；(2)客户是否提供了必要的证明，以确认其签订的合同是得到授权并具有拘束力。

(一)外国自然人客户的缔约能力

自然人客户，包括银行所在地国之外的外国公民和经常居所地在国外的本国公民。若客户证明其无缔约能力，其与银行所订立的合同将归于无效，因而确定客户是否有缔约能力是一个重要的前提性问题。确定客户是否有缔约能力应从两个方面考虑：(1)其经常居所地法；(2)与合同有最密切联系的法律。

首先，依经常居所地法来确认客户的缔约能力。由于单一系属公式缺乏灵活性，单纯采取这一规定的国家并不多。① 在实践中，经常居所地法常常难以认定，因为在签订合同时银行往往只注意到客户当前的居所，②而忽视与其人身权密切相关的具有永久居住意图的本国居所。适用缔约地法来弥补经常居所地法的僵硬性，有效地维护了合同当事人的利益，在立法与司法实践中得到广泛采纳。包括中国、③英国、瑞士、日本等许多国家都规定，外国自然人的缔约能力，决定于外国人的本国法或经常居所地法。但是，当合同在这些国家订立的时候，如果外国自然人依据这些国家的法律有缔约能力，该外国人的缔约能力就应该得到确认。④

其次，将最密切联系原则适用于客户缔约能力问题是一个趋势。英国学者认为，自然人的缔约能力受到与合同有最密切联系的法律和其住所地法中确认缔约能力的法律支配。一个自然人如果依据与合同有最密切联系的法

① 奥地利《联邦国际私法法规》第12条规定："人的权利能力和行为能力，依其属人法"；《布斯塔曼特法典》第232条规定："经营商业及成为商业行为和商业契约当事人的能力，依各当事人的属人法调整。"

② See Charles Proctor, *The Law and Practice of International Banking*, Oxford University Press, 2010, p. 649.

③ 《中华人民共和国涉外民事关系法律适用法》第12条规定："自然人的民事行为能力，适用经常居所地法律。自然人从事民事活动，依照经常居所地法律为无民事行为能力，依照行为地法律为有民事行为能力的，适用行为地法律，但涉及婚姻家庭、继承的除外。"

④ 参见阚红艳：《合同准据法的适用范围》，西南政法大学国际法学院2007年硕士学位论文，第12页。

律,或依据其住所地法有缔约能力,就应该认为他有缔约能力。①

关于适用最密切联系原则在确认当事人缔约能力方面的作用,可以借鉴1958年加拿大安大略省上诉法院在"查伦诉蒙特利尔信托公司案"(Charron v. Montreal Trust Co.)②中,对当事人涉及婚姻及婚姻财产协议的缔约能力方面的判决。莫顿(Morden)法官指出,在一般情况下,涉及婚姻和婚姻财产协议,当事人的能力受住所地法支配。在该案中,夫妻双方在安大略省结婚,其后又在该地共同生活居住了多年,直到双方订立分居协议。在这种情况下,适用当事人的住所地法(魁北克法)会不切实际并且僵硬、不合理。最终与合同有最密切联系的法律(安大略省法)适用于该协议。

但作为当事人行为能力适用最密切联系法的例外,《罗马条例Ⅰ》规定,在同一国家的双方当事人间订立的合同,依该国法律应属有行为能力的自然人,不得依据另一国法律主张其无行为能力,除非合同的另一方当事人在订立合同时明知或因疏忽而不知其无行为能力。③ 例如,在我国完全民事行为能力人的法定年龄是18周岁,自然人若达到18周岁即可在银行开立账户。如果一个外国自然人在中国某银行出示合法证明其已经20周岁,那么银行可以合理地推断他具有缔约能力。合同成立后,该当事人不得声称其本国的法律规定21周岁成为完全民事行为能力人,而主张合同无效。适用与涉外存款合同有最密切联系的开户行所在地法,即缔约地法,有利于银行对于众多合同的统一管理,而不必因为每个合同都须适用为数众多的不同国家客户的经常居所地法而疲于查明不同的外国法。

(二)外国法人客户的缔约能力

《罗马条例Ⅰ》不适用于由内国公司法调整的问题,如公司或其他法人或非法人团体的设立、其法律能力、内部组织或停业清理以及因公司或其他团体所负债务而产生的高级管理人员与股东的个人责任;也不适用于公司或其他法人或非法人团体的管理机构能否使该公司或其他团体对第三人承担责任的问题。④ 这些问题应该由公司或其他法人或非法人团体设立地国的法律所规定。且英国法规定,一个外国公司的权利能力和行为能力,受该公司成立章程

---

① 参见[英]莫里斯:《戴西和莫里斯论冲突法》,李双元等译,中国大百科全书出版社1998年版,第778页。

② Charron v. Montreal Trust Co. [1958] O. R. 597.

③ Article 13 of the Rome Ⅰ Regulation.

④ Article 2 of the Rome Ⅰ Regulation.

的限制。[①]

在与外国法人客户订立合同时,银行应当要求其提供相关的证明材料,包括但不限于公司成立文件、董事会决议以及其他必要的文件以证明该公司已合法有效的设立,并且该公司内部已经通过了订立合同的决议。在订立合同的过程中,有以下两点值得注意:

第一,外国法人客户须向银行提交官方证明文件,表明其已经在其所属国合法有效的成立和运营。作为当事人一方的客户是否实际存在是首要的问题,若一个客户不具有作为独立的法律实体存在的资格,那么它就不能承担任何责任,也不能参与法律程序。[②] 但是,得到公司授权与银行签署合同的被授权人的缔约能力则受开户行所在地法支配,而非其本国法。

在"塞拉利昂电信公司诉巴克莱银行案"(Sierra Leone Telecommunications Co. Ltd. v. Barclays Bank plc.)[③]中,塞拉利昂电信公司是塞拉利昂的一家国有公司,持有在伦敦巴克莱银行的美元账户,于1996年授权四名工作人员在伦敦进行业务往来,其有权签字经营其美元账户的业务。后1997年6月塞拉利昂发生了政变,军政府上台,接管了大部分国有公司,并修改了许多法律。军事政变受到国际社会的谴责,原塞拉利昂民主政府的总统被迫流亡到几内亚,英国政府继续与其保持关系并试图恢复民主政府。是年12月伦敦巴克莱银行收到位于塞国首都弗里敦(Freetown)的塞拉利昂电信公司总部来函,称其董事会作出决议,之前关于巴克莱银行美元账户的委托授权须立即中止。巴克莱银行陷入了两难的境地,究竟是应尊重之前的委托授权,还是依据现塞拉利昂电信公司的指示取消授权?不久后,忠于原民主政府的塞拉利昂高级特派员在伦敦提起诉讼,主张原1996年7月关于伦敦银行账户的委托授权继续有效。基于以下几点,法院判决支持原告的请求:(1)英国政府继续承认塞拉利昂民主政府,并寻求在塞拉利昂重建民主与宪政;(2)军政府并没有有效控制弗里敦和整个国家;(3)军政府被英联邦和非洲统一组织(Organization of African Unity)谴责;(4)联合国对于军政府的制裁也得到了

---

① 参见王军、陈洪武:《合同冲突法》,对外经贸大学出版社2003年版,第224页。

② International Bulk Shipping and Services Ltd. v. Minerals and Metals Trading Corporation of India [1996] 1 All ER 1017.

③ Sierra Leone Telecommunications Co. Ltd. v. Barclays Bank plc. [1998] 2 All ER 821.

英国的授权。[①] 根据英国法律,法院认定塞拉利昂军政府不具有合法性,其改变塞拉利昂电信公司董事会的决议和中止其在伦敦巴克莱银行代表的委任授权也是没有效力的,原代表的委任授权继续有效。

本案更多地牵涉国际公法上对于政府的承认,但是也反映了得到外国法人客户授权与银行签署合同的代表的缔约能力应受开户行所在地法支配的原则。由此可以推断出,如果外国法人客户的代表得到授权指定其他人签字,那么银行没有义务去查明该授权是否已在外国公司本国通过合法有效的程序进行。

第二,银行有必要要求客户提供证明,以确认合同的订立是否已经得到外国公司董事会或类似主管机关合法有效的授权。证明材料包括董事会决议书、法律意见书等。该证明材料可以以符合公司所在国法律的任何形式,由公司授权的任何人出具。然而这仅是对合同的形式审查,并不适用于对公司的资质和代表处授权的审查。

但是,以上程序的瑕疵并不必然导致存款合同的无效。例如,一个外国客户数月前开立了一个账户,公司董事会提供了授权书以授权代表为公司的利益经营账户,并有权透支账户。但当代表透支了账户后,因为破产等原因,公司总部声称该行为没有被管理层核准,或程序上有不当之处,以此来避免承担透支的责任。公司总部这样的做法是不当的,不应得到法院的认可,因为公司董事会之前的授权属于全权委托代表处理业务,透支账户的行为也应包含在内。根据禁止反言和诚实信用原则,银行有对外国法人客户代表授权的合理期待,公司不能够否认其代表根据之前的授权经营账户的行为,合同应当继续得到履行。但银行也有义务查明该授权得到了外国公司一个以上的董事或主管的签字,以保证该授权不是因外国公司某一个董事或主管滥用职权而获得。[②] 银行可以提起对外国法人客户的赔偿诉讼,要求其偿付对透支账户的金额及银行的损失。依据《罗马条例Ⅰ》,[③]公司代表的代理权的确定应适用开户行所在地法,外国法人客户不能援引其本国法来驳回银行的诉求。

即使公司代表实际上没有获得代理授权,但根据表见代理,其行为仍然具

---

① 英国法官在此引用了著名的 Republic of Somalia v. Wood house Drake and Carey (Suisse) SA 案。

② Cleveland Manufacturing Co. Ltd. v. Muslim Commercial Bank Ltd. [1981] 2 Lloyd's Rep. 646.

③ Article 12(1)(e) of the Rome Ⅰ Regulation.

有约束力，而该表见代理权则仍是适用开户行所在地法。在“环太平洋导航有限公司诉大韩造船有限公司案”（Rimpacific Navigation Inc. v. Daehan Shipbuilding Co. Ltd.）①中，环太平洋导航有限公司（Rimpacific Navigation，以下简称环太平洋公司）与大韩造船有限公司（Daehan Shipbuilding，以下简称大韩公司）两大海运公司就大韩公司的一个董事在保证合同上的表见代理问题诉至英国法院，环太平洋公司诉请英国法院发布禁诉令以使大韩公司不得在韩国起诉，而大韩公司提出对于英国法院的管辖权抗辩。环太平洋公司将其所拥有的船只租借给与大韩公司所在同一个集团的某公司，大韩公司为某公司的租借作了担保，在担保合同中双方选择英国法作为准据法。担保合同由一位被认定为大韩公司首席执行官的“OH 先生”签字，其持有大韩公司的公章。后来船运市场出现萧条，租船人无力支付租金，环太平洋公司解除租船合同，通过仲裁取得租船人违约赔偿的仲裁裁决，并以大韩公司作为保证人赔偿其损失。大韩公司在韩国提起诉讼，要求法院认定该保证合同对其无拘束力，其认为 OH 先生并没有得到公司董事会的授权；有关 OH 先生的授权应适用韩国法，且基于韩国法相关规定，其授权是不成立的。法院判决：（1）据担保合同中的法律选择条款，英国法应当得到适用；（2）OH 先生的表见代理权可以得到作为推定的自体法的英国法的承认；（3）根据 OH 先生的表见代理权，其签订担保合同的行为是有效的；（4）环太平洋公司有权申请禁诉令以限制大韩公司在韩国进行诉讼。

第六节 最密切联系原则与特征性履行方法的有机联系

本部分将探讨适用于涉外存款合同成立、效力、解释、履行和解除的法律适用规则，这些方面应主要适用当事人意思自治选择的法律或开户行所在地法。

首先，适用以意思自治和开户行所在地法为主的法律适用规则具有较大的确定性。跨国银行与来自各国的所有客户间发生的合同关系都将适用同一法律，而不必适用来自各国客户的经常居所地或营业地法，这使银行免于复杂

① Rimpacific Navigation Inc. v. Daehan Shipbuilding Co. Ltd. [2009] EWHC 2941 (Comm).

的法律适用的负担，为其纠纷解决带来便利。

其次，银行与客户间的合同不因履行地国或其他国家的外汇管制和其他强制性规则的影响而无效。[①] 涉外存款合同履行地大多为银行贷记资金、兑付支票及取得收益等的地点，即开户行所在地。根据《罗马条例Ⅰ》，应在其境内或已在其境内履行合同债务的国家，其强制性法律规定也可被赋予（强制性）效力，但该强制性规定不得使合同的履行归于非法。在决定是否赋予这些规定以强制性效力时，应考虑这些法律规定的性质、目的以及适用或不适用该规定将产生的后果。[②] 该规则显示了《罗马条例Ⅰ》的潜在意图，即支持合同的成立与履行，避免因为履行地国强制性规则而导致合同不能履行。[③] 总的来说，在涉外存款合同关系中，通过特征性履行义务方法，可以清晰地判断开户行是特征性履行义务方。

但是合同包括多个环节，在准据法的适用范围之外，仍有特殊的方面如当事人缔约能力等方面须适用特定的法律，难以一概适用特征性履行方法来确定准据法。在贷款合同中，特征性履行方法的作用和僵硬性体现得更加明显，在当事人未选择法律的情况下，借款人负有偿还贷款本息的义务，其一般被法院确定为特征性义务履行方而得以其所在地的法律。然而有可能因为借款人所在国的法律发生变动，尤其是外汇管制法律，而对借款人的还款义务发生影响。在这种情况下，准据法的冻结、准据法的隔离等方法都被采用以保证借款人履行其义务，保护贷款人的权利得以实现。但在复杂的多方交易系统中，很

---

① 在"科伦沃特公司诉匈牙利制棉公司案"（Kleinwort Sons & Co. v. Ungarische Baumwolle Industrie AG）中，英国法院排除了匈牙利强行法的适用。在该案中，原告是伦敦的一家银行，接收了由以一家匈牙利公司为付款人的三张汇票，3 个月内有效。1938 年 4 月 4 日，汇票由一家匈牙利银行交付原告，附随匈牙利公司开具的保证信，保证在到期日前一天提供保证金，匈牙利银行对此做了担保。当天，匈牙利银行另函提醒原告，该银行同出票人仅在到期日前一天匈牙利外汇管制法规允许的情况下才会为汇票提供担保。后来在那一天匈牙利当局立法规定，在没有匈牙利国民银行（Hungarian National Bank）允许的前提下，匈牙利公民不得向国外支付现金。匈牙利国民银行没有允许本案所述汇票的承兑，而且匈牙利公司在到期日也未提供保证金，原告向伦敦某法院起诉匈牙利公司和银行。法院判称：(1)匈牙利银行另函发送的信件不能被认定为合同的一部分，不能够在合同中清晰明确的保证与担保条款上附加限制条件；(2)合同的准据法是英国法，且合同在英国履行，即使其违法了匈牙利法的相关规定，但英国法院认定其是可以在英国境内履行的。See Ralli Brothers v. Compania Naviera Sotay Aznar [1920] 2 K. B. 287.

② Article 9(3) of the Rome Ⅰ Regulation.

③ See Charles Proctor, *The Law and Practice of International Banking*, Oxford University Press, 2010, p. 649.

难确定究竟哪一方履行了特征性的义务，这在跨国银团贷款合同中尤其显著。在该类合同中，贷款人为多个国家的银行，而借款人可能只有一个，无论选择哪一个银行作为合同的特征性履行方都显得过于武断。[①] 若合同整体与开户行所在地以外的其他国家有最密切联系，则开户行所在地法也不应当适用。

实践中更倾向于适用最密切联系原则来对特征性履行方法进行调和。合同关系包括多个方面，合同准据法的分割适用已经为现代冲突法所普遍接受。[②] 在《久里亚诺和拉加德报告》(Giuliano and Lagarde's Report)中，两位学者指出，若在合同履行方的所在地之外另有一国与合同有最密切联系，则该最密切联系国法应作为例外优先得以适用。英国法院在判例中也已经承认，若承担合同特征性履行的一方所在地与合同并无显著的联系，则该合同关系与其所在地并无关键连结点，其所在地法不必然作为准据法而得以适用。[③] 将最密切联系原则适用到客户缔约能力问题是当代立法的一个新趋势，英国学者认为，自然人的缔约能力受到与合同有最密切联系的法律和其住所地法中确认缔约能力的法律支配。一个自然人如果依据与合同有最密切联系的法律，或依据其住所地法有缔约能力，就应该认为他有缔约能力。[④]

《罗马条例Ⅰ》所设计的法律适用规则体系，包括五个层次：(1)意思自治；(2)特殊合同法律适用规则；(3)特征性履行方法；(4)最密切联系原则；(5)强制性规则、消费者保护等作为特别条款。严密的逻辑体系，保证了在当事人未选择法律的情况下，法官可以据以寻找到适当的法律。特征性履行方法和最密切联系原则是该体系的基石，形成有机整体。逻辑顺序是特征性履行方法优先，最密切联系原则进行补充。这样的优点在于保证法律适用的一致性的同时，对于纷繁复杂的现实案情通过适用最密切联系原则来寻找到更适当的法律。对于特殊合同规定特定准据法，实际上也是通过分析合同的特

---

① See Apostolos A. Gkoutzinis, *Internet Banking and the Law in Europe: Regulation, Financial Integration and Electronic Commerce*, Cambridge University Press, 2006, p. 295.

② 合同准据法的分割适用的统一立法可见于《罗马条例Ⅰ》中，该条例第3条第1款规定："在合同没有依据本公约第3条选择法律的情况下，该合同应适用与其有最密切联系国家的法律。然若合同中一个可分的部分与另一国家有更密切联系，则该部分可以适用该另一国家的法律。"

③ Samcrete Egypt v. Land Rover Exports Ltd. [2001] EWCA Civ 2019; Iran Continental Shelf Oil Co. v. IRI International Corporation [2002] EWCA Civ 1024.

④ [英]莫里斯：《戴西和莫里斯论冲突法》，李双元等译，中国大百科全书出版社1998年版，第778页。

征性履行来进行明文规定。

特征性履行方法与最密切联系原则之间从来都不是并行的轨道，而是有机的结构。《中华人民共和国涉外民事关系法律适用法》第41条规定，当事人可以协议选择合同适用的法律。当事人没有选择的，适用履行义务最能体现该合同特征的一方当事人经常居所地法律或者其他与该合同有最密切联系的法律。在《中华人民共和国涉外民事关系法律适用法》中，从字面上来看法律适用体系分为三层：意思自治、特征性履行方法或最密切联系原则、特殊合同规则。特征性履行与最密切联系之间的逻辑顺序没有明确，“或者”这个用语难以为法官在法律适用中提供明确的指引。在之后出台的最高人民法院《关于适用〈中华人民共和国涉外民事关系法律适用法〉若干问题的解释（一）》中对此也没有作出明确的澄清。《罗马条例Ⅰ》体现了两大法系立法技术的相互借鉴和有机融合，在一定程度上反映了国际社会法律尤其是大陆法系发展的方向，值得像我国这样受大陆法系影响深厚的法制发展中国家借鉴。

第五章　跨国贷款合同的法律适用

在上一章中主要分析了银行与客户间的基本法律关系,即基于账户的跨国银行存款合同的法律适用。在本章中将进一步分析银行作为服务提供者与客户所订立的跨国贷款合同,存款合同与贷款合同之间有很大的相似性,部分法律适用规则在上一章中已经阐明,在本章中将略为提示而不再赘述。

第一节　跨国贷款合同的性质与形式

一、有关贷款合同性质的争议

关于贷款合同的性质,曾有过持续的争论。英美法系认为,存款与贷款没有本质区别,只不过存款的出借人是存款人,借款人是金融机构;而贷款的出借人是金融机构,借款人是客户。而大陆法系多认为存款合同属于一种寄托合同。1811 年,英国法官威廉姆·格兰特(William Grant)在"卡尔诉卡尔案"(Carr v. Carr)[①]中指出,基于客户在银行中的存款属于种类物,不同客户的存款之间并无不同。存入的现金自然融汇于银行的资本中,而并不是存放在特定的"密封袋"(存款单元)中由银行保管,因而客户的存款可视

① Carr v. Carr (1811), 3.5 E.R. 799.

为其向银行的贷款,而非寄托物。5 年后,在同样由威廉姆·格兰特(William Grant)法官审理的"德威尼斯诉诺布尔案"(Devaynes v. Noble)[①]中,被告方律师提出,在存款合同中,因为客户可以随时向银行要求提取存款,所以二者之间不是债务关系,银行更应该被视为是其客户的寄托人,而非债务人。威廉姆·格兰特法官并没有采纳这个论证观点,而是坚持认为银行与客户之间是以存款为标的的债权债务关系,但被告方律师的观点受到一些学者的支持,并开始了持续的争论。

在后来的"福勒诉希尔案"(Foley v. Hill)中,英国大法官科顿汉姆(Cottenham)勋爵的重要论断对该争议盖棺论定。科顿汉姆勋爵认为,由银行所保管的资金从各个方面来看都是属于银行的财产,可以按其意愿进行支配,而不需就其用途向外界作解释,银行与客户之间基于合同而产生债权债务关系。上述判例被美国法院借鉴,并且推动了后来的"部分准备金制度"[②]的合法化。[③] 关于贷款合同的性质而言,英美法系与大陆法系各持己见,但可知贷款合同实际上是商业合同的一种形式,贷款银行向借款人发放贷款,借款人按时返还本金与利息。[④] 贷款合同与存款合同有很多的相似处,二者紧密联系,实质上是建立了银行与客户之间的债权债务关系。

二、跨国贷款合同的主要形式

在我国,作为收益的主要部分,银行的主要业务是将其持有的存款借贷给需要资金的企业和个人,收取贷款利息。银行向符合法定条件的借款人发放贷款形成了借款合同。银行作为贷款人是债权人,而借款人则是债务人。[⑤] 借款人是在银行开立账户,按照一定的贷款利率和约定的期限,向银行借款并

---

① Devaynes and others v. Noble and others [1814 – 1823] All ER Rep 1.

② 部分准备金制度是相对于全额准备金制度而言的。它是指商业银行留下一部分准备金,把其余的资金全部贷出的制度。银行不用把所吸收的存款都作为准备金留在金库中或存入中央银行;法定准备率是央行规定、银行所保持的最低准备金与存款的比率。参见陈建华、程杞国:《金融危机有效的金融监管》,载《中国企业报》,2002 年 3 月 29 日,第 16 版。

③ Murray N. Rothbard, *The Case Against the Fed*, Ludwig von Mises Institute Publisher, 2007, p. 24.

④ See Philip R. Wood, *International Loans, Bonds, Guarantees, Legal Opinions*, Sweet & Maxwell, 2007, p. 4.

⑤ 参见周仲飞、郑晖编著:《银行法原理》,中信出版社 2004 年版,第 18 页。

到期归还本金及利息的客户。[①] 在贷款关系中，银行是债权人，享有要求借款人到期向其支付本金及利息的权利。借款人是债务人，负有到期向银行归还本金及利息的义务。跨国贷款又称为"国际借贷"或"国际信贷"，它是指借款人以贷款合同之方式，向其他国家或地区的贷款人借贷资金的国际融资方式，即是一种合同融资行为。不同国家或地区的借款人与贷款人之间依照贷款协议组成国际债权债务关系，其中借款人为债务人，贷款人为债权人。[②] 跨国贷款合同的形式主要包括定期贷款合同和跨国银团贷款合同，以下就这两种合同的法律适用进行分析。

第二节 定期贷款合同的法律适用

一、定期贷款的性质

定期贷款，是指"在固定的期限内提供的贷款，只有在特定的条件无法满足的情况下始可取消，且唯有针对违约事件始能主张到期前的贷款偿还"。[③] 定期贷款形式使得贷款融资更具可预见性，让借款人有周转资金的时间。定期贷款与透支融资(overdraft facility)是相对应的两个概念，在透支融资中，贷款银行随时有权要求借款人偿还透支款项，而借款人须立即履行其支付义务。[④] 定期存款合同是当事人双方对于其权利义务的说明，二者约定于一个特定的期间内由贷款银行向借款人提供融资资金，期间结束后由借款人偿还贷款和约定的利息。

二、贷款合同准据法连结因素的确定标准

根据上文所分析的，鉴于《罗马条例Ⅰ》适用于银行与客户之间的合同关系，其也适用于涉外贷款合同，此处不再赘述。《罗马条例Ⅰ》第3条第1款规

---

① 《中华人民共和国商业银行法》第37条规定："商业银行贷款，应当与借款人订立书面合同。合同应当约定贷款种类、借款用途、金额、利率、还款期限、还款方式、违约责任和双方认为需要约定的其他事项。"

② 参见杨势如：《国际贷款合同之若干法律问题》，载《理论界》2011年第7期。

③ 参见高祥阳、陈宇：《国际银行法：合同、银团与法律冲突》，中国人民大学出版社2003年版，第10页。

④ Graham Robert, *Law Relating to International Banking*, Woodhead Publishing, 1998, p. 41.

定了合同当事人双方可以依意思自治明示选择法律，同时也有限制地承认了默示选择，即若当事人间的合意可通过合同条款、案件事实予以阐明并具有确定性，则该选择具有法律拘束力。并且《罗马条例Ⅰ》引入了“分割法”，即当事人可以选择将法律适用于合同的全部或部分。如果在订立贷款协议时银行与客户之间的合同上写明该合同所适用的法律须为某国法，那么该国法律就将确定的作为该合同关系的准据法。

跨国贷款合同存在广泛的连结因素，包括合同当事人所属国法、住所地法、经常居所地法、营业地法、履行地法、缔约地法、货币所属国法、第三国法、国际条约与惯例等均可作为准据法选择的对象。虽然可供选择的法律很多，但是在实践中应当在几个问题上注意，以确保法律选择的有效性和便利纠纷的解决。

首先，准据法应与贷款合同有密切的联系，并较完善，这样可以更妥善地解决在国际融资活动和贷款合同履行过程中所出现的问题。[①] 因此，合同履行地法由于与贷款合同有密切的联系，应是重点考虑的对象。而世界主要金融市场所在地法，包括英国法、纽约州法和中国香港特别行政区法由于其完备的制度规定和丰富的实践经验，对于争议解决有着很大的价值。在国际金融与贸易实践中，虽然很多与合同无地理上的联系，但适合于私法合同的准据法也常被接受，但总体而言当事人选择的法律均与合同有实际联系，不仅是地理空间上的联系，也包括了经济联系。[②]

其次，准据法应具有稳定性。准据法所属国的政治局势应相对稳定，法律制度应具有延续性，以避免所选择的法律变化而危及当事人权益的现象发生。这就涉及“准据法的隔离”问题，将在下文中进行系统论述。

此外，还需要注意准据法应与法院地的重大利益、道德文化的基本观念不相冲突以及便于执行等方面的问题。

三、当事人未选择准据法时的法律适用

贷款合同的当事人有可能因为没有达成法律选择的合意或其他原因而没有选择准据法，如果贷款银行不愿意使其合同受借款人所属国法律的支配，而

---

① 参见季立刚：《国际商业贷款协议中应注意的准据法问题》，载《上海金融》1997 年第 5 期。

② 参见邢勇：《论欧洲货币存贷款合同的法律适用》，载《国际金融研究》2001 年第 6 期。

将法律适用问题留待法院确定,这时可参照上文关于跨国存款合同当事人未选择法律时的法律适用。而跨国贷款合同与存款合同之间法律适用的主要区别在于以下几点:

首先,对于当事人默示合意的推定难度更大。存款合同以账户开立地为连结点,开户行所在地很容易被确定,再加上格式合同所使用的语言、特定概念和术语的运用等一般都指向开户行所在地,因而开户行所在地法一般被确立为准据法。但贷款合同属于国际融资范畴,而随着融资合同文本的国际化和标准化,合同中特定概念和术语的运用、合同所使用的语言等对确立合同准据法的意义正变得越来越小。

其次,最密切联系原则标准难以统一。在难以推定当事人的默示合意的情况下,法官需要综合分析合同关系的各个方面,包括以何国货币进行支付、合同当事人住所地、贷款支付地、合同缔结与履行地、担保品所在地,以适用与争议具有最密切联系的法律。但目前国际上并没有统一的关于贷款协议最密切联系因素的标准,而国际贷款融资也往往牵涉多个国家,确定合同的"重心"并不容易。

最后,合同义务的特征性履行难以适用。在跨国存款合同中,由于开户行承担了保存存款、偿付存款本息、信息保密等绝大部分义务,因而显而易见地作为特征性履行方而适用其所在地法律。但在定期贷款合同中,双方的义务主要都是金钱给付义务的履行,即贷款银行按合同支付贷款、借款人按期偿还本息。债法合同中的特征性履行并非本身给付金钱的履行,因而特征性履行方法很难应用于确定贷款合同的准据法。①

四、贷款合同法律适用国际惯例的最新发展

跨国贷款合同涉及多个国家,当事人之间关系复杂。在订立合同之时,常对于条款有不同的意见,也难以确定各方都认同的准据法。在这种情况下,最新的国际惯例可以作为参考。贷款市场协会(Loan Market Association,LMA)由7家银行作为创始成员,于1996年成立于英国伦敦,截至2018年3月,该协会已经成为由61个国家的超过660家银行、投资公司、律师事务所和相关机构成员所组成的庞大组织,在欧洲乃至世界融资市场中有着重要影响。该协会的目的包括推动国际贷款交易、扩大初级和次级融资市场,加强不同成员

① 参见邢勇:《论欧洲货币存贷款合同的法律适用》,载《国际金融研究》2001年第6期。

之间的联系以及促进主要贷款协议、买卖合同的统一和标准化。[①] 针对跨国贷款协议,LMA 所推出的《多货币定期贷款协议》(*Multicurrency Term Facility Agreement*)的合同文本模式基于其较高的设计水平而被广为接受,在该协议模板中,其常以贷款银行所在地法作为准据法。

在英国学者对于英国 1977 年《不公平合同条款法》(Unfair Contract Terms Act)的评价中,认为虽然贷款协议草案是由贷款银行出具给借款人以供签字,但其性质并不是银行的格式合同,因为作为公司性质的借款人应当了解《多货币定期贷款协议》这种在国际融资领域广为接受的合同文本,因而借款人不可以依据主张其法律选择条款属于格式条款而无效。LMA 所推出的这种合同文本基于其较高的设计水平和广泛的认可,已经产生了一定的法律影响。[②] LMA 主要在欧洲境内和中东的一部分信贷市场具有重要影响。[③] 而在大洋彼岸的美国也有类似的案例,在"天隆德莱特诉美国国民银行案"(Carondelet v. Citizens)[④]中,贷款人向借款人提供了在美国有重要影响的"储蓄与信贷联盟"(The Savings and Loan League)的合同模板,双方就该合同草案缔结了贷款协议。后双方就合同的解释发生争议,借款人依据疑义利益解释原则(contra proferentem)申请法院作出对其有利的判决。美国联邦法院拒绝了借款人的申请,认为该合同模板并不构成贷款人的格式合同。

从欧洲与美国的实践比较来看,在涉外贷款合同的当事人没有选择准据法的情况下,贷款银行所在地法作为一种广为接受的系属公式应当作为法官考虑的重点。一方面,在交付贷款后,贷款银行对贷款合同的完全履行具有更大的关切,期望借款人按期偿还贷款本息;另一方面,也可以避免因适用借款人所属国法而造成的因法律变动使借款人延期交付等的不利后果。

---

① See Memorandum of Association of Loan Market Association. Accessed February 11, 2017. http://www.loan-market-assoc.com/pages.aspx? p = 8.

② See Charles Proctor, *The Law and Practice of International Banking*, Oxford University Press, 2010, p. 368.

③ Accessed February 11, 2017. http://www.loan-market-assoc.com/pages.aspx? p = 8.

④ Carondelet Savings & Loan Association v. Citizens Savings & Loan Association 604 F2d 464 (7th Cir, 1979).

第三节　跨国银团贷款合同的法律适用

一、跨国银团贷款的特殊性

银团贷款,是随着世界经济一体化程度的加深而出现的一种新融资方式。国际贸易和投资的巨大发展使国际上对信贷资金的需求急剧增加,一家银行往往难以或出于对风险的考虑不愿办理巨额贷款,为分散风险,由多家银行按严格的规则和协议共同提供贷款的银团由此而产生。银团贷款是从银行双边贷款发展而来的融资方式,诞生至今不过 40 多年,又称为辛迪加贷款(syndicated loan),是由获准经营贷款业务的一家或数家银行牵头,多家银行与非银行金融机构参加而组成的银行集团(banking group)采用同一贷款协议,按商定的期限和条件向同一借款人提供融资的贷款方式。[①] 跨国银团是由不同国家的多家银行组成的银行集团。跨国银团贷款是指借款人以委任书(mandate letter)的形式授权牵头行(leading bank 或 managing bank)组织银团向其提供贷款。其传统方式,也可以说是最基本的方式主要有两种:直接参与型(direct participation 或 loan syndication) 和间接参与型(indirect participation 或 loan participation)。直接参与型的跨国银团贷款是在牵头行的组织下,各参与行直接与借款人签订贷款协议,按照一份共同的协议所规定的统一条件贷款给借款人,参与行与借款人之间存在直接的债权债务关系。而间接参与型的国际银团贷款则是先由牵头行向借款人提供或承诺提供贷款,然后由牵头行把已提供的或将要提供的贷款以一定的方式转让给参与行,参与行与借款人之间一般不存在直接的债权债务关系,在某些情况下借款人甚至不知道参与行的存在。

二、银团贷款合同法律适用的特殊性

由于跨国银团贷款合同是在两个或两个以上不同国家当事人之间订立的,在不同的国家执行,这就产生了适用哪个国家法律的问题。进而以何种标准确定银团贷款合同所适用的准据法。准据法确定后, 其适用范围如何,是否涉及该贷款的所有事项均适用该准据法等问题也都需要解决。

---

① See Philip R. Wood, *International Loans*, *Bonds*, *Guarantees*, *Legal Opinions*, Sweet & Maxwell, 2007, p. 4.

基于与各国金融秩序的紧密联系,跨国贷款合同的法律适用同时也受到内国金融管制法律法规的影响。一般而言,国家管制经济与金融的法律规范和对某些种类利益进行特别保护的法律规范属于强行法。国家管制经济的法律规范包括对外贸易管制、工商管理和税收管理等方面的法律规范;管制金融的法律规范包括外汇管制、外国银行的准入以及服务提供等。除此之外,国家对某些种类利益进行特别保护的法律规范,如消费者权益保护法等也对于法律适用产生重要影响。就跨国银团贷款而言,强行法主要涉及外汇管制问题。根据《国际货币基金组织协定》第 8 条第 2 款的规定:“任何涉及成员国货币并与该成员国制订的符合基金协定条款的外汇管制条例相冲突的外汇契约,任何成员国法院均不得赋予效力或予以执行。”

跨国银团贷款合同的法律适用在理论上并无特殊规则可循,只能依据跨国商业贷款合同法律适用问题的一般规则。然而,跨国银团贷款合同的准据法不可能解决协议涉及的所有法律问题,有些问题只能作为协议准据法适用的例外由特定国家(地区)的法律予以解决。

三、跨国银团直接贷款合同的法律适用

(一)银团内部关系与准据法的明示选择

跨国银团直接贷款合同,是作为银团成员的各贷款行与借款人直接签订的贷款合同,组成银团的各贷款行与借款人之间根据一个总合同确定各自的权利与义务。既不是根据当事人意思自治原则选择数个国家的法律来分别支配协议中各贷款行与借款人之间的权利义务关系,也并不是每增加一个银团成员银行,就增加一个该成员银行与借款人之间的合同。在银团合同中增加贷款银行并不会对借款人增加更多的义务和额外的法律适用条款,而主要是在银团成员之间增加相关条款,以确定新成员与原成员间的权利义务关系,比如关于贷款额度与利息的分配等。① 在实际操作中,常选择牵头行所在地国家的法律作为该银团贷款协议的准据法,也可以选择代理行所在地国家的法律,但在后种情形中,代理行通常是与牵头行或其子银行重合的。选择牵头行或代理行所在地法的益处在于其确定性,与跨国银团贷款合同所涉有关事项均适用同一个准据法,有利于法律适用的统一与诸贷款行权利义务的一致,且

---

① See Charles Proctor, *The Law and Practice of International Banking*, Oxford University Press, 2010, p. 388.

牵头行或代理行的所在地相较于众多的贷款行而言更加容易确定，这样给予了借款人确定的预期，并免于适用多个法律的烦琐和成本的增加。

（二）默示法律选择的确定标准

在跨国银团贷款合同当事人未对准据法作出明示选择时，法院一般会先考察当事人是否在贷款协议中作出默示的法律选择。法院在以这种方式确定国际银团贷款协议准据法时，通常先考察贷款协议中是否包含某些表明当事人意图适用某一特定国家法律的证据。若有，那么这种证据表明当事人意欲适用的法律便被法院确定为贷款协议的准据法。

能够成为表明当事人意图适用某一特定国家法律的证据包括：贷款协议中对管辖法院的约定，或仲裁条款对仲裁庭的约定；贷款协议的签订地或履行地；贷款协议中特定概念或术语的运用；贷款协议所使用的语言和格式合同；贷款协议当事人的交易惯例等。① 但并不是所有的国家都承认默示的法律选择，因为默示的法律选择在具体司法实践中并不是总能真正代表当事人关于法律选择的本意。默示的法律选择并非当事人自己作出的，而是法官以法律方式推断出来的，是法官对当事人意思的探索结果，易造成法官将其主观推断强加给合同当事人的结果。此外，法官进行推断时，考虑的因素是多样的，因此采用默示的法律选择易造成法律适用结果上的不确定性和难以预见性。在确定当事人的默示法律选择时，应适用最密切联系原则，或者通过特征性履行等方法来确定适用于国际直接银团贷款协议的法律。因为牵头行和代理行承担了跨国银团贷款合同中的重要义务，其所在地国家的法律亦理应被法院放在优先予以选择的考虑范围之列。

四、国际银团间接贷款合同的法律适用

国际银团间接贷款，是先由牵头行向借款人提供或承诺提供贷款，然后由牵头行把已提供的或将要提供的贷款额度以一定的方式分配给参与行。参与行与借款人之间一般不存在直接的债权债务关系，某些情况下借款人甚至不知道参与行的存在。在国际间接银团贷款合同中，名义上的当事人只有两个，即借款人和作为贷款人的牵头行。所以，确定应适用的法律相对比较简单，协议常载有选择牵头行所在地法作为该贷款协议准据法的法律适用条款，在当事人未作出有效法律选择的情况下，可依最密切联系原则或特征性履行等方

① 参见黄进主编：《国际私法》，法律出版社 2005 年版，第 303 页。

法等来确定国际银团间接贷款合同的准据法。

五、跨国银团贷款合同准据法适用的例外

根据各国的法律和实践,国际银团贷款协议准据法的适用范围主要包括协议的实质合法性、协议的解释、协议的法律效力以及协议的履行与解除、嗣后违法等方面,以下七个方面作为准据法适用的例外,应当适用特定的法律。

第一,有关当事人的法律地位、缔约能力、授权方式和范围,一般应由作为借款人的公司的章程和其属人法,即设立地法或主要管理机构所在地法来确定,并不得违反贷款银行所在地法。

第二,关于跨国银团贷款合同的形式有效性,实践中借款人常愿意遵循贷款人所在国或者金融市场所在地国的法律规定,或者参照金融市场上适用的惯例。

第三,违反法院地国公共利益,或称公共秩序的外国法将被排除适用,代之以法院地法。

第四,关于"履行细节"如付款的方式和时间,均受履行地法即支付地法来支配。

第五,有关票据的有效性及票据权利的行使与保全等问题,按照有关票据的冲突规则来处理。

第六,与履行地国外汇管制法相抵触的合同将不得被执行。根据《国际货币基金组织协定》第 8 条第 2 款第 2 项的规定:"任何涉及成员国货币,与该成员国制订的符合基金协定条款的外汇管制法相冲突的外汇契约,任何成员国法院均不得赋予效力或予以执行。"其含义可以这样理解:国际银团贷款协议的签约一方,在国际货币基金组织成员国法院就合同事项提起诉讼时,法院不能排除另一成员国在外汇管制方面的法律适用。换言之,凡接受前项义务的国家的法院,不得强制执行与其他成员国的外汇管制条例相抵触的"外汇合同"。

第七,依履行地法构成违法的合同。若跨国银团贷款合同在订立时依履行地法是违法的,即使其依据合同准据法是合法的,法院也将不能强制执行该贷款合同。

第四节　时际法律冲突：贷款合同法律适用的特殊问题

一、跨国贷款合同中时际法律冲突的表现

跨国贷款合同的当事人来自不同国家，使用的借贷货币是不同国家的货币，由此便产生了适用不同国家法律的可能性，增加了法律适用的不稳定因素。时际法律冲突，指的是在一个法律体系内同属一种法律的新法与旧法，或前法与后法之间在时间效力上的冲突。跨国贷款合同中的时际法律冲突主要体现在以下方面：(1)国际贷款合同法律文件的法律效力、可实施性和解释；(2)当事人的缔约能力，一方当事人所在国法律的变动可能会对上述两者产生影响，并波及合同的效力，带来合同履行的不确定性。

(一)当事人的缔约能力

跨国贷款合同双方当事人必须都具有缔约能力，才能以双方的法律行为签订有效的合同。贷款合同当事人如果为自然人，其必须有相应行为能力；如果为法人，必须是获得适当授权的代理人才能订立借贷协议，然而相应问题不在贷款合同准据法的适用范围内，而是由确定当事人行为能力的国家法律决定。对公司法人而言，其缔约能力是由该公司章程和管辖有关交易的国家的法律管辖。在贷款协议生效之后，债务人注册地或者居住地国家的法律有可能发生变化，而致使贷款协议部分或全部无效，或必须修改。如果债务人国家的法律优先于合同准据法而适用，则贷款银行的权利就有可能受到损害，承担由于债务人注册地或居住地国家法律发生不可预见的变化的风险。

(二)外汇管制法律的影响

在跨国贷款合同缔结之时有效的当事人本国外汇管制法律，和在合同缔结之后新颁布的同一当事人本国外汇管制法律之间可能存在实质性的差异，后者可能禁止借款人按照合法缔结的贷款合同用外汇偿还贷款。按照英国的冲突法原则，如果一项外汇管制法是贷款合同准据法的一部分，或者是合同履行地法的一部分，而且有关的金融工具可以适用于该贷款合同，那么有关的契约性义务可能因外汇管制法的变化而无效或解除。① 借款人所在国外汇管制立法的变化，实质上造成了贷款合同中的时际法律冲突，给双方当事人的权利

① 参见刘冰：《试论国际银团贷款的法律适用问题》，载《金融科学》2000 年第 3 期。

义务的履行带来不确定性，尤其是贷款银行收回贷款和利息的权利。

二、贷款合同时际法律冲突解决方式的选择

（一）准据法的冻结

1. 准据法的冻结与时际法

在跨国贷款合同中，法律适用条款通常包括三种类型：其一是一般性法律适用条款，其表现形式非常简短，以简练的用语规定合同适用何种特定法律。其二是选择性准据法条款，这种条款更流行的名称为浮动性法律选择。典型的条款表述大致如下例："这份合同以及担保协议在发生争议时，将由借款人选择并宣布由（1）智利法；（2）美国纽约州法；（3）英国法来管辖。[①]"这种在协议中不明确表明准据法的情况，经常发生于借款人被本国政策或其本国强制性法律中某些条款禁止采用外国法作为合同准据法，而本国法又有可能改变造成合同权利义务不确定之时。其三是冻结性准据法条款。从各国的冲突法规则和实践的角度看，选择性准据法条款会给贷款合同带来法律适用方面的不稳定性，在实践中较少有案例，但其是贷款合同当事人避免因借款人本国法律变动造成合同权利义务不确定的一种尝试。为避免因法律变动而在实践中更多采用的是第三种。

2. 准据法冻结的作用

在跨国贷款，包括定期贷款和银团贷款的实务中，某些当事人为防止所选准据法发生不利于自身的变化，在法律适用条款中往往加入"冻结性准据法条款"(frozen clause)或称"稳定条款"，即规定所选准据法是该协议订立时存在的有关实体法，不受将来法律变化的影响，如"贷款协议所选择的准据法是签订之时的法律，之后准据法出现任何变化均不影响贷款协议的效力"。[②] 这样可以确保贷款协议所适用的准据法的稳定性，使当事人可以更好地预测其行为的法律后果。

应该承认，修改法律是一国行使主权的体现，当事人无法限制国家主权的实现，必须适用履行协议时的准据法规定，也只有这样，跨国贷款协议的法律

---

① 参见刘胜题：《国际银团贷款法律风险及控制》，华东政法大学国际法学院2005年博士学位论文，第125页。

② 参见郑敏、唐斌：《试论国际银团贷款的法律适用》，载《重庆电子工程职业学院学报》2010年第1期。

适用条款才具有更强的可操作性。当新法的强制性规范影响当事人的权利义务,且该国法律又允许当事人协商时,可重新确定当事人的权利义务,以维护协议的继续履行。若适用新法将动摇贷款协议的基础,使协议无法履行或履行结果完全不同于当事人最初期望目标时,当事人可在贷款协议中考虑将该情况作为合同的解除条件,加速到期。这与法律适用的原则和政策演变,向着重于保护债权人利益发展的总趋势并行不悖。

3.关于准据法冻结的争议

准据法的冻结,牵涉在冲突法领域中时际法的问题,就是当合同履行或发生争议时,若准据法的内容发生了改变,此时应适用前后哪一个法律的问题。法律修改是导致准据法内容发生变化的最常见原因,学界对此有不同看法:主张准据法一经确定并订入合同便不能改变的人认为,倘若准据法随着被选择的法律修改而变更,就等于改变了协议中当事人的权利义务关系,成立了另一新合同;另有人主张,当事人既然通过协议选择了某国法律为协议的准据法,就表明已将整个合同的权利义务与特定的法律体系联系在一起,如果这个法律的若干强制规则嗣后有了变更,那就适用变更以后的法律,当事人也应受新的规定约束。

在实践中,基于金融法制的特殊性,其与国家经济运行息息相关,有关外汇管制、银行准入、破产、债券本息支付等规定有可能因为国家政局的波动和经济政策的改变而变化,且多属于强制性规则。在跨国贷款合同中,若当事人双方选择借款人所属国法作为准据法,那么在该国法律发生了改变之后,当该合同须在该国履行,如果法院仍以法律变化前的规定来确定当事人的权利与义务,其判决是否能在借款人所属国得到承认和执行仍是个问题,借款人所属国执行法院很有可能以违反本国强制性规则为由拒绝承认和执行。因而,准据法的冻结在实践中仍有很大的争议。

(二)准据法的隔离

1.准据法隔离的定义

所谓准据法的隔离(insulation),是指在涉外贷款合同中,当事人选择借款人所属国以外第三国的法律作为准据法,将贷款合同的法律适用从借款人所属国可能的法律变动中隔离,以保证法律适用的稳定和可预期性的做法。实践中借款人所属国的法律变动对于贷款合同履行的影响包括:(1)立法延期偿还外债;(2)立法降低利率;(3)立法规定贷款须以本国货币偿还;(4)外汇管制。若借款人是国家或者是国有企业,那么这些风险发生的可能性大大增加。这些影响通常是在借款人所属国政局波动,或者国家破产的情况下产生。[①] 这对于贷款合同的履行会产生极大影响,因而有必要在合同中预先作出一定的保护措施,而准据法的隔离旨在将商业合同的履行与借款人所在国的政治因素相隔离,以求得其正常的、符合合同预期的履行结果。

2. 有关准据法隔离的重要判例

若在合同中规定借款人所属国的法律作为准据法,则贷款银行也将受到借款人所属国法律波动的影响。这是因为“准据法的冻结”措施在很多国家不被承认,而是主张适用于合同的准据法是选定的某一国的法律,如果该国的法律内容发生变动,则合同法律适用的内容也会发生变动,进而当事人间的权利义务也会随之改变。英国法院坚定的反对“准据法冻结”条款的适用,而支持了准据法的隔离,并在两个重要案例“赫尔伯特·瓦格(Re Helbert Wagg)”和“希腊国家银行诉梅特里斯案”(National Bank of Greece v. Metliss)中对此进行了系统分析。

(1)“赫尔伯特·瓦格案”

在“赫尔伯特·瓦格案”[②]中,英国一家公司作为原告与另一家德国公司于1924年12月19日签订了一个贷款合同,英国公司以英镑为单位贷款给德国公司。在贷款合同中,双方约定:①贷款本息将于伦敦向英国公司支付,以免去所有德国税费;②贷款将在从1925年至1945年1月内分期偿还;③德国公司依其在德国境内拥有的一处煤矿作为贷款抵押;④在英国公司要求的情况下,德国公司有义务根据伦敦相关法律与实践标准开立无记名债券。合同的第12项是法律适用条款,其规定:“本合同的解释适用德国法。合同具有英文和德文两种文本,但若英文文本与德文文本发生冲突,以英文文本为准。”

贷款借出后,德国公司按照合同履行还款义务,直到1933年。该年德国通过了一个延期偿付法,该法规定,有关信贷、贷款、抵押等产生的利息、赎金以及类似的继发性的费用须用德国马克向国家转换基金(Konversionkasse)支付;借款人只要向国家转换基金支付了贷款金额,其即可解除还款责任。在该延期偿付法出台后,德国公司借款人按照规定向德国国家转换基金进行还款,

---

① See Philip R. Wood, *Conflict of Laws and International Finance*, Sweet & Maxwell, 2007, p. 15.

② Re Helbert Wagg & Co. Ltd. [1956] Ch 323.

直到1939年德国向英国宣战时,贷款金额尚有174,142英镑本金及利息未及偿付。在第二次世界大战期间,德国借款人按照德国延期偿付法继续向德国国家转换基金还款,直到1945年1月13日,所有贷款本金及利息均按照德国马克偿还完毕。在第二次世界大战胜利后,英国于1949年通过了《德国敌产分配法案》(*The Distribution of German Enemy Property Act*),开始对德国的资产进行敌产分配。英国贷款公司主张自战争开始后,没有获得德国贷款人向德国国家转换基金支付的174,142英镑本金及利息,要求分配该德国公司的资产。英国政府的敌产管理部门裁定,德国公司借款人向德国国家转换基金所支付的贷款本息是依照贷款协议的准据法——德国法的规定履行其私人合同义务,不符合敌产分配的要求,借款人的要求不能成立。借款人不服该裁定,向法院提起诉讼。

英国高等法院衡平法庭(Chancery Division)对此案作出了最终判决:①德国延期偿付法案适用于本案贷款合同争议,因为可以修改或决定合同条款效力的法律应为合同准据法;[①]而本贷款合同的准据法是德国法。②经法院审查,德国1933年延期偿付法案属于德国外汇管制法,施行目的是保护其经济运行,且贷款双方当事人以德国法作为准据法纳入贷款合同之中,因而该延期偿付法案的效力应受英国法院承认。③在英国法中将延期偿付法案的效力,即外国法的效力视为事实问题。当德国借款人向德国国家转换基金支付了贷款本息后,依据延期偿付法案,借款人应已履行完毕其合同义务。④1939年在英德间爆发的战争并未影响贷款合同的效力,双方已经依法履行了其义务。假设借款人的义务在伦敦履行,那么其义务将不受到德国延期偿付法案的影响,在这种情况下借款人向德国国家转换基金所履行的还款义务才会因战争爆发而失效。

在"赫尔伯特·瓦格案"中,英国高等法院衡平法庭明确了外国准据法的变化给合同效力带来的影响。合同的效力由合同准据法决定,而合同的履行受履行地法影响。本案中合同约定履行地在伦敦,但是受德国法变动的影响,合同的履行改在德国,履行方式改为由借款人向德国国家转换基金偿付。合同的准据法是德国法,合同中的权利与义务与德国的法律紧密相连,变动后的德国法对于合同履行的影响是有效的。当事人之间并不固定于合同订立之时

① Kahler v. Midland Bank Ltd. [1949] 2 All ER 621; Jabbour v. Custodian of Israeli Absentee Property, [1954] 1 All ER 145.

准据法所规定的权利与义务，而是随着准据法的变动而变化，当事人应对此有预期并遵循准据法的变动。

(2)“希腊国民银行诉梅特里斯案”(National Bank of Greece v. Metliss)

在“赫尔伯特·瓦格案”中，英国法院承认了合同的效力及履行依据合同双方选择借款人所属国法，即以德国法作为合同准据法，而德国法的变动最终影响到合同的履行方式。而在“希腊国民银行诉梅特里斯案”①中，当事人双方则采用“准据法的隔离”方式避免了借款人所属国法律波动对于贷款合同履行的影响。

1927 年梅特里斯银行发行了以英镑为计价单位的抵押债券，由希腊国立银行(National Bank of Greece)对债券的本息进行担保，两家银行都是依据希腊法律成立的银行。当事方选择英国法作为合同的准据法。第二次世界大战爆发后，德国与意大利于 1941 年占领了希腊，本案所涉的债券利息也与该年停止支付。1949 年希腊出台了一部延期偿付法案，取消和暂停了希腊法管辖范围内的一切债券义务的履行。梅特里斯银行根据该法案停止向债券持有人支付利息。1953 年希腊国立银行依据希腊法与另一家希腊银行——雅典银行合并，成立了一家新银行。有关银行合并的希腊法律规定，新合并成立的银行继承原银行所有的权利与义务。后来本案中所涉债券的持有人以新银行为被告提出诉讼，要求偿付迟延支付的利息。

基于对案情的以下几点分析，英国法院判决债券持有人有权要求新银行偿付迟延支付的利息：(1)新银行是由原希腊国立银行和雅典银行根据希腊法律合并成立，继承了原先银行的所有权利与义务；(2)债券发行合同与抵押合同的准据法为英国法，新银行和原希腊国立银行若在英国法院被诉，则其毫无理由主张将希腊法适用于合同争议，希腊曾经出台的延迟偿付法案不对合同当事人的权利义务造成影响。

在该案中，当事人选择了英国法作为合同的准据法，虽然债券的抵押人位于希腊，合同准据法将合同当事人的权利与义务隔离于希腊法之外，不受希腊法律变动的影响。由此可以看出“准据法的隔离”的益处在于选择较为成熟、稳定的法律作为准据法，避免因履行义务一方本国法的变动而造成合同义务履行的不确定。

① National Bank of Greece and Athens S. A. v. Metliss [1958] AC 509(HL).

3. 准据法隔离的意义

通过准据法的隔离,外国贷款人可以确定借款人本国法的变动不会单方面的改变借款人的还款义务。[①] 合同履行的确定性和可预期性可以更好地保护外国贷款人的利益。期望在合同中将准据法的内容"冻结"于合同订立之时并不现实,准据法内容的变动仍会影响到当事人间的权利与义务。

但在当事人缔约能力的法律适用中,准据法的隔离也有其实践意义。在"科伦沃特诉匈牙利制棉公司案"(Kleinwort Sons v. Ungarische Baumwolle Industrie)[②]中,英国上诉法院判决,涉案合同的准据法是英国法,合同的履行可能因在该合同缔结之后一方当事人注册地所在国的法律发生变化而导致违反该方当事人注册地所在国的法律,但该合同必须根据其约定条款履行,因为该合同与其缔结之后发生的法律变化无关,除非该合同一方当事人注册地所在国法律是该合同的适用法。[③] 这样的法律处理是出于公共目的和公正态度,因而是善意而合理的,有利于规避合同风险,保证合同双方当事人的利益。

4. 准据法隔离的限制

在实践中,准据法的隔离仍受到种种限制,主要包括以下两点:首先,与合同有关的标的或可执行财产位于借款人所属国。如果这样,那么即使将准据法隔离于借款人所在国之外,若在借款人所属国进行诉讼,法院仍可能因外国准据法与本国法冲突为由拒绝适用准据法,而适用本国法。即使在外国诉讼,对于贷款人有利的判决最终仍需要到借款人所在国法院承认和执行,有可能面临同样的问题。其次,如果借款人所属国是国际货币基金组织成员国,那么其外汇管制法律的变动有可能得到同属国际货币基金组织的贷款人所在国的承认,[④]进而影响到借款人的还款。

---

① See Philip R. Wood, *Conflict of Laws and International Finance*, Sweet & Maxwell, 2007, p. 16.

② Kleinwort Sons & Co. v. Ungarische Baumwolle Industrie Akt [1939] 2 K. B. 678, 694 und 697 (C. A.).

③ 参见刘冰:《试论国际银团贷款的法律适用问题》,载《金融科学》2000 年第 3 期。

④ Article VIII 2(b) of the Agreement of the International Monetary Fund provides: "Exchange contracts which involve the currency of any member and which are contrary to the exchange control regulations of that member maintained or imposed consistently with this Agreement shall be unenforceable in the territories of any member. In addition, members may, by mutual accord, cooperate in measures for the purpose of making the exchange control regulations of either member more effective, provided that such measures and regulations are consistent with this Agreement."

第六章　金融工具合同的法律适用

金融工具(financial instrument)是指在金融市场中可交易的金融资产,是用来证明交易者之间融通货币余缺的书面证明,最基本的要素为支付金额与支付条件。金融工具分为两大类:现金类和衍生类。现金类分为证券类和其他现金类(如贷款、存款);衍生类分为在交易所交易的和柜台交易的金融衍生品,也称为场内交易衍生品和场外交易衍生品(over the counter derivatives)。《罗马条例Ⅰ》对有关金融工具合同的法律适用问题作了规定,①本书将据此展开讨论。

第一节　金融工具法律适用规则的特殊性

一、金融工具交易的内涵与法律冲突

费希尔·布莱克(Ficher Black)在1995年的一句话道出了金融衍生工具的多变性与多样性:"有了金融衍生工具,你几乎可以拥有任何想要的报酬形态(payoff pattern),只要你可以把它画在纸上,或者以语言文字描述出来,就有人可以为你设计出任何你想要

---

① 在《罗马条例Ⅰ》中,涉及"金融工具"(financial instrument)的条款包括前言第18条、第26条、第28条、第30条,以及正文第4条、第6条。

的报酬形态的衍生工具。”①金融工具，又称金融衍生工具、衍生性金融商品，是一种由现货市场之标的资产(underlying cash assets)衍生出来的融资方式。国际互换及衍生协会(International Swap Derivative Association，ISDA)就衍生性金融商品下了定义：“为一种以移转风险为目的，而互易现金流量的双务合同，而于当事人约定于契约届满期时，依标的资产并参考利率或指数的价格来决定债权额的大小。”中国台湾地区“金融服务法”②(草案)第7条，也对“衍生性金融商品”作出定义：本规定所称衍生性金融商品，指其价值由资产、利率、汇率、指数或其他标的等商品所衍生之远期契约、选择权契约、期货契约、期货选择权契约、杠杆保证金契约、交换契约，或上述两种以上商品组合而成之复合式契约(第1项)。前项所称远期契约，不含保险契约、售后服务契约、长期租赁契约及长期进、销货合约及其他主管机关公告之契约(第2项)。

美国经济学家弗兰克·法伯齐(Frank Fabozzi)从经济学角度将金融工具定义为：“一些合同给予合同持有者某种义务或对某一种金融资产进行买卖的选择权，这些合同的价值由其交易的金融资产的价格决定，相应的这些合同被称为衍生工具。”③国内有学者将金融工具定义为：“衍生金融商品是以货币、债券、股票等传统金融商品为基础，以杠杆或信用交易为特征的金融工具。它既指一类特定的交易方式，也指由这种交易方式形成的一系列合约。”④

综上所述，不论学者和法律之间对于金融工具的定义有何分歧，基本上都承认金融工具实际上是一种合约，以融资为目的，通过复杂的权利义务结构(如以公司法为基础的权利义务构成的股票和以合同法为基础构成的债券、信用违约互换等)⑤向客户提供服务。

---

① See Jack Clark Francis, *The Handbook of Equity Derivatives*, Willey & Sons, 2000, p.4.

② 2007年，我国台湾地区金融监管机构拟定“金融服务法(草案)”，但由于该“草案”内容庞杂，既得利益难以平衡，难以继续推进。但我国台湾地区深受2008年金融危机影响，以联动债为主要形式的侵害金融消费者权益的现象引起了各界关注。我国台湾地区“金融服务法”的一个重点方面——“金融消费者保护法”实现突破，并于2011年12月30日起施行。参见孙天琦、袁静文：《国际金融消费者保护的改革进展与趋势》，载《西安交通大学学报》(社会科学版)2012年第5期。

③ 参见[美]弗兰克·法伯齐等：《资本市场：机构与工具》，汪涛译，中国人民大学出版社2010年版，第14页。

④ 参见王建国：《衍生金融产品》，西南财经大学出版社1997年版，第2页。

⑤ See Francisco J Garcimartin Alferez, “The Rome Ⅰ Regulation: Exceptions to the Rule on Consumer Contracts and Financial Instruments”, 1 *Journal of Private International Law* 5, 2009, p. 90.

金融工具的内涵决定了其交易纠纷分为以下几种类型：一是投资者与中间商之间的纠纷；二是交易所与其会员之间的纠纷；三是交易所会员之间的纠纷；四是投资者之间的纠纷。① 法律冲突主要体现在以下五个方面：一是金融工具的上市机构和投资者所分属不同的国家或法域间的法律冲突；二是金融工具的上市地不在上市机构所在的国境或法域内产生的法律冲突；三是金融工具以上市地所在国货币或其他第三方货币为面值；四是金融工具的交易者与中间商、交易所分属不同的国家或法域间的法律冲突；五是金融工具的法律适用涉及上市机构所在国的法律、发行地和交易地所在国法律以及市场交易规则等。②

二、《罗马条例Ⅰ》对金融工具的分类

《罗马条例Ⅰ》第4条引用了《金融工具市场指令》③附录一中的内容以细

---

① 与一般的金融工具交易纠纷相比，涉外金融工具交易纠纷更复杂，对违法行为追究民事责任的法律冲突更加明显：第一，因跨国或区域，当事人的确定更复杂。涉外金融工具的上市与交易的共同特点是其行为超出一国国界或涉及两个以上法域，主要体现在：一是本国的机构或个人到外国上市或交易金融工具；二是外国的机构或个人到本国上市或交易金融工具；三是外国中间商到本国交易所从事金融工具交易，或进行其他相关活动；四是本国的中间商到外国的交易所从事金融工具交易，或进行其他相关活动；五是外国的投资者委托本国的中间商或其他机构从事本国或外国的金融工具买卖，或进行其他相关活动；六是本国的投资者委托外国的中间商从事本国或外国的金融工具买卖，或进行其他相关活动。因金融工具交易所、中间商、登记结算机构、投资咨询机构、评级机构、担保机构、发行机构、投资者等引起的涉外行为，需确立其身份，以适用法律和确定管辖法院。但是，由于各个国家或法域对行为人的主体资格的条件认定并不完全相同，所以经常会发生法律冲突。第二，因交易涉及两个以上国家或法域，其纠纷的法律属性认定会更加复杂。由于各国有关金融工具的法律制度不同，所以在涉及产品上市和交易过程中的纠纷处理时的法律认定也不同。特别是网络交易平台的建立，使传统的地域性被无形消除，打破了各国金融工具市场的地域分割，改变了这一市场的参与者的数量、参与深度及参与广度。在这种情况下，各市场主体之间的权利与义务进行了新的平衡，有关法院管辖的联结点被打乱，如何选择准据法变得更加艰难，要认定交易纠纷责任的承担也更不容易。就涉外金融工具交易的自身性质而言，是属于国际民商事法律关系的范畴，构成国际私法的调整对象。尽管各国在监管层面上的立法日趋相同，特别是这次金融危机后，各主要金融大国在加紧金融监管的协调，但是金融工具交易的国内法律，如合同法、担保法、代理法、侵权法、公司法、证券法、期货法以及其他相关实体法律和诉讼制度仍然存在显著差异。所以，这就既要遵循国际私法的总原则和一般制度，以选择最相适应的内国法律，又要考虑到各个国家内国法的具体规定。

② 参见杨峰、涂永前：《跨境证券侵权损害赔偿法律适用问题研究》，载《法律科学》2009年第2期。

③ Directive 2004/39/EC of the European Parliament and of the Council of 21 April 2004 on markets in financial instruments.

分其所调整的金融工具的种类，[①]主要包括：(1)可转让证券(包括在金融市场上交易的股份与债券)；(2)金融货币市场工具；(3)集体投资计划；(4)期权、期货、互换、期货汇率以及与证券、货币、利率及其他金融指数相关的衍生工具合约；(5)期权、互换以及其他与商品相关的衍生工具合约；(6)信用违约交换；(7)金融差价合约；(8)与气候变化相关的衍生工具合约。[②] 以上基本涵盖了在多边交易系统下与收购要约、附购股权的证券发行相关的金融工具。

三、金融工具合同定性对法律适用的影响

随着金融自由化与国际化的深入发展，金融工具的购销已蔚为潮流，无论企业、个人或金融机构都可以以此作为融资的工具，如雨后春笋般不断创新，金融工具的法律适用也成为值得研究的问题。金融工具的非实体化结构以及在电子化条件下跨国交易的便利和金融创新的高科技化，使法律适用问题更复杂。

首先应当在复杂的问题中找到研究的线索，笔者以两个关联性的问题进行研究，并作为研究的线索：(1)定性：就金融工具合同的性质而言，其究竟是传统合同形式的一种发展，还是一种完全新型的合同形式？(2)法律适用规则：传统的法律适用规则能否适用？若须变革，则在那些方面？

定性问题是法律适用的前提。我们尝试对金融工具合同进行定性，考察是否属于某种业已立法成熟的合同形式。在对金融工具所产生的作用方面，学界的意见较为一致，包括：(1)投资组合管理(portfolio management)，对资产进行多元化管理，即按照投资者的需求，选择各种各样的资产进行组合，然后管理这些投资组合，以实现分散风险、提高效率的投资目的；(2)套期保值(hedging)，把期货市场当作转移价格风险的场所，利用期货合约作为将来在现货市场上交易商品的临时替代物，对其现在买进准备以后售出商品，或对将来需要买进商品的价格进行保险；(3)投机(speculation)，投机与保值恰好相反，投机不是避免实体和虚拟商品价格的不断变动中所出现的风险，而是接受或利用风险。投机不是要尽量减少损失，而是要最大限度地追求利润。根据金融工具所产生的作用，学界对其定性有以下几种观点。

观点一，基于金融工具的内容是当事人双方根据身份不同，包括交易所、

---

① Para. 30 of the Recital of the Rome Ⅰ Regulation.

② Annex 1, Section C of the MiFID.

经纪人、投资人等所承诺应许的一系列债务，因而可以被视为“相互贷款合同”（mutual loan agreement）。[①] 但反对者认为，根据目前国际上公认的金融工具格式合同，包括 ISDA 主协议，[②]《欧洲金融交易主协议》（European Master Agreement）[③]等业已基于会计核算等原因而明确排除了金融工具的贷款合同属性。[④]

观点二，基于金融工具主要被用来在特定交易中作为对冲风险的手段，因而可以被视为“保险合同”（insurance contract）。[⑤] 但反对者认为，保险业掺杂着更多的公法因素，尤其是在执业许可和保险服务方面与金融工具的这种定性格格不入。[⑥]

观点三，基于金融工具的内容是当事人间对金融产品进行交易，因而可以被纳入销售合同的范畴。例如，掉期合同规定当事人间在一定时间段内交换一系列现金流，可以被视为是一种以物易物的买卖合同形式（barter agreement）。反对的意见认为，金融工具合同的标的在合同缔结之时实际上是不存在的，只有在特定的条件发生时才产生。换言之，金融工具合同并不是围绕着某种客观商品的购销而缔结，实际上该商品是随着金融工具合同的生效而产生，合同标的具有不确定性，无法纳入买卖合同的范畴。[⑦]

金融业是提供虚拟的金融服务，而非物质化产品。在现金类金融工具方面，除金融机构向投资者根据合同支付汇率差价之外，银行与客户之间以存款和贷款为对象成立合同，银行以返还存款本息的方式或者按要求提供贷款的方式提供金融服务。而衍生类金融工具的实质是由一系列权利与义务的集合所构成，由金融机构向投资者根据特定条件下权利义务的变化提供服务。

---

① See I. Rokas, “Articles 806 – 809” in A. Georgia-des & M. Stathopoulos, *Commentary of the Civil Code-vol. IV*: *Special law of obligations*, *Articles* 741 – 946, Law & Economy, 1982.

② ISDA Master Agreement.

③ European Master Agreement, ISDA, Accessed on Feb. 28, 2018. http://www.ebf-fbe.eu/index.php? page = ema.

④ See P. Goris, *The Legal Aspect of Swaps*, Kluwer Law International, 1994, p. 32.

⑤ See I. Rokas, *Private Insurance*: *Law of the Insurance Contract and the Insurance Enterprise*, Law & Economy, 2006, passim.

⑥ See Ch. Tarnanidou, *Derivatives Contracts of the Financial Sector*, Law & Economy, 2006, p. 379.

⑦ See Charles Proctor, *International Payment Obligations*: *A Legal Perspective*, Butterworths Publishing, 1997, p. 221.

《罗马条例Ⅰ》虽然没有明确把金融工具合同纳入服务合同的范畴,而是专门规定了“在多边体系下订立的合同”。实际上,《罗马条例Ⅰ》在行文中对金融工具合同所提供的标的,是金融服务这一点多有支持。① 因而笔者认为,金融工具合同本质上属于服务合同,但基于与传统合同形式所不同的创新性而在多边交易系统中缔结。金融工具合同的此种定性对于法律适用的确定息息相关,又相互印证。

在将金融工具合同定性为服务合同后,依据《罗马条例Ⅰ》第4条第1款第2项“服务合同,依服务提供者的经常居所地法”和第8项“在多边体系下订立的合同,如果依照非自由裁量规则和唯一的法律,该多边体系能集结或有助于集结在《第2004/39号(欧共体)指令》第4条第1款第17项所指的融资手段下的众多第三人买入和卖出利益,则依该唯一的法律”,可以归纳出金融工具合同法律适用规则具有三个层次,即当事人选择法律的意思自治原则、未选择法律的最密切联系原则、准据法的适用限制,并将在下文中予以证明。

第二节　意思自治:格式化的选择条款与限制

一、格式化的法律选择条款

双方当事人有权按《罗马条例Ⅰ》第3条的规定按意思自治原则选择适用于合同的法律。选择法律可以是适用于合同整体,或者是根据同一金融工具中不同的权利义务关系而分割适用法律。目前90%以上的金融衍生品交易采用ISDA主协议作为格式化合同,②而基于英国和美国纽约州具有极完备和先进的金融法规与判例,ISDA主协议中基本上选择适用英国法或美国纽约州法。③ 在证券和场内金融衍生品交易合同中,经常是在金融机构提供的格

① 《罗马条例Ⅰ》前言第26条规定:“为本条例之目的,《第2004/39号(欧共体)指令》附录IA和B部分所指的专业营销人员为消费者提供的诸如证券服务、投资服务和从属服务等各种金融服务……则该援引应包括发行者、发售者对消费者负有义务的各个方面,但与提供融资服务相关的那些方面不在此列。”《罗马条例Ⅰ》第6条规定:“……与融资手段相关的权利和义务,以及作为决定发行、向公众发售或公开收购可转让证券的条件以及认购或赎回共同投资企业股份条件的权利和义务,但以这些活动不涉及提供融资服务为限。”

② 据权威国际金融市场争议解决组织(P. R. I. M. E. Finance)统计,ISDA占到场外金融衍生工具合同的90%以上,See www. primefinancedisputes. org, Accessed on Fed. 28, 2018。

③ See Philip Wood, *Conflict of Laws and International Finance*, Sweet and Maxwell, 2007, p. 423.

式条款中规定适用多边交易系统的法律。

二、强制性规则对意思自治的限制

《罗马条例Ⅰ》授权成员国法院,可以基于维护本国或者第三国公共利益的理由直接适用内国或第三国强制性规则,排除本应适用于合同的准据法。①强制性规则的设置,体现了《罗马条例Ⅰ》在推进法律适用规则统一化的同时,对成员国公共利益的尊重。为保证欧洲统一市场的构建不受强制性规则的过度阻滞,欧盟立法者对强制性规则的适用进行了限制。虽然适用强制性规则可以排除合同准据法的适用,但不得导致合同的无效。同时,法院在行使裁量权时,应当综合考虑强制性规则的内容、性质、目的以及适用将产生的后果是否与服务自由原则的基本精神相悖,②不得以成员国本国利益代替统一市场的共同利益。

比如,法国和德国等国素以实行严格的非专业性投资者保护著称,在其他监管标准宽松的成员国设立的金融机构可以利用特定类型服务的监管差异向位于法德的投资者提供服务。适用金融机构所在地法律的结果,一方面对投资者保护的力度明显不如法国和德国(投资者经常居所地法),而且法国和德国较为严格的监管使位于其境内的服务提供者的竞争力受到影响,这无疑会造成对东道国金融机构的反向歧视,损害东道国的公共利益。③ 强制性规则赋予法院考量公平适用法律结果的权力,避免不公平竞争。

三、消费者保护规则对意思自治的限制

为了防止合同当事人一方处于优势地位造成实质上的不平等,通常对处于优势地位一方的法律选择加以限制,法院有权审查合同一方的法律选择权是否构成对另一方的损害。符合特定条件的合同适用消费者经常居所地法的条件,应当有助于维护消费者利益,在合同的准据法没有提供充分保护的情况下,适用旨在维护消费者利益的强制规则通常不会引发重叠监管。上述保护

---

① Article 9(1) of the Rome Ⅰ Regulation.

② 参见刘轶:《冲突规则也适用服务自由原则吗? ——以欧盟金融服务法为视角》,载北大法律信息网:http://article. chinalawinfo. com/Article_Detail. asp? ArticleId = 35122#m4,最后访问日期:2018 年 2 月 28 日。

③ 参见李仁真、刘轶:《论欧盟金融服务法中的相互承认原则》,载《法学评论》2006 年第 4 期。

性规则主要是在非歧视的基础上实施的,不会限制来自其他成员国的服务提供者进入消费者经常居所地市场。①

适用消费者经常居所地法,并没有完全排斥当事人自主选择合同准据法的权利。金融工具合同的权利义务仍然适用其准据法,只是在消费者保护方面适用了消费者经常居所地的保护性规则。②

第三节　最密切联系:交易系统所在地法模式

一、无法律选择条款金融工具合同的法律适用

在没有当事人意思自治选择法律的情况下,根据《罗马条例Ⅰ》的规定,在多边交易系统中进行结算的金融工具合同适用该系统所在地法,主要包括上市证券和场内金融衍生品合同。在未选择法律的场外金融衍生品交易合同中,则应当依据最密切联系原则,适用交易行为地法,通常是持有该交易账户的金融机构所在地法。

在《罗马条例Ⅰ》中没有对多边交易系统作出明确定义,而仅在第4条第1款第8项中提到,其是以促进多边金融工具交易为目的,有其自身的规则,并适用单一的法律制度。与其相近似的是在欧盟《金融工具市场指令》中首次提出的多边交易设施(multilateral trading facility)的概念,其第4条第1款第15项规定:"多边交易设施是指,由一投资公司或市场经营者运行的多边系统,汇集多方在该系统根据一定规则进行金融工具交易。"③可见,多边交易系统是由银行、投资公司、证券交易所等提供的交易平台,投资人可以借助该系

---

① See Apostolos A. Gkoutzinis, "Free Movement of Services in the EC Treaty and the Law of Contractual Obligations Relating to Banking and Financial Services", *Common Market Law Review* 41, 2004, pp. 119 – 175.

② 参见刘轶:《冲突规则也适用服务自由原则吗?——以欧盟金融服务法为视角》,载北大信息网:http://article.chinalawinfo.com/Article_Detail.asp? ArticleId = 35122#m4,最后访问日期:2018年2月28日。

③ 从2006年年底开始,全球顶尖的七家投资银行——花旗集团、美林、高盛、摩根士丹利、德意志银行、瑞士信贷和瑞士银行,决定在欧洲成立一个新的公司即"联合公司",并委托该公司组建一个泛欧洲股票交易系统,以便提高欧洲现货市场的交易量。该交易系统被冠名为"绿松石"(Turquoise)计划。作为一种新型的证券交易场所,"绿松石"交易系统不仅能降低购买和出售股票的成本,提升证券价格和交易量的透明度,还能帮助更好地进行大宗股票交易。参见蔺捷:《〈金融工具市场指令〉对交易场所间竞争的影响》,载《证券市场导报》2008年第7期。

统跨国购销股票、公司债券、证券等金融工具。[①] 因而在多边交易系统中进行的金融工具交易双方当事人没有选择法律之时，合同的准据法应该为该系统所适用的法律。

二、多边交易系统的内涵及作用

按照欧盟《金融工具市场指令》的定义，“多边交易系统”是指由一个投资公司或一个市场经营者运行的系统，通过这个系统并按照某种交易规则来集合多方投资者金融工具进行利益交易，并达成合同。在此首先要对一级市场和二级市场，以及多边交易系统等层级进行区分。一级市场，是指向投资者首次发行和配售某一金融证券（如股票或者债券），即证券的首次公开发行（initial public offer）。证券的首次发行虽可以由发行人直接进行，但通常是通过金融中介机构，即承销商来进行的。无论采用何种方法，证券的发行招募和随后的首次发行都不是在证券交易所进行的。[②] 并且证券的发行也不以在特定证券市场上市为条件。二级市场，是指证券发行完成后的交易活动。交易可以在许多场所进行，包括场内交易和场外交易，前者即指在正规证券交易所中进行交易；后者包括其他形式的有组织交易系统，通常被称为多边交易系统（multilateral trading facilities）或者替代交易系统（alternative trading systems）。[③]

多边交易系统涵盖了多种形式的交易系统和机制，主要有三种类型：一是多边交易系统（multilateral trading system）；二是双边交易系统（bilateral trading systems）；三是公告交易系统（bulletin boards）。欧盟《金融工具市场指令》明确认可了前两种类型的交易系统，并对第一种类型作了定义：“多边交易系统是指由投资公司或者市场运营机构运营的系统，该系统根据非由其自主确定的规则，撮合众多第三方通过该系统签订符合本指令第二部分条款要求的合同，从而进行金融产品的交易。”[④]从法律的角度来看，对于多边交易系统的监管规定更灵活且具体的要求较少，这就为其自律管理预留了更大的

---

① See Charles Proctor, *The Law and Practice of International Banking*, Oxford University Press, 2010, p. 661.

② 参见［西］戈西马丁·阿尔弗雷泽：《跨境上市：国际资本市场的法律问题》，刘轶、卢青译，法律出版社2010年版，第60页。

③ See Christoph Kumpan, “Carrot and Stick—The EU’s Response to New Securities Trading Systems”, *European Company and Financial Law Review*, Vol. 3(4), 2006, pp. 383 – 407.

④ Article 4(1)(15) of the MiFID.

空间。

多边交易系统的出现,给现行的金融体系带来了两项主要挑战:第一,多边交易系统具有低门槛、低成本、无边界和开放性的特点,由于监管的缺失或较松散,对传统交易所、受监管中间机构的业务产生了强烈冲击。第二,一些国际大型金融机构通过这些系统交易各种类型的金融工具和衍生产品,这些多边交易系统就像是一张将各个机构和全球金融市场紧密连接起来的无形网络,这个网络极易受一个或多个对手方引发的一系列冲击和变化的影响。对多边交易系统进行有效监管的要求,也波及对于在多边交易系统中所缔结和履行的合同的法律适用,一方面需要保证法律适用的稳定和确定性以免致使金融市场出现紊乱,另一方面也要考虑到法律适用须便利于合同缔结和履行的影响。

三、多边交易系统所在地法适用的合理性

在统一国际私法规则中,没有关于金融工具交易的专门法律适用规则,这意味着除非当事人合意选择,合同适用法律应为金融机构所在地法或服务提供方经常居所地法,或与合同有最密切联系的法律。[①] 而《罗马条例Ⅰ》中的规则体现了最密切联系原则的价值要求,该规则承认了与合同具有最密切联系的不是卖方经常居所地,而是多边交易系统所在地。

该规则的合理性在于三点:首先,该规则保证了金融市场在有关市场组织与监管的公法事务方面和市场交易的私法事务方面都适用同一国家的法律,避免了法律适用不一致造成交易成本的增加,且有利于保证法律秩序的稳定。[②] 其次,金融市场的特点之一,就是不考虑交易当事人的身份、国籍或经常居所地而对交易适用同一个法律。金融市场通常是高度组织化的市场,对于在市场内部的所有参与人和交易适用一系列通行规则,因而金融市场内所缔结和履行的合同都适用同一法律更有效率,即金融市场所在地法,亦即上文所称之多边交易系统所在地法。最后,金融市场通常是一种匿名市场,交易双方在大多数交易中并不了解对方的情况,在这种情况下,单方面地适用卖方经

---

① See Christoph Reithmann & Dieter Martiny ed., *Internationales Vertragrecht*, Otto Schmidt Publishing, 2004, p. 984.

② See Francisco J Garcimartin Alferez, "The Rome Ⅰ Regulation: Exceptions to the Rule on Consumer Contracts and Financial Instruments", 1 *Journal of Private International Law* 5, 2009, p. 99.

常居所地法难以平衡双方当事人的权利义务关系，适用多边交易系统所在地的法律更有利于交易的可预见性。

第四节　消费者保护：特定合同中的排除适用

《罗马条例Ⅰ》规定了对于特定合同形式中消费者经常居所地法的排除适用。金融工具的投资人可能包括消费者和经营者，并且可能位于不同国家，若对于消费者适用其经常居所地法，那么会致使同一金融工具的投资人间合同法律适用的不一致，而造成法律成本的提高。同时，若金融工具所涉及的资产位于不同国家而适用不同国家的法律，可能造成金融工具法律性质的变化和不稳定。

消费者经常居所地法的排除，适用以本节所述三种合同不涉及融资服务为限。融资服务指的是投资者与证券公司或银行等金融机构之间签订服务合同，由证券公司或银行作为经纪人代理进行上述三种合同的投资业务。融资服务合同不在《罗马条例Ⅰ》排除适用的范围内，当事人间所选择的法律不得剥夺消费者经常居所地法对其提供的保护。

一般只有经纪人等"专业人员"才能成为场内金融衍生品和证券交易合同的主体，因而《罗马条例Ⅰ》第4条第1款第8项仅适用于经纪人或所谓"专业人员"与交易所之间，投资人不成为这些合同的主体。但投资人与经纪人之间的协议则可以适用《罗马条例Ⅰ》中的消费者保护规则。

一、在多边交易系统中结算的金融工具合同

在多边交易系统中，一般需要由交易机构对结算提供担保，只有交易机构的经纪人才可以在该系统中进行交易。合同通常是在交易双方的经纪人之间缔结，经纪人总是扮演着当事人与交易机构的委托人的角色。在实践中，当事人通常明示选择交易所所在地法或多边交易系统所在地法；即使当事人没有选择法律，根据有关《罗马条例Ⅰ》第4条第2款中所述合同特征性履行的条款，发行商经纪人在交易所或多边交易系统中所履行的义务也应作为合同法律适用的主要考虑因素。因此，在作为交易系统的某国证券交易所缔结的所有证券交易合同都将适用该国法，而不考虑包括经纪人的身份、证券发行人的国籍以及投资者（包括消费者）所在国等因素。

二、金融工具的本体构成

在《罗马条例Ⅰ》第6条第4款第4项中，使用的术语是“构成”(constitute)金融工具的权利与义务，这指的是金融工具本身，而不是以金融工具为对象的交易合同，在特定情况下，金融工具转让的合同仍然可以适用第6条的规定而适用消费者经常居所地法。

金融工具并不是单纯的一个双方买卖合同，而是与股份或债券等有关的、众多当事人权利义务的复杂组合。金融工具是“一揽子”公司法基础上的权利与义务的组合，服务合同是“一揽子”合同法基础上的权利与义务的组合。金融机构向客户出售金融工具，等于缔结了一系列合同。

同类的权利与义务有机地结合起来，形成种类性和标准化的金融工具，因而这些权利与义务应当适用同一个法律，原则上说同一种类型的金融工具都应当赋予所有人相同的权利。然而，若金融工具的法律适用根据投资人的经常居所地不同而变化，有可能将导致同一种金融工具在不同持有人手中产生的权利义务不同，而使金融市场难以有效的运作和监管。为避免这种情况的出现，《罗马条例Ⅰ》第6条中规定了对于构成金融工具的权利与义务不适用消费者经常居所地法，并在其序言中强调：应确保构成金融工具的各种权利与义务不受适用于消费者合同的一般规则支配，因为这会导致对所发行的每种金融工具适用不同法律，这样将改变金融工具的特性，妨碍其交易和发行。[①]

将金融工具的本体构成排除在消费者经常居所地法的适用范围之外，这意味着持有股票交易期权的外国当事人，不能以该期权不符合其本国法的规定而质疑其效力。同样地，购买公司股票或债券的外国客户不得援引其本国法以质疑公司所在国的法律赋予公司股票或债券的效力。[②]《罗马条例Ⅰ》将消费者保护法律适用规则排除在金融工具的适用范围之外，意在保证公司与其众多的股票或债券持有人适用同一个法律。

金融工具的可替代性对于交易来说很重要，金融工具可以赋予投资人特定的权利，而不受投资人本国法律的影响。特定类型的金融工具将赋予持有人特定的权利，不仅在发行人与投资人之间，而且在投资人之间产生权利与义务关系。例如，一个与公司债券有关的合同中常常包括诸如会议、表决、决议

---

① Para. 28 of the Recital of the Rome Ⅰ Regulation.

② 根据《罗马条例Ⅰ》第1条第2款第5项，《罗马条例Ⅰ》不适用于与公司法有关的问题。

执行等事务，不仅约束债券持有人之间，也约束持有人与公司之间的权利与义务。如若适用消费者经常居所地法，将会造成同一公司的债券或股票持有人之间的权利义务都不相同的现象，势必会造成公司管理和金融工具权利义务履行的紊乱。

《罗马条例Ⅰ》第1条第2款开宗明义地排除了对于流通性票据、信托以及与公司法有关的事项的适用，[①]流通性票据、与公司股票持有人权利有关的义务不适用消费者经常居所地法。但是金融工具的种类繁多，不仅仅包括股权和流通性票据，《罗马条例Ⅰ》第1条第2款仅排除了一部分类型金融工具的适用。因而在第6条第4款第4项中进一步详细阐明了金融工具的范围，并强调消费者保护规则不适用于金融工具的本体构成。

在排除了消费者经常居所地法的适用之后，具合同法性质的金融工具转让的法律适用应当由《罗马条例Ⅰ》第3条和第4条确定，若当事人双方在合同中订立了有效的法律选择条款，则当事人选择的法律应得以适用；[②]若当事人在合同中没有选择法律适用，则该金融工具应适用特征性履行一方当事人的经常居所地国的法律。[③] 在金融衍生品交易中，权利义务关系更复杂，更多的纳入了双务合同的形式，若难以确定特征性履行，则金融工具将适用与之有最密切联系地的法律。[④] 而依上文所述，具公司法性质的金融工具因为已经排除在《罗马条例Ⅰ》消费者合同的适用范围之外，其法律适用也应依最密切联系的法律，即公司所在地法（*lex societatis*）支配。[⑤]

三、公开发行、发售或认购可转让证券合同

综上所述，《罗马条例Ⅰ》规定构成金融工具的本体构成不能适用消费者经常居所地法，但这个限制不适用于金融工具的转让合同。金融工具转让合同适用《罗马条例Ⅰ》第6条的规定，但作为例外，证券公开发行合同[⑥]不适用

---

① Article 1(2)(d), (f) and (g) of the Rome Ⅰ Regulation.

② Article 3 of the Rome Ⅰ Regulation.

③ Article 4(2) of the Rome Ⅰ Regulation.

④ Article 4(4) of the Rome Ⅰ Regulation.

⑤ See Francisco J Garcimartin Alferez, "The Rome Ⅰ Regulation: Exceptions to the Rule on Consumer Contracts and Financial Instruments", *Journal of Private International Law*, Vol. 5(1), 2009, p. 91.

⑥ Article 6(4)(d) of the Rome Ⅰ Regulation.

消费者经常居所地法。《罗马条例Ⅰ》第6条规定其不适用于"作为决定发行、向公众发售或公开收购可转让证券的条件"。这一例外规定旨在涵盖一级市场和二级市场中的公开发行合同类型,即公开发售或认购证券(issuance or offer to the public)合同和公开股票收购(public takeover bids)合同。

将公开发行、发售或公开收购可转让证券的合同排除在《罗马条例Ⅰ》第6条适用之外的原因,与排除该条适用于金融工具本体构成的原理相同,即"无论何时发行或发售这种金融工具,为确保发行或发售条件的统一性,发行者或发售者与消费者之间业已建立的合同关系并不必然强行适用消费者的经常居所地法"。[①] 如果第6条适用于公开发行、发售和收购可转让证券合同,则发行人和发售人很可能将受制于来自不同国家投资人的经常居所地国的强制性规则。这虽然不会直接增加成本,但会导致同一项可转让证券适用不同的准据法,比如要约有效期、要约的条件、超额认购量分配、订单撤回以及支付方式等。

将公开发行可转让证券合同排除在《罗马条例Ⅰ》第6条之外,有利于吸引跨国投资人:一方面,有利于保证合同权利义务仅适用一个法律;另一方面,避免了受各国投资人本国法的牵制,因为各国在是否应当把规制消费者合同中不公平条款适用于公开发行证券合同都有不同的立法标准。[②]《罗马条例Ⅰ》出台后,双方当事人可以选择合同的准据法,而关于合同不公平条款的规定也应适用合同准据法,保证了法律适用的一致和确定性。

《罗马条例Ⅰ》规定了在公开募股中不适用消费者保护法,然因为股份发行人和发售人对于买方的资格与身份有更强的控制力,而对于私募股份则未加限制。作为例外,该条款对于卖主私募股份和公司发行新的股份依然不适用消费者保护法,因为:(1)认购人可能居住在不同的国家,要求发行人或出售人熟知每个客户的本国法并不合理;(2)基于该金融工具发行所产生的权利应当是无差别的,认购人不应当仅因为其居住在一个有特别立法保护消费者利益的国家而享有比发行人或发售人更多的权利;(3)认购人应当受到该金融工具发行应适用的法律保护,包括合同中误导性的条款、表述不实等相关诉求的赔偿。

---

① Para. 28 of the Recital of the Rome Ⅰ Regulation.

② See Christoph Kumpan, "Carrot and Stick: The EU's Response to New Securities Trading Systems", *European Company and Financial Law Review*, Vol. 3(4), 2006, pp. 383-407.

四、共同投资企业股份认购或赎回合同

在《金融工具市场指令》中，金融工具的范畴包括了许多类型的集体投资组合，[①]但是除此之外，仍有一系列与集体投资组合有关的合同没有被列入该指令的范围之内。为弥补这个缺漏，《罗马条例 I》第 6 条第 4 款第 4 项特别规定了共同投资企业股份认购或赎回合同排除消费者经常居所地的适用，但以该合同不涉及提供融资服务为限。所有认购人在赎回权、费用、知悉权方面以及所有关于集体投资项目的效力、结构、管理和操作都将适用同一个准据法，而不受认购人经常居所地法影响。

换言之，《罗马条例 I》第 6 条的消费者保护规则不适用于金融机构提供的大部分金融服务，包括保管、管理金融工具、代理订单或提供投资建议等，同时排除对于欧盟《金融工具市场指令》附录 I 中 A 和 B 部分所指的专业营销人员为消费者提供的诸如证券、投资等各种金融服务以及出让共同投资企业股份的合同，但是对于融资服务仍然适用。融资服务，指的是消费者与证券公司或银行之间签订服务合同，由证券公司或银行作为经纪人代理进行投资业务。[②] 融资服务合同不在《罗马条例 I》排除适用的范围内，当事人间所选择的法律不得剥夺消费者经常居所地法对其提供的保护。[③] 同时，将消费者经常居所地法排除在认购或赎回集体投资计划中某个单位合同的法律适用之外，也是基于上述持股情况与收购要约之间的关系。

第五节　《罗马条例 I》金融工具合同法律适用逻辑体系

在《罗马条例 I》第 4 条第 1 款第 8 项中，规定了连结点是合同须“缔结于”特定的金融市场，且该金融市场适用单一的法律。但《罗马条例 I》不能确定具有公法性质的金融市场规制法律，这条规定仅是意图在金融市场规制法和合同准据法之间建立一种联系，即适用同一国家的法律。

---

① Section C of Annex I of the MiFID.

② Para. 26 of the Recital of the Rome Ⅰ Regulation.

③ See Peter O. Mülber, The Eclipse of the Law of Contract from a German Perspective, in *Investor Protection in Europe*, ed. by Guido Ferrarini and Eddy Wymeersch, Oxford University Press, 2006, p. 299.

为确定某一金融市场所适用的法律，可以金融市场运营所依据之多边交易系统适用的法律，或授权和监管该金融市场的主管机关所在地法作为标准。从表面上看，这使《罗马条例Ⅰ》第3条有关当事人选法自由的规定显得多余，例如，当经纪人准备进行交易之时，应当预见到所有签订的合同可能都将适用多边交易系统所在地法。此外，有组织的交易市场适用单一的法律，对该市场的准入则须符合相关国家的公法或监管规则（包括监管机关职权、市场准入规则、市场操作规则等）。[①]《罗马条例Ⅰ》第4条第1款第8项规定在私法方面，金融市场中的交易也应适用同样的法律。即使金融市场是由不同的内国市场所组成，其所有交易也应当适用同样的法律，即在多边交易系统中所有的结算均将适用相同的法律。

综上所述，为保证多边交易系统的正常运行，需要所有交易都适用同一个法律，这也解释了为什么排除适用消费者经常居所地法。[②] 如果在跨国金融市场中的交易必须适用不同国籍的消费者经常居所地法，而且不能以合同改变该法律适用，那么该市场就可能困扰于复杂的法律适用问题中。因而在《罗马条例Ⅰ》的序言中也强调："应确保在这种多边交易系统中或者与这种系统的经营者订立的合同所适用的法律规则不受消费者经常居所地法的影响。"[③]

通常个人投资者在进行金融投资之时很少直接与证券交易所订立合同进行交易，而是通过经纪人或其他金融中间机构的形式，以经纪人的名义与证券交易所进行交易。而这些经纪人和金融中间机构并不能被界定为消费者，也不得利用其客户的身份寻求额外保护。因而在这种情况下缔结的合同不属于《罗马条例Ⅰ》第6条第1款消费者合同的范畴。在跨国金融市场的某些领域，例如在场外金融衍生品交易中，消费者也可能直接参与。或者，虽然消费者借助金融中间机构进行交易，该中间机构以消费者的名义代理交易，在这种情况下，合同的主体一方仍属于消费者的范畴。[④]《罗马条例Ⅰ》第6条第4款存在的重要性就在于保证跨国金融交易合同法律适用的确定性，不因投资人的消费者身份而发生法律适用的变化。

---

① Article 36(4) of the MiFID.

② Article 6(4)(e) of Rome Ⅰ Regulation.

③ Para. 28 of the Recital of the Rome Ⅰ Regulation.

④ See Christoph Reithmann & Dieter Martiny ed., *Internationales Vertragrecht*, Otto Schmidt Publishing, 2004, p. 984.

在实践中,很多金融工具交易具有私人合同的性质,那么如何对其法律适用进行规制也成为值得重视的问题。对此,《罗马条例Ⅰ》第6条第4款第1项规定了消费者经常居所地法不适用于“专门”在消费者的经常居所地国之外提供服务的合同。上述条款中“专门”(exclusively)这一用语表明了经营者只要在消费者的经常居所地提供服务的任何一部分,消费者保护规则就将得以适用,而不用考量在消费者的经常居所地之内和之外所提供服务的比例有多少。但关于“跨国服务”的内容难以界定,而且对服务提供的地点也容易模棱两可,给法律适用带来了困难。

首先,关于跨国服务的内容。如果金融机构收到一个外国投资人有关金融工具交易的要约邀请或是咨询,它可以向外国客户提供包括价格和其他问题的文件,或执行客户的指示并去函确认。该银行也可以作为经纪人代表客户持有另外一个银行或公司发行的证券,以上都属于跨国提供金融工具服务的范畴。其次,关于提供跨国服务的地点。上述服务都包括在金融机构与投资者间订立的合同中,金融机构在其本国向投资者发送相关的通知,并提供相关的信息。虽然投资者在其本国接收并履行位于外国的金融机构的通知,并不影响该服务的提供地点是金融机构所在地,也不改变国外服务的性质。

上述条款虽然没有明确表明适用于金融工具交易,但其对于跨国金融市场发展有着极其重要的意义,在所在地购买和使用金融工具的外国投资者将不能依据其本国消费者法来寻求对其利益的保护。这样提供金融工具服务的金融机构就不必知悉和研究其每个消费者的母国法,而可以统一适用多边交易系统或金融机构所在地法,这减轻了经营者的责任,更有利于跨国金融服务的开展。

第七章　银行信用担保合同的法律适用

在国际经济贸易交往中，因交易额通常较大，合同双方在项目中的投资越来越多，风险随之也显著增加。为避免和减轻不履约或履约不当带来的风险，保障交易安全，保障各项义务的顺利履行，有关当事人往往要求合同对方提供一种额外的担保方式，国际贸易中的担保制度正是顺应当事人的这种愿望而产生的。[①] 第二次世界大战后，尤其是20世纪70年代以后，国际贸易迅速发展，国际经济贸易的规模越来越大，传统的保证形式具有从属性，容易受到主合同的影响，在受益人实现保证权利的时候受到多种因素的限制，业已不能适应时代发展的需要。在这种背景下，商人和银行家在实践中逐步创立了一种新的担保形式——银行担保。[②] 在国际贸易实践中，银行基于良好的信用基础，其所提供的担保受到普遍的接受。但银行担保多出现在受学术著作影响的司法实践和国际惯例中，各国国内有关立法刚刚起步，滞后于银行

---

① 参见黄进主编：《国际私法》，法律出版社2005年版，第522页。

② 参见郭德香：《论银行担保的法律实践及其完善》，载《河北法学》2011年第5期。

担保在内国法院判例中所形成的法律规制体系，①在国内立法方面尚没有形成成熟的规制。

第一节　银行信用担保的主要类型

一、担保的主要形式及在跨国银行业中的发展

担保的基本形式主要包括物的担保（担保物权）和人的担保（信用担保）两种。两者分属不同的法律范畴：前者属于财产法或物权法的范畴；后者则属于债法或合同法的范畴。

物的担保（security interest），是指以确保债务清偿为目的，在债务人或第三人的有形财产或权利财产上设定的一种限定物权，如抵押权、质权、留置权等。在担保物权方面，目前仅有极少的国际公约与惯例，包括《金融担保指令》《1993年船舶优先权和抵押权公约》②等。这主要是因为各国在物权制度上存在很大的差异，而物权关系又是一种最重要的体现所有制的社会关系，因此各国很难就物权方面的法律取得一致。在发生法律冲突的情况下，各国总倾向于适用自己的法律以严格控制在位于本国的物上所设定的物权关系，这也是物之所在地法这一冲突规则得到广泛接受的原因之一。有关物权担保的法律冲突，传统上一般适用各国在物权领域的冲突规则。③ 但是随着国际金融业的发展，金融担保在担保物权领域的影响越来越大，尤其是证券抵押担保的发展，证券的权利证书向无纸化、电子化发展，由具有多个分支机构的发行人和中间人保管与经营，难以按传统方式确定其所在地，使传统的物之所在地法受到挑战。鉴于对不动产担保与普通动产担保的研究已经比较成熟，在物的担保方面本研究主要针对以证券抵押与质押的金融担保协议的法律适用问题。

人的担保（personal securities），是指自然人或法人依其自身的资产和信用

---

① 参见费安玲：《比较担保法》，中国政法大学出版社2004年版，第88～89页。

② International Convention on Maritime Liens and Mortgages，1993.

③ 参见黄进主编：《国际私法》，法律出版社2005年版，第528页。

为他人债务提供的担保，相比较而言目前在国际统一立法方面较普遍。[①] 当债务人不履行债务时，即由保证人（或担保人）承担债务履行的义务。在国际经济贸易中，保证人可以是自然人也可以是法人，但通常都是法人，如企业、商业银行、中央银行、保险公司、官方信贷机构、政府等。从债权人的角度来看，由公司、企业提供的担保没有银行或保险公司提供的担保安全，这不仅是因为前者的财务状况可能不够稳定，更主要是因为它们一般在商业上或经济上与主债务人有或多或少的联系，从而可能使保证人对抗债权人的请求或使债权人的受偿请求趋于无效。因此，债权人通常更倾向于要求信誉良好的银行提供担保。[②] 在国际贸易中，银行应其客户要求出具的担保常牵涉多个国家的当事人，在不同的当事人之间形成合同关系，因而分析跨国银行信用担保合同的法律适用问题，首先要厘清这些合同之间的关系。

二、银行依其信用提供的主要担保类型

银行依其信用提供的担保，根据其与主合同的关系以及权利和义务性质，主要可以分为三种类型。

第一种是传统的担保，即银行保证（suretyship）。虽然银行保证合同与基础合同是不同的合同，但银行保证相对于基础合同（underlying contract）而言，是从合同，保证债务对主债务具有从属性和补充性，在实务中主要表现为从属性银行保函。但对基础合同的依赖性使保证人在面对债权人的主张时可以援引主债务人的抗辩，这在很大程度上限制了银行保证的功能。

第二种是新型的担保，即银行独立担保（independent guarantee）。担保银行开出担保的行为与受益人接受担保的行为构成了两者之间不依附于基础合同而独立存在的一种新的合同关系，与基础合同的履行相脱离，其效力不依附于基础合同，在实务中主要表现为金融担保协议、见索即付银行保函与备用信用证等。金融担保协议是国际金融领域新兴的一种担保协议，以现金、贷款和

---

① 主要包括国际商会 1978 年《合同担保统一规则》（Uniform Rules for Contract Guarantees, URCG）、1992 年《见索即付统一规则》（Uniform Rules for Demand Guarantees, URDG）、1998 年《国际备用信用证惯例》（IS98）、2009 年《跟单信用证统一惯例》（Uniform Customs and Practice for Documontary Credits, UCP600）以及联合国国际贸易法委员会 1995 年通过并于 2000 年生效的《联合国独立保函与备用信用证公约》（United Nations Convention on Independent Guarantees and Stand-by Letters of Credit）等。

② 参见黄进主编：《国际私法》，法律出版社 2005 年版，第 522 页。

金融工具包括证券、债券等作为担保品。且基于金融担保协议的复杂性和高额度，一般排除自然人和小型公司作为当事人，而主要由银行、金融机构、大型企业等提供担保。① 银行保函与备用信用证，有相似之处，最初美国法律不允许银行开立保函，美国银行为规避这项限制而采用备用信用证这种担保方式，并将其纳入信用证范围，实质上是用于代申请人向受益人承担一定条件下付款或赔偿责任的银行保函。银行的付款只以备用信用证为依据，从表面上审查单据是否合格，而不管是否存在基础合同纠纷。在基础交易合同当事人都按约定履行义务时，受益人必须退回备用信用证，即具有备用性。只有当债务人未按约定履行义务，受益人才能依据备用信用证向担保银行索偿。②

第三种就是跟单信用证，虽然是一种付款的方式，但其价值所在是以银行的信用保证付款的正常进行。银行出具的见索即付保函与跟单信用证，有很多相似的特点。例如，在商业内容上，它们通常都是以国际商业交易为背景；在结构和机制上，委托人或申请人都是银行的客户，即银行的开立账户方，因此具有真实的利益，参加风险分配；在目的上，两者都起着担保的作用，尤其在付款担保方面；在法律特征上，它们都具有独立的性质，一经开立就独立于基础交易，属于银行信用。受益人要求付款时，索款要求和提交的单据必须符合银行担保或跟单信用证上的内容，银行审查的义务较少受善意原则的影响，而欺诈在两种机制中都被认定为例外。由于这些相似性，银行出具的独立担保和备用信用证常被以与跟单信用证相同的方式来处理。③ 美国《统一商法典》第 5 条包含了传统的信用证即跟单信用证和备用信用证，英国学者在论述时也经常将银行担保、备用信用证与跟单信用证作为同一类问题加以论述。④ 跟单信用证与银行保函之间除了相似性之外，也有很大的不同。前者是一种付款的方式，它在交易过程中的使用是所有当事方履约的安排；而后者只是起着担保的作用，主要是在主债务人出现不履约的情况时关于支付赔偿的安排。

---

① Article 1(2) of the Directive 2002/47/EC; Tomas Rudolf, *Financial Collateral Arrangements*, London, Kluwer Law Publishing, 2006, p. 65.

② 参见郭德香：《论银行担保的法律实践及其完善》，载《河北法学》2011 年第 5 期。

③ 在《联合国独立担保和备用信用证公约》中，使用了“承保”(undertaking)这个中性词语来泛指这两种担保方式。

④ See Clive M. Schimitthoff, Conflict of Laws Issues Relating to Letters of Credit: An English Perspective, in *Clive M. Schmitthoff's Select Essays on International Trade Law*, ed. by Chia-Jui Cheng, Martinus Nijhoff Publishers, 1988, pp. 573 - 583.

两者项下提交的单据也有所不同,当银行支付信用证项下的款项后,即取得代表货物的单据,即使申请人没有偿还信用证项下的款项,银行也可以从货物中得到偿还。可见,银行对于代表货物的单据有一种担保物权。而在银行保函中,则没有这种权利,银行要承担的风险更大。①

第二节 金融担保协议的法律适用

一、金融担保协议的类型与主体范围的限制

(一)金融担保协议的类型

良好的担保制度能够有效地降低交易对手违约的可能性,提高交易的安全性,即使对方违约,守约方也可以获得一定的补偿。在金融领域中,新兴的金融担保制度发挥着非常重要的作用,尤其在国际金融包括回购交易、证券借贷交易、金融衍生品等交易实践中交易方都会大量使用金融担保品。② 在《国际期货协会总协议》③中,合格金融担保品是指协议签署各方都能接受的,用以满足担保要求的担保品,一般包括现金、贷款或证券。④ 合格担保品在国际惯例中也称为抵押证券(collateral security),包括可变现资产、回购协议或基于某种证券结算系统产生的权利与义务。⑤

金融担保协议是指主要以现金、贷款和具有价值的金融工具包括债券、证券、股票、基金份额等作为担保品的协议。欧盟《金融担保协议指令》⑥规定了两种类型的担保方式:所有权转移担保和抵押担保。所有权转移担保协议是

---

① 参见黄进主编:《国际私法》,法律出版社2005年版,第526页。

② 参见彭鹏:《欧盟〈金融担保协议指令〉及其2009年修订述评》,载洪艳蓉主编:《金融法苑》(2010年第1辑),北京大学出版社2010年版,第173~186页。

③ ISDA为非营利性组织,成立于1985年,目前有来自53个国家超过830多个机构会员,其中包括世界主要从事衍生性商品交易的金融机构、政府组织、使用OTC衍生性商品管理事业风险的企业以及国际性主要法律事务所等。ISDA自成立以来,在衍生商品品种、ISDA法律文件、净额结算(netting)及担保品(Collateral)方面的法律意见以及风险管理具有显著的贡献或参与。同时其目标也包括参与各国政府间沟通,促使此类交易市场更健全发展。

④ See Thomas Rudolf Maria Pius Keijser, *Financial Collateral Arrangements*, The Hague, Kluwer Law Publishing, 2006, p. 65.

⑤ Article 2 (m) of the Directive 98/26/EC of the European Parliament and of the Council of 19 May 1998 on Settlement Finality in Payment and Securities Settlement Systems.

⑥ Directive 2002/47/EC of the European Parliament and of the Council of 6 June 2002 on financial collateral arrangements.

担保人向担保权人转移担保品的完全所有权，用以担保及替代相关金融义务的履行的协议。对于所有权转移担保而言，担保权人在法律上是担保品的所有人，抵押担保协议是担保人以有利于担保权人或提交给担保权人的方式提供担保，担保建立时，担保人仍保留担保品完整所有权的协议。[①] 抵押担保权人可按协议约定，通过出售或直接将担保品划拨为自己所有的方式抵销债务，或按其价值折抵相关债务，如果担保品是现金，则可以直接抵销或折抵债务。[②] 相比较而言，所有权转移担保协议和抵押担保协议最关键的区别在于金融担保品的所有权是否转移。在所有权转移担保协议中，担保权人并不需要额外的制度以保障自己的利益，相关法律也没有对所有权转移担保制度的担保权人行使权利的方式作出特殊规定，[③]法律冲突问题不突出，金融担保协议主要的法律适用问题集中在抵押担保中。

（二）金融担保协议主体范围的限制

欧盟《金融担保协议指令》对金融担保协议的主体范围进行了限制，主要包括政府机关、各国中央银行、国际清算银行、国际货币基金组织、欧洲投资银行、受到审慎监管的金融机构、结算机构、托收机构，非自然人主体等。非自然人主体作为交易方，前提是其交易对手必须是包含在上述主体范围之内，非自然人主体的形式可以是公司、合伙或非公司组织。[④] 将自然人以及小型企业则排除在适用范围之外的原因是采用金融担保的交易一般数额较大，自然人和小型企业的谈判能力和风险承受能力较弱。

二、金融担保协议关系中存在的法律冲突

基于历史、文化和经济社会体系的不同，各国有关金融担保的立法都有或多或少的差异。当金融担保协议的当事人都属于同一国法律管辖之下时，不存在法律冲突问题，但是金融担保法律关系在国际背景下便会呈现出非常复

---

① Article 2(1)(b) and Article 2(1)(c) of the Directive 2002/47/EC.

② Article 4 of Directive 2002/47/EC.

③ 参见彭鹏：《欧盟〈金融担保协议指令〉及其 2009 年修订述评》，载北京大学金融法研究中心编：《金融法苑》(2010 年第 1 辑)，中国金融出版社 2010 年版，第 173～186 页。

④ See Article 1(2) of the Directive 2002/47/EC of the European Parliament and of the Council of 6 June 2002 on financial collateral arrangements.

杂的态势。[①] 例如,若当事人提供的金融担保品是在双方当事人之外国家金融市场中发行的,那么在当事人未选择准据法之时金融担保协议究竟是应当适用担保权人所在地法、担保人所在地法,还是金融担保品发行地法?以发行地法有效成立的金融担保品在担保权人所在地是否有效?金融担保品跨国上市对于担保人的义务有何影响?等等。若金融担保品的效力在不同的当事人之间有所差异,则会大大减损担保协议的作用,并可能增加交易的风险性,对金融担保协议法律冲突的解决便成为一个值得研究的问题。

三、PRIMA 原则:金融担保协议法律适用的新发展

在有关的国际公约出台之前,各国有关金融担保准据法的确定问题没有统一的规定,不利于国际金融交易的便捷与安全,需要有一个客观的标准对准据法问题加以确定。随着金融担保协议的法律适用问题越来越多地引起国际社会的重视,相关统一立法开始出现,如 2002 年 6 月 6 日欧盟《金融担保协议指令》以及 2009 年的修订版本,[②]2002 年 12 月 13 日海牙国际私法会议《关于经由中间人持有的证券若干权利的法律适用公约》等。[③] 此外,2005 年 6 月 23 日欧洲议会要求欧盟执行委员会,评估并厘清欧盟《最终结算支付和证券结算系统第 98/26/EC 号联合指令》[④]有关多个国家的法律对于清算制度的影响。欧盟执行委员会的评估结果认为,在清算制度中适用多个国家的法律不利于金融稳定(financial stability),并建议欧盟及其成员国立即签署《关于经由中间人持有的证券若干权利的法律适用公约》,并建议修改《清算终结指令》,以使其仅适用公约中所确立的 PRIMA 原则作为准据法。

在国际统一立法的同时,各国也开始在相关的立法中进行特别的规定,包括英国、德国、法国、荷兰、加拿大、日本等国均以修订现有法律或全面制定证

---

① See Maisie Ooi, *Shares and Securities in the Conflict of Laws*, Oxford University Press, 2003, p. 98.

② Directive 2009/44/EC of the European Parliament and of the Council of 6 May 2009 amending Directive 98/26/EC on settlement finality in payment and securities settlement systems and Directive 2002/47/EC on financial collateral arrangements as regards linked systems and credit claims.

③ Convention on the Law Applicable to the Certain Rights in Respect of Securities Held with an Intermediary.

④ EU Directive 1998/26. EC on Settlement Finality in Payment and Securities Settlement Systems.

券转让或担保法律的方式适用了 PRIMA 原则。① 尤其值得一提的是,英国的《金融市场与破产(最终清算)规则》②第 23 条以及美国《统一商法典》第八章等。相关立法的核心在于将 PRIMA 原则纳入金融担保协议的法律适用规则,主张金融担保协议适用金融工具直接相关中间人③所在地的法律。稍有不同的是,英国《金融市场与破产(最终清算)规则》规定 PRIMA 原则作为法律适用的客观指导规则,而排除了当事人意思自治选择准据法的权利。PRIMA 原则适用于证券担保合同,包括证券抵押和证券所有权转移担保。④ 下文以证券抵押担保为例,对该原则进行分析。

(一)现代证券交易方式对物之所在地法的挑战

证券抵押担保,是指在债权人要求债务人提供证券作为清偿债务担保而设定的一种担保物权。这里所说的抵押是广义的抵押,凡以证券资产提供作为债权担保者,不分抵押和质押,统称为抵押。当债务人不履行债务时,债权人有权就其所担保的证券变现优先受偿。在近现代各国民法中,抵押权是最重要的物权担保方式,但是关于当事人的法律地位、抵押权的概念和法律属性、抵押权的设定方式、抵押物的范围、证券抵押的效力、抵押权人对抵押物的权利等多有区别,造成了不同国家间的证券抵押法律冲突。⑤

在传统证券市场上,由投资者自行持有实物证券,其名字直接记录于发行人的证券持有人名册,发行人能够清楚地知晓实际投资者的身份及其持有情

---

① 参见萧凯:《跨国证券交易的国际私法问题》,武汉大学法学院 2002 年博士学位论文,第 140 ~ 142 页。

② The Financial Markets and Insolvency (Settlement Finality) Regulations 1999.

③ "中间人"指的是在交易或其他日常活动中,为他人或同时为他人和自己维持证券账户并以此种身份行事的人。"中间人"的范围包括中央银行、国家中央证券存托机构(Central Securities Depository, CSD)、国际中心证券存托机构(Internatiorn Central Secerrities Depository, ICSD),以及一般金融机构。但以下几类人被排除在范围之外:只是充当证券发行人的证券登记人或转让代理人的;以他人经理人或代理人的身份或纯粹行政管理人的身份,在自己的通过中间人维持的账簿中以他人名义记录证券转让详情的人。See Article 1 of Convention on the Law Applicable to the Certain Rights in Respect of Securities Held with an Intermediary.

④ See Christophe Bernasconi, *Report on the Law Applicable to Dispositions of Securities Held Through Indirect Holding Systems*, Preliminary Document No. 15 of June 2001, Accessed February 7, 2017, http://www.hcch.net/upload/wop/genaff2001_pd15,pdf.

⑤ 参见苏颖霞、王葆莳:《国际证券抵押物权关系法律适用原则初探——兼评〈关于由中间人持有证券若干权利的法律适用公约〉》,载《时代法学》2005 年第 1 期。

况。投资者通过持有证券(对于无记名证券而言)或记录于证券持有人名册(对于记名证券而言),对证券享有直接、独立的所有权,进而拥有发行人的股东或债权人的身份,而无须借助中间人的协助或证明。这就是证券的直接持有。按照传统国际私法的物之所在地法原则,证券抵押物权关系应适用证券发行人所在地国家的法律。

随着金融业的发展,证券交易量剧增。为缓解文档工作压力,提高交易和结算效率,证券间接持有制渐渐成为主流。证券间接持有是指在发行人同实际投资者之间存在多个中间性的持有层次,投资者的名称和证券持有情况不直接体现在证券持有人名册中,而是只在与其最邻近的中间人(intermediary)——所谓直接相关中间人处开立账户,通过该中间人的账簿记录而"间接"持有相关证券。[①] 由于这一体系是一种由多个发行人、中间人和最终客户参与的多层面间接持有体系,因而被称为混合持有体系,又叫多层持有体系。[②] 这样在证券抵押物权关系中,包括了发行人所在地、中间人所在地、客户住所地、银行营业地等多个连结点,这种复杂的关系使以物之所在地作为连结点确定准据法的方式变得很困难。

在将物之所在地法原则援用于间接持有制时,需要采取所谓的"透视"方法(look-through approach),即透过层层中间人,溯及发行人、登记簿或是实物证券凭证。"透视"方法可用于非替代账户,或称可溯源账户,属于直接持有的变种,每个特定投资人的身份和权益均以分账户的形式,在各层中间人直至

① 参见廖凡:《间接持有证券的权益性质与法律适用初探》,载《环球法律评论》2006 年第 6 期。

② 这种证券交易体系分为一级市场和二级市场,一级市场用于公司首次发售证券,包括公开发行和私募。大部分公开发行的债券和股票由投资银行承销进入市场,银行购买新发行的证券到自己的账户,然后售出。公司公开发行债权和股票必须在相关的证券交易管理机构注册登记,公开其所有重要信息。二级市场也就是常说的证券交易市场,是由银行等承销机构将证券股份交给中间人,通过买卖交易实现流通转让的场所。交易的最终对象是证券投资者,即银行的顾客。他们间接持有的资产股权被重新登记为由其金融服务者经营的股本资产。

中央存管机构(central securities depositor)的账户中予以保留。[①] 但是其难以适用于可替代账户,因为实际投资者的信息只记录于其直接中间人的簿记中,其他层级的中间人或者发行人的登记簿中都不会记录特定投资者的证券权益。这样,如果投资者或其担保债权人试图在任何更高层级主张其证券权益,都会因缺乏权益记录而难以获得支持。

在实践中,投资者常常会把在许多不同国家发行的各种证券组合进行抵押担保以融通资金,按照"透视"理论,担保权人需要确保一笔担保交易满足不同国家的担保成立要件,非常烦琐。[②] 此外,随着电子交易方式的进步和网络的发展,现代有价证券交易中已少见证券的实际交付,而代以更快捷、便利与安全的电子化证券清算方式进行证券资产与股权交易,这样就进一步突破了传统物之所在地法的框架。

(二)PRIMA 原则:"相关中间人所在地"原则的确立

根据最密切联系原则,适用于证券所有权问题的准据法应当是所有权记录的所在地法,从而也使涉及所有权的指令能够被有效执行的地方的法律。在间接持有系统中,投资者的权益记录保存在与其有直接关系的证券中间人处,对投资人证券权益的出售、设立担保物权或其他处分都会反映在直接中间人的账面记录中。因此,将直接中间人所在地作为证券抵押权益的物之所在地更为适宜,这样即使当事方位于不同的国家,也能够将相关权益处置与同一国法律之下。PRIMA 原则的适用,有利于交易的便利和纠纷解决的确定性。

PRIMA 原则最早在比利时、卢森堡以及美国法律中采用,其后在欧盟《最终结算支付和证券结算系统第 98/26/EC 号联合指令》第 9 条第 2 款中采用。

---

① 投资者将证券交存到证券经纪商等中间人,中间人再将投资者交存的证券以自身的名义交存到上一级中间人,上一级中间人继续缴存到再上一级,直至最终交存到最上级的证券中央存管机构。中央证券存管机构将其参与人交存的所有证券全部变更登记到自身名下。在这一过程中,投资者持有的证券转变成了其中间人为其开立的证券账户的记录,并丧失了法律意义上的股东身份,投资者只能通过多层次的中间人间接地享有其股东权利。在投票时,投资者一般不能直接参加投票,而只能向其中间人提出其表决态度,最终由具备法律意义上股东身份的中间人(一般是中央证券存管机构)行使表决权。在比较典型的间接持有体系下,上一级中间人并不掌握和维护下一层中间人的客户证券持有明细。但一些市场对此加以改进,要求中央证券存管机构的参与人向中央证券存管机构报告其客户持有明细,这被称为所谓的"透视"方法。

② 参见余延宏:《海牙〈关于经由中间人持有证券的某些权利的法律适用公约〉述评》,载《武大国际法评论》2004 年第 1 期。

英国在将上述指令转化为国内立法《金融市场及破产(最终清算)规则》[①]的同时,在法律适用条款中也引用了 PRIMA 原则;之后的欧盟《金融担保协议指令》和《关于由中间人持有的证券若干权利的法律适用公约》更是将其作为通则。[②] PRIMA 原则适用于有价证券交易等事项(proprietary aspects of securities transaction),尤其是在证券担保方面,其取代了传统的透视方法。在利用 PRIMA 原则寻找准据法时,不需要通过透视介于有价证券权利人与发行人间的层层中间人关系,去紧盯载有证券实体权利的证书,而仅须止于有价证券移转或设定担保当事人所直接接洽之中间人。其优点在于:即使有价证券的实体权利证书分散于多个国家,或"一揽子"投资组合有价证券的发行机构分散于各国,投资人对于其证券的权利仍然可以由统一的准据法规范。[③]《关于由中间人持有的证券若干权利的法律适用公约》将中间人所在地作为连结点,当中间人所在地不同时,适用作为直接处分权人的中间人所在地法律。

海牙国际私法会议特别委员会于 2001 年 1 月召开时,主要讨论有价证券处分行为的法律适用问题。在其第一次会议中,委员会即决议采用 PRIMA 原则,之后两年间的协商与讨论,均在商讨如何将 PRIMA 的原则进行分析以纳入公约。参会各方的目标是确立单一确定的准据法,因而对于以相关中间人所在地(Place of the Relevant Intermediary)为中心的法律适用规则没有异议。但后来发现对于具有多处营业场所的中间人,很难确定其所在地,这样给确定对于证券账户的物理位置带来了很大难度。而且在证券无纸化经营的情况下,事实上不可能确定有价证券账户的物理位置。在这种情况下,会议确立了新的选法方式作为 PRIMA 原则的补充,即投资人与开立其证券账户的中间人之间,可以依照海牙《关于经由中间人持有证券若干权利的法律适用公约》,约定选择有价证券处分行为的准据法,但该中间人须为维持该证券账户(maintenance of securities account)的适格中间人(qualifying office)。[④]

由此可知,对于 PRIMA 原则内涵的理解不能仅局限在其字面意思,即不

---

① Financial Markets and Insolvency (Settlement Finality) Regulation 1999.

② See Christophe Bernasconi & Richard Potok, "PRIMA Convention Brings Certainty to Cross-border Deals", *International Financial Law Review*, Vol. 22(1), 2003, p.11.

③ 参见佘延宏:《海牙〈关于经由中间人持有证券的某些权利的法律适用公约〉述评》,载《武大国际法评论》2004 年第 1 期。

④ See Richard Potok, "The Hague Securities Convention: Closer and Closer to a Reality", *Journal of Banking and Finance Law and Practice* 15, 2004, pp. 204 – 219.

仅适用“Place of the Relevant Intermediary Approach”（相关中间人所在地法），还需要考虑投资人与关联中间人对于准据法的约定，即除证券中间人所在地法这一客观原则，《关于由中介机构持有的证券若干权利的法律适用公约》还引入意思自治原则，并将这一主观原则置于优先地位。根据公约规定，双方当事人可以在一定范围内明示选择准据法，只在没有选择或选择无效时才根据客观原则，即适用中间人所在地法原则。[①] 任何一种法律选择都是有条件的，根据公约的规定，当事人必须在与中间业务有实际联系的国家法律中进行选择，而诸如数据处理地点或办理业务的邮寄所[②]都不能构成公约第四条第一款意义上的中间人的分支机构，这一限制的目的在于避免对意思自治原则的滥用。[③]

（三）PRIMA 原则的适用范围

作为成熟的商业立法，美国《统一商法典》第八章第 110 条详细地区分并厘清了直接持有证券合同和间接持有证券合同准据法的适用范围，也符合国际上有关证券持有合同法律适用的发展趋势。直接持有证券合同适用发行人所在地法，适用于以下情形：(1) 证券的有效性；(2) 发行人有关证券登记及移转的权利义务；(3) 发行人对于证券移转登记的效力；(4) 发行人对证券权利人所负的义务；(5) 对于经移转登记之投资证券或非投资证券之权利人，或非投资证券之持有人，是否得主张权利。[④] 间接持有证券合同适用中间人所在地法，适用于以下情形：(1) 通过中间人对证券权利的取得；(2) 证券中间人及权利人间之权利义务；(3) 中间人是否有义务抗辩第三人对证券权属的请求；(4) 对于自中间人处取得证券权利者，或自证券权利人取得其证券之权利或利益者，是否得主张权利。美国《统一商法典》在间接持有证券合同的法律适用中采纳了 PRIMA 原则，将中间人所在地法适用于证券的取得、权属、第三人抗辩等事项，但证券的有效性仍然由发行人所在地法确定，即权利成立地法。

美国《统一商法典》不仅明确将有价证券区分为投资人通过中间人所有

---

① Article 5 of the Convention on the Law Applicable to the Certain Rights in Respect of Securities Held with an Intermediary.

② Article 4 (2) of the Convention on the Law Applicable to the Certain Rights in Respect of Securities Held with an Intermediary.

③ 参见苏颖霞、王葆莳：《国际证券抵押物权关系法律适用原则初探——兼评〈关于由中间人持有证券若干权利的法律适用公约〉》，载《时代法学》2005 年第 1 期。

④ Uniform Commercial Code § 8－110：Applicability；Choice of Law.

和非通过中间人所有，而且区分了有价证券发行之法律规范与发行后之法律规范。并明确规定投资人通过中间人所有的证券发行之后，以持有证券划拨账户的中间人所在地作为法律适用的最密切联系因素，而不适用证券实体权利证书所在地法，即明确排除了物之所在地法的适用。[①] 此外，在纳入意思自治原则的同时，鉴于中间人可能有多个分支机构的情况，规定首先适用证券权利人与设置其证券划拨账户的中间人之间协议的准据法。若无法律适用协议，则适用证券划拨账户资料所记载的分支机构所在地法。

（四）PRIMA 原则的意义

经过立法与实践的发展，目前 PRIMA 原则在理论上已经比较成熟，并已经在美国、欧盟等主要证券市场的立法实践中得以接受，被证明是证券间接持有制环境下金融担保协议较为可行的法律适用规则。[②] 虽然 PRIMA 原则中的"Relevant"意指"相关"或"关系"，但并不表示其实际上是最密切联系原则的演变或者应适用最密切联系原则。依据 PRIMA 原则所定位的相关中间人所在地显然更为具体，将中间人所在地作为连结点，当中间人因分支机构等原因具有多个所在地时，适用具有直接处分权的中间人所在地法律。PRIMA 原则兼顾了意思自治原则，并将当事人的选法自由限于那些通过分支机构与中间人有实际联系的法律。

在一般情况下，中间人所在地既是证券移转的实际发生地，也是第三人容易预见到的地点，这样的选择不会导致适用与中间业务无关国家的法律。对于第三人而言，其至少可以预见到准据法是中间人的若干分支机构之一的所在地法律，而不会是不可预见的法律。[③] PRIMA 原则使法律的选择自由和第三人权益保护之间的冲突得到了适当平衡。PRIMA 原则所带来的确定性和便利性，使金融市场中当事人的担保权益有了实用的法律适用规则，有利于国际金融市场健康和稳定发展。

---

① 参见伍伟华：《论有价证券处分行为之准据法》，台湾政治大学法学院2007年博士学位论文，第152页。

② 参见廖凡：《间接持有证券的权益性质与法律适用初探》，载《环球法律评论》2006年第6期。

③ 参见苏颖霞、王葆莳：《国际证券抵押物权关系法律适用原则初探——兼评〈关于由中间人持有证券若干权利的法律适用公约〉》，载《时代法学》2005年第1期。

第三节　信用证关系的法律适用

信用证(letter of credit,L/C),是指开证银行应申请人的要求并按其指示向第三方开立的载有一定金额的,在一定的期限内凭符合规定的单据付款的书面保证文件。这种以申请人借助银行信用来进行保障支付的方式便利了国际贸易的发展。信用证是国际贸易中最主要、最常用的支付方式,但因其法律关系常包括位于不同国家的开证人、开证行、通知行、受益人和付款行等,形成了复杂的法律关系。

国际上对于信用证法律关系的复杂性,已有深刻了解。为寻求信用证法律规定的统一性以便利其应用,国际商会在已有的基础上,修订并在其2006年10月巴黎年会上通过了《跟单信用证统一惯例》,即UCP600。并于2007年7月1日起实施,是信用证领域最权威、影响最广泛的国际商业惯例。UCP600是国际商会推荐采用的一套业务惯例,然而,它并非建立在法律基础上,不具有强制性。因此银行有权在信用证中规定与UCP600不同的条款。例如,如果因为特殊需要,可以在文件里面标明排除适用UCP600里面的某个条款,那么该条款就失效了。此外,银行也可以在信用证中增加自己需要的条款。虽然不具有强制性,但UCP600已被世界绝大多数国家与地区银行和贸易界接受,成为通用的惯例。

一、信用证关系中的合同类型与法律冲突

虽然实施UCP600的初衷是为国际信用证业务提供更多的确定性,但信用证的法律效力最终来源于内国法,信用证关系牵涉诸多当事人,其复杂的法律关系不可避免地带来了法律冲突。值得注意的是,即使当事各方选择适用UCP600,但是该统一惯例并不能涵盖当事各方之间法律关系的所有方面。就统一惯例未及的那部分信用证法律关系,仍得依法院地的冲突规则选择有关国家的法律予以适用。① 而且各国法院对于统一惯例的解释仍将依据各自的国内法,因而不可能要求一国法院判决与另一国法院判决保持一致。而且在实践中,信用证关系的当事各方很少事先选择准据法,大多数只规定适用统一

---

① 参见黄进主编:《国际私法》,法律出版社2005年版,第507页;金赛波、李健:《信用证法律》,法律出版社2004年版,第十一章“信用证的管辖权和准据法”。

惯例,但 UCP600 本身并未包含关于法律适用或准据法的规定。这使信用证关系中准据法的确定较其他银行业务的法律适用更困难。[①] 因而在国际信用证业务中,首当其冲的应该确定其法律适用问题,其构成信用证合同关系链的每种关系都将适用特定的法律。

信用证及相关文件的产生和传递路径,就像由一组相关的合同所构成的链条,信用证法律关系的基本性质仍属合同关系。[②] 因此,贸易项下常见和典型的跟单信用证主要涉及下列五种合同关系:(1)买方与卖方之间的买卖合同,也称基础合同,基础合同关系中的买方与卖方一般与信用证关系中的申请人与受益人相对应;(2)开证申请人与开证行之间的合同,也称开证合同或代开信用证协议;(3)开证行与受益人之间的合同,也即信用证本体;(4)开证行与保兑行之间的合同;(5)保兑行与受益人之间的合同。鉴于第一种合同关系即买卖合同或基础合同的法律适用属于一般贸易合同准据法的确定,这类合同法律冲突的解决已有专门和成熟的立法及实践研究,因此不做赘述。

二、申请人与开证行之间关系的法律适用

申请人(applicant),指要求开立信用证的一方,通常是进口人,也就是买卖合同的买方。开证行(issuing bank),指应申请人要求或者代表自己开出信用证的银行,一般是进口地银行。开证行应申请人的要求并按其指示向第三方开立载有一定金额的,在一定的期限内凭符合规定的单据付款的信用证,申请人与开证行之间订立的合同启动了信用证关系链的运行。

开证行与申请人通常位于同一个国家,之间的权利义务关系清楚明确,前者据申请人要求开立信用证,后者按金额偿付。两者之间的关系一般适用其共同所在地法,事实上不构成法律冲突。

在申请人向其所在地以外国家的银行申请开立信用证的情况下,两者之间的合同关系首先适用当事人合意选择的法律。在缺乏当事人法律选择的情况下,银行开立信用证的行为是以其信用向申请人提供的服务,依照《罗马条例Ⅰ》,服务合同的法律适用,依服务提供者的经常居所地法,[③]因而开证行与

---

① 参见黄亚英、李薇薇:《论国际信用证交易中准据法的确定》,载《中国法学》2002 年第 3 期。

② See Raymond Jack, *Documentary Credits*, LexisNexis Publishing, 2000, p. 293.

③ Article 4(1)(b) of the Rome Ⅰ Regulation.

申请人之间的合同关系应适用银行的经常居所地法。关于银行经常居所地法的确定，同样可以依据《罗马条例Ⅰ》找到答案：首先，公司、社团和法人的经常居所系指其主要管理中心所在地，[①]银行的经常居所地应为其总行所在地；其次，如果合同系在分支机构、代表机构或者其他营业机构的经营过程中订立，或者根据合同规定，由该分支机构、代表机构或者其他营业机构负责履行，则该分支机构、代表机构或其他营业机构所在地视同经常居所地。[②] 因而，若合同在跨国银行的域外子银行订立，则应适用该子银行所在地法。

三、开证行与受益人之间合同的法律适用

受益人（beneficiary），指信用证上所指定的有权使用该证的人，即出口人或实际供货人。开证行有义务向受益人支付信用证上所约定的款项。开证行与受益人之间的合同是信用证交易链中最核心的一类合同，在UCP600第4条中开宗名义规定的信用证独立性原则是处理这类合同问题的首要原则，[③]该原则包括以下内容：（1）就其性质而言，信用证与可能作为其开立基础的销售合同或其他合同是相互独立的，即使信用证中含有对此类合同的任何援引，银行也与该合同无关，且不受其约束。因此，银行关于承付、议付或履行信用证项下其他义务的承诺，不受申请人基于开证行或与受益人之间的关系而产生的任何请求或抗辩的影响。且受益人在任何情况下不得利用银行之间或申请人与开证行之间的合同关系。（2）开证行应劝阻申请人试图将基础合同、形式发票等文件作为信用证组成部分的做法。

依上述条款，信用证纠纷应与基础合同交易或信用证以外其他文件中涉及的交易纠纷互不相关，信用证的独立性原则也因此被称为确定信用证准据法的"黄金规则"。国际贸易当事人双方在信用证中不选择或不指定准据法的主要原因之一，就是他们认为银行不是基础合同的当事人，不会自动受到基础合同条款的约束，因为必须始终遵循信用证的独立性原则。即使基础合同中包含了法律适用或诉讼、仲裁条款等纠纷解决方式，也不能自动或扩展地适

---

① Article 19(1) of the Rome Ⅰ Regulation.

② Article 19(2) of the Rome Ⅰ Regulation.

③ 参见黄亚英、李薇薇：《论国际信用证交易中准据法的确定》，载《中国法学》2002年第3期。

用于信用证,除非在信用证条款中明确约定适用基础合同所选择的法律。[①]此外,基础合同的无效、终止、解除和履行过程中所产生的纠纷对信用证本身的法律关系也不具有相应影响。

开证行向受益人支付款项的义务是源于其与申请人之间的合同,其与受益人之间不存在服务关系,两者之间的关系不属于《罗马条例Ⅰ》第4条第1款所规定的八种特殊合同的范畴,不可依据该款中列举的特殊系属公式来确定其法律适用。在这种情况下,需要进一步通过《罗马条例Ⅰ》第4条第2款的规定来寻找答案。该款规定,如果合同不在《罗马条例Ⅰ》第4条第1款规定之列,则该合同依提供特征性履行义务一方当事人的经常居所地法。[②] 如上所述,开证行与受益人之间是单务合同,由开证行向受益人履行其对申请人承诺的付款义务,而受益人对于开证行无须承担义务,因而开证行应被视为特征性义务履行方。

此外,开证行所在地是申请人与开证行之间代理开证的要约和承诺的完成地,也是信用证合同的产生和最终完成的地方。无论开证行以外的通知行、议付行或保兑行是否向受益人付款,信用证项下的付款义务源自于开证行的开证行为,并由开证行最终承担和履行,因此开证行所在地法律与信用证的成立及履行具有不可替代的重要关系。相较而言,信用证项下受益人实际取得付款的地点有时无法预先确定,有时则仅仅是为方便向受益人就近付款才设定的。开证行以外的付款银行除代理开证行付款外,并不向受益人承担必须付款的义务。信用证一旦开出,开证行所在地这一连结点便是明确和稳定的。[③] 因此,适用开证行所在地法这一冲突规范的优点在于它可统一适用于各种不同信用证的交易,而无论信用证交易过程中涉及哪些银行,也无论开证行以外的其他银行(如通知行、付款行、保兑行、议付行等)位于何处以及是否向受益人实际支付了款项。

四、开证行与保兑行之间合同的法律适用

通知行(advising/notifying bank)指受开证行的委托,将信用证转交出口

① See Denis Petkovic, "The Proper Law of Letters of Credit", *Journal of International Banking Law* 4, 1995, pp. 141 - 152.

② Article 4(2) of the Rome Ⅰ Regulation.

③ 参见黄亚英、李薇薇:《论国际信用证交易中准据法的确定》,载《中国法学》2002年第3期。

人的银行，它只负责证明信用证的真实性，不承担其他义务。保兑行(confirming bank)，指受开证行委托以自己名义对信用证的兑付进行保证的银行。关于开证行与保兑行及通知行之间合同的法律适用，仍然可以从特征性履行角度来对最密切联系地进行分析。若信用证获得位于受益人所在地银行的通知或保兑，相关当事方有义务将有关文件向通知行或保兑行出示并进行验证，而通知行有义务对文件的真实性进行核实，保兑行独立对信用证负责，那么通知行或保兑行所在地是否可以视为特征性义务履行地也是一个值得探讨的问题。

在“离岸国际公司诉中央银行案”(Offshore International SA v. Banco Central SA)[①]中，某西班牙银行以一家美国公司为受益人开立了信用证。信用证由一家纽约银行向受益人通知。作为兑付的必要手续，通知行需要在纽约州审查所有必要的文件，法院推定通知行所在地与信用证关系具有密切联系，最终该信用证适用纽约州法。

在通知行向申请人转交信用证的情况下，申请人仍然是依靠开证行来向受益人履行其付款责任。而在信用证获得保兑的情况下，申请人的付款义务得到开证行和保兑行信用的双重保证，特别是由保兑行在信用证上加批“保证兑付”，这是不可撤销的确定承诺，独立对信用证负责，凭单付款。保兑行付款后只能向开证行索偿；若开证行拒付或倒闭，则无权向受益人和议付行追索。保证行依其信用为信用证的兑付承担了重要义务，其有权也有必要对信用证的真实性及各项权利义务条款进行审查，通常情况下保证行和通知行都位于受益人所在地，以便利于其向两行提供必要文件进行审查。根据上述“离岸国际公司诉中央银行案”的逻辑推理，相对于通知行而言，保兑行承担更多的义务，对于文件审查更严格，若信用证得到保兑，其与受益人所在地的保兑行有更密切的联系。[②] 对于所提交文件的相符性和有效性的认定，应当适用文件提交审查地法，也就是保兑行或通知行所在地法。

在保兑行履行信用证付款义务的情况下，开证行与保兑行之间的合同关系适用保兑行所在地法，该原则在英国法院的三个经典案例中被一再强调。在“香港商业信贷银行诉索纳里银行案”(Bank of Credit & Commerce Hong

---

① Offshore International SA v. Banco Central SA [1976] 3 All ER 749.

② See Charles Proctor, *The Law and Practice of International Banking*, Oxford University Press, 2010, p. 470.

Kong Ltd. v. Sonali Bank)[①]中，保兑行位于中国香港，其根据信用证项下的单据在香港进行付款后，将这些单据交给了位于孟加拉国的开证行。而开证行则拒绝向保兑行偿付其已按信用证付出的款项。在该案中，开证行与保兑行之间的偿付地点有些安排在香港，有些则安排在了伦敦和纽约。保兑行在伦敦提起诉讼，要求开证行偿付信用证项下的对外付款。该案发生在英国1990年《合同(法律适用)法案》[②]实施之前，且双方当事人在合同中未约定法律选择条款。兑雷斯维尔(Cresswell)法官判决：与本案保兑行和开证行之间的合同关系有着最密切和最真实联系的是我国香港地区的法律，而不是孟加拉国或其他地方的法律。首先，保兑行对信用证加具的保兑以及因此种保兑而承担的议付责任均发生在我国香港地区。其次，信用证双方当事人也默许了单据的议付和付款在我国香港地区进行。兑雷斯维尔法官并未将开证行在我国香港地区以外的其他国家或地区向保兑行履行偿付义务，这一事实作为最密切联系因素加以考虑。偿付义务虽然具有实质的商业意义，但在确定合同最密切联系地点时则不被视为重要因素，其不应被视为开证行与保兑行之间合同的"特征性履行行为"，而只能看作对保兑行履行保兑付款行为这一特征性履行的"反履行"。[③]

在"巴洛达银行诉荷兰国际银行案"(Bank of Baroda v. Vysya Bank Ltd.)[④]中，保兑行在议付了信用证项下的单据后，立即将其递交给了位于印度的开证行。开证行在收到单据约两周后向保兑行发出电传通知，告知将通过开证行在纽约一家银行的账户向保兑行进行偿付。后因作为申请人的印度买方以欺诈为理由在印度法院取得了阻止开证行支付信用证款项的禁令，所以开证行通知保兑行撤回偿付通知和安排。保兑行在伦敦起诉开证行，要求追究其违反偿付合同的违约责任。该案又一次涉及了开证行与保兑行之间法律关系的准据法问题。曼斯(Mance)法官判决认为，本案双方之间合同关系的特征性履行行为表现在原告保兑行向信用证受益人作出的保兑和议付行为。由于上述保兑和议付这些特征性履行是由原告的伦敦分行完成的，故依据《罗马公约》第4条第2款规定，与该案所涉合同有最密切联系的国家是英

---

① Bank of Credit & Commerce Hong Kong Ltd. v. Sonali Bank [1995] 1 Lloyd's Rep. 227.

② Contracts (Applicable Law) Act 1990.

③ See Nicholas Creed, "The Governing Law of Letter of Credit Transaction", *Journal of International Banking Law* 2, 2001, pp. 43 – 57.

④ Bank of Baroda v. Vysya Bank Ltd. [1994] 2 Lloyd's Rep, 87.

国,因而该案合同应适用英国法。被告开证行在抗辩中提出,只有开证行向保兑行的偿付行为才是双方合同关系的特征性履行行为,由于该偿付行为应由开证行履行,所以准据法应是开证行所在国印度的法律。曼斯法官驳回了这一抗辩主张,他认为,开证行向保兑行的偿付行为只能看成对双方保兑合同关系中保兑行特征性履行行为的补偿。[①] 该案中所引用的《罗马公约》第 4 条第 2 款的规定在《罗马条例 I》第 4 条第 3 款中得以继承,该款规定,如果案件的所有情况表明,合同显然与第 1 款或第 2 款所指国家以外的另一国家有更密切联系,则适用该另一国家的法律。

上述两个案例在 2005 年"马可尼国际通讯公司诉泛印度尼西亚银行案"(Marconi Communications International Ltd. v. PT Pan Indonesian Bank Ltd. TBK.)[②]中被法官援引,并得以进一步充实。在该案中,某信用证由印度尼西亚银行开立并保兑,但当事方之间没有约定法律选择条款。证明该信用证效力所需的重要文件都由当事方呈交位于伦敦的通知行进行审核,而且议付行也位于伦敦。综合各种因素,法官判称该合同关系的最密切联系地位于伦敦,最终英国法得以适用。

在《罗马条例I》出台后,该问题得以进一步明确。在开证行要求保兑行对其开立的信用证进行保证兑付的情况下,保兑行实际上是对开证行提供了一种服务,根据《罗马条例I》第 4 条第 1 款第 2 项,两行之间的合同关系应适用保兑行所在地法。此外,开证行与保兑行之间合同的特征性履行义务是向受益人提供兑付担保,而这也是由保兑行单独提供,其所在地应视为特征性履行地。在实践中,为便利起见,各方当事人多约定以位于受益人所在地的银行为通知行与保兑行,这样也使保兑行所在地法得以适用于开证行与保兑行之间的合同。

五、保兑行与受益人之间合同的法律适用

在通常情况下,保兑行与受益人位于同一国家,在当事方之间没有法律选择的情况下,保兑合同应适用该国法律。

在保兑行与受益人位于不同国家之时,可以援用《罗马条例 I》第 4 条第 2 款特征性履行的规定来确定准据法。当一家银行为某一信用证加具保兑

---

① 参见黄亚英、李薇薇:《论国际信用证交易中准据法的确定》,载《中国法学》2002 年第 3 期。

② Marconi Communications International Ltd. v. PT Pan Indonesian Bank Ltd. TBK [2005] 2 All ER (Comm) 325.

后,这种保兑便使保兑行自己向受益人承担了直接的交单付款责任,受益人便拥有了与开证行和保兑行之间相互独立的两项合同。受益人有权向开证行或保兑行任何一家主张按信用证条件付款。总之,保兑行和受益人之间有着开证行和受益人之间同等性质的法律关系。因而,保兑行在与受益人之间的合同关系中,处于特征性履行方的位置,其所在地法应作为合同准据法予以适用。

六、信用证关系法律适用所存在的问题与改进

信用证是多种法律关系的综合,在信用证关系链中不同当事方之间可能适用不同的准据法。在"曼内斯曼·韩德尔股份有限公司诉考纳兰航运公司案"(Mannesman Handel AG v. Kaunlaran Shipping Corp.)①中,一家瑞士银行为某德国受益人开立信用证,后因单证不符而拒绝承兑。该信用证适用瑞士法,根据瑞士法的相关规定,开证行拒绝承兑的行为是合法的。但之前依据另一国法律,上述单据是有效的,该开证行收到了该国一家银行依据该单据向其支付的资金。瑞士法关于合同义务履行的核心要素是诚实信用原则,在该案中开证行依据有关单据收到资金,却以同样的单据不符为由而不向受益人支付,该行为是不符合诚实信用原则的。后法院判决,开证行向受益人支付信用证项下所有款项。

在"美国力霸公司诉科威特国家银行案"(Power Curber International Ltd. v. National Bank of Kuwait SAK)②中,科威特国立银行以力霸公司(Power Curber)为受益人开立了信用证,以美国北卡罗来纳州一家银行作为通知行,当事方没有约定法律选择条款。经过通知行的验证,所有单据和文件均符合要求。但正在开证行准备向受益人支付信用证项下款项之时,科威特国内某法院判决阻止开证行进行支付。但根据上文所分析的,在受益人与通知行位于同一国家时,开证行的义务应当根据通知行所在地法确定,在该案中即为北卡罗来纳州法,而非科威特法。在该案中,适用北卡罗来纳州法和科威特法会产生两种截然不同的后果。

构成信用证各种合同关系的效力,最终是由特定的国内法决定的。同一信用证内部不同法律关系适用不同的法律,必然会给信用证的实际运用带来不便,有必要保证法律适用的确定性与统一化,以实现其便利国际贸易的本

① Mannesman Handel AG v. Kaunlaran Shipping Corp. [1993] 1 Lloyds Rep 89.

② Power Curber International Ltd. v. National Bank of Kuwait SAK [1981] 3 All ER 607.

意。为达成这个目的,当事方应事先约定法律选择条款,或选择受益人所在地的通知行与承兑行,保持确定的最密切联系地。

第四节　涉外银行保函的法律适用

一、涉外银行保函的定义

在国际贸易中,跟单信用证为买方向卖方提供了银行信用作为付款保证,但不适用于需要为卖方向买方作担保的场合,也不适用于国际经济合作中货物买卖以外的其他各种交易方式。然而在国际经济贸易中,合同当事人为了维护自己的经济利益,往往需要针对可能发生的风险采取相应的保障措施,银行保函和备用信用证,就是以银行信用的形式所提供的保障措施。

保函,又称保证书,是指银行、保险公司、担保公司或担保人应申请人的请求,向受益人开立的一种书面信用担保凭证,保证在申请人未能按双方协议履行其责任或义务时,由担保人代其履行一定金额、一定时限范围内的某种支付或经济赔偿责任。银行保函是由银行开立的承担付款责任的一种担保凭证,银行根据保函的规定承担绝对付款责任。银行保函大多属于"见索即付"(无条件保函),是不可撤销的文件。银行保函的当事人有委托人(要求银行开立保证书的一方)、受益人(收到保证书并凭以向银行索偿的一方)、担保人(保函的开立人)。

涉外银行保函一般区分为从属性银行保函和见索即付保函,从属性银行保函属于民法上的保证合同,是指担保银行与债权人约定,当债务人不履行债务时,银行依照约定承担付款责任的行为。各国关于从属性银行保函的法律适用规则业已成熟,主要包括以下几种方式:(1)从属性保函的准据法应是支配其所担保的基础合同的法律,美国、英国、法国、奥地利等国立法确立了这种方式。(2)从属性保函的准据法应是担保银行的所在地法,中国、德国、瑞士的立法采用了此种方式。(3)对于在立法中未对从属性保函的准据法作出特别规定的国家,其在审判实践中多以与该保函有最密切联系的国家的法律作为准据法。①

国际商会于1992年出版了第458号出版物《见索即付担保统一规则》,即URDG458,修订版的URDG758已经于2010年7月1日生效,将保函明确定义

① 参见彭锡华:《见索即付保函若干法律问题研究》,载《理论月刊》2001年第11期。

为:"无论其如何命名,是指由银行、保险公司或其他组织或个人以书面形式出具的,表示只要凭付款要求声明或符合担保文件规定就可以从他那里获得付款的保证、担保或其他付款承诺。"索偿时,受益人只需提示书面请求和保函中所规定的单据,担保人付款的唯一依据是单据,而不能是某一事实。担保人与保函所可能依据的合约无关,也不受其约束。

二、涉外银行保函准据法的确定

根据 URDG758 第 34 条的规定,见索即付保函首先受当事人选择的法律支配。在保函中没有法律选择条款时,由于担保银行为特征性履行方,担保银行所在地国家的法律为保函纠纷的准据法。如果担保银行有分散在各国的子银行,那么开出保函的子银行视为履行了特征性义务,其所在地国的法律为保函的准据法。① 但根据《罗马条例I》第 4 条第 3 款,若受益人或债务人所在国与保函纠纷具有明显更密切的联系,则受益人或债务人所在国的法律为保函的准据法。

在国际担保业务中,受益人常常要求由本国的银行而非债务人所在国的银行,充当见索即付保函的担保人。为此,债务人所在国的银行只能要求受益人所在国的银行,向受益人签发见索即付保函。此时债务人所在国的银行为第一银行(或指示银行),受益人所在国的银行为第二银行(或往来银行),第二银行为确保其向受益人的赔付款项能从第一银行获得补偿而要求第一银行向其签发相同的见索即付保函(反担保函)。这样第二银行则成了以基础合同中的债权人为受益人的见索即付保函的担保人,而第一银行则为以第二银行为受益人的反担保函中的反担保人。② 关于反担保函的法律适用问题,同样可以依据特征性履行方法来确定,在没有准据法选择条款时,第一银行(反担保人)所在地国的法律为反担保函的准据法,若第一银行有分散在各国的子银行,则开出反担保函的子银行所在地国的法律为反担保函的准据法。

三、涉外银行保函准据法的适用范围

涉外银行保函的准据法确定之后,并不意味着涉及该保函的一切法律问

---

① Article 34 of URDG758 provides: "Governing law: a. Unless otherwise provided in the guarantee, itsgoverning law shall be that of the location of the guarantor' s branch or office that issued the guarantee; b. Unless otherwise provided in the counter-guarantee, its governing law shall be that of the location of the counter-guarantor' s branch or office that issued the counter-guarantee."

② 参见彭锡华:《见索即付保函若干法律问题研究》,载《理论月刊》2001 年第 11 期。

题均受该准据法的支配。根据各国的立法与实践,保函准据法主要适用于以下几个方面:(1)保函的一般要件问题,即保函本身是否有效。如担保银行特定的意思表示的性质,该意思表示能否撤回,若能够撤回,则撤回前的期间多久;因错误、诈欺、胁迫等所发生的意思表示瑕疵,对于保函的效力有何影响等。但保函是否由于违反外汇管制等经济监管法律而无效,在保函准据法与担保银行所属国法不一致时,往往受后者支配。(2)保函的一般效力问题,包括对保函内容的解释、保函的效力、履行与解除。(3)货币债权问题,如当数国货币名称相同时,应给付哪国货币的问题以及因货币购买力浮动所产生的债务调整问题等。①

但以下事项一般不属于保函准据法的适用范围:(1)担保人的地位、缔约能力和授权方式。关于担保银行是否有权签发保函以及授权的方式等问题,原则上应按其属人法解决。(2)保函的形式效力,关于保函是否必须采用某种特定的形式方位有效的问题,不受保函准据法的排他性支配,而应依据保函准据法或保函发生地法。(3)关于保函的履行问题,包括付款的时间、方式等,若事先没有约定应适用的法律,则应依给付地的法律规定。

四、担保银行追偿权的法律适用

保函准据法的适用,解决了保函中受益人(债权人)的请求权法律关系。而保函项下担保银行依保函规定向受益人清偿之后要求保函申请人(债务人)予以补偿的权利,即担保银行的追偿权应适用何种法律?保函准据法是否当然适用于追偿权?

在见索即付保函中,担保银行、受益人(债权人)及保函申请人(债务人)三者形成了首尾相接的三角关系。担保银行多受债务人之委托而提供担保,从而两者间形成委托法律关系;担保受益人由于接受担保银行签发的保函而与其形成保函法律关系;而担保受益人与债务人之间则是事先已存在的基础合同关系。② 担保银行并非为自己的利益而提出担保,亦非为履行对担保受益人的义务而为之,其系为履行其对债务人之义务,即委任合同之事务处理义务。担保银行既然是为了履行事务处理义务而向受益人付款,所以就不可能

---

① 参见[英]马丁·沃尔夫:《国际私法》,李浩培、汤宗舜译,法律出版社1988年版,第657页。

② 参见王泽鉴:《民法债编各论》(第2册),台北,台湾五南图书出版股份有限公司1985年版,第71页。

取得债权人对债务人所享有的原债权的让与。同时,银行为确保对受益人给付后自身的偿还请求权的实现,多在委托合同中约定担保银行提供担保的费用及履行担保义务后所支付的款项的偿还,并要求委托人(债务人)提供相应的担保。[①] 因而在见索即付保函项下,担保银行的追偿权表现为产生委托合同的求偿权,其准据法理应是支配委托合同的法律。

五、中国有关银行保函法律适用的实践

基于中国的外汇管制政策,关于银行保函的准据法的确定应区分内资外保和外资内保两种情形。就内资外保而言,如当事人并未约定准据法的,则不论是根据我国的冲突法规则,还是根据 URDG758,均应适用担保银行所在地的法律,即中国法律。内资外保涉及外汇管制问题,一般须经审批,因而在意思自治原则的适用上受到很大限制。即使当事人在保函中约定适用其他法域的法律,但若因此而规避了审批,在实践中一般都认定其构成法律规避,从而认定此种约定无效,并最终适用中国法律。[②] 在"中银香港公司诉宏业公司等担保合同纠纷案"[③]中,当事人虽然在独立担保契约中约定适用中国香港特别行政区的法律,但由于香港特别行政区与中国内地分属于不同的法域,根据当时所适用的最高人民法院《关于贯彻执行《中华人民共和国民法通则》若干问题的意见(试行)》第 194 条的规定,"当事人规避我国强制性或者禁止性法律规范的行为,不发生适用外国法律的效力"。涉外合同当事人选择法律适用规则时,不得规避中国强制性或者禁止性法律规范。中国内地对于对外担保有强制性的规定,本案担保契约如果适用我国香港特别行政区法律,显然规避了上述强制性规定,故本案当事人关于担保契约适用香港特别行政区法律的约定不发生法律效力。根据最密切联系原则,本案纠纷应适用中国内地的法律。至于外资内保,因其一般不涉及中国外汇管制法律与政策,因而相对而言当事人有更多的意思自治的空间。

---

① 参见彭锡华:《见索即付保函若干法律问题研究》,载《理论月刊》2001 年第 11 期。

② 参见刘贵祥:《独立保函纠纷法律适用刍议》,载《人民法院报》2009 年 6 月 25 日,第 6 版。

③ 最高人民法院(2002)民四终字第 6 号。

第八章　欧盟金融消费者合同法律适用规则

第一节　金融消费者合同关系法律冲突的特殊性

一、金融消费者身份的特殊性

消费者是与具备专业知识和技术水平的公司、专业客户等相对的概念，消费者身份的认定和对其进行特殊保护的原理是基于公平原则与弱者保护。金融机构的客户包括自然人、法人及其他组织，以个人生活或家庭需要为目的购买金融服务的自然人，通常被视为金融消费者而受到特殊保护。金融机构与客户间缔结的合同通称金融服务合同，其中金融机构与消费者缔结的合同特指金融消费者合同。金融消费有其特殊性，主要体现在购买金融服务的性质常常是投资行为，而非严格意义上的生活消费。此外，相对于跨国金融机构和高度复杂的金融产品，具有不对称谈判能力和专业水平的小公司法人可否基于弱者保护原则以适用消费者保护？对金融消费者身份进行界定是一个值得讨论的问题。

公司法人作为同金融机构在交易中的平等主体，若其可以基于缺乏专业金融知识而主张消费者法的特别保护，则片面地给金融机构加重了责任，且增加了法律适用的不确定性，不符合消费者权益保护法的立法原意。法人的内控机制使其具有对金融产品的交易进行审慎审查的能力和义务,发生纠纷时,应当作为平等主体适用民法、合同法、竞争法等进行处理,由法官根据事实情况对于弱势一方法人进行保护,而不可一概适用消费者法。

二、网络平台上远程消费的普遍性

随着网络科技的发展,远程消费已经成为司空见惯的商业现象,而基于金融产品和服务的非实体性,其更易于通过网络平台进行跨国营销。在一个内国法制尚未达到相互完全承认的国际或区域市场内以及母国控制原则尚未得到完全贯彻的情况下,网络平台上金融服务的高流动性和复杂性以及各国立法的差异很容易引起法律冲突,造成法律适用不确定、提高信息成本、监管过度等阻碍贸易发展的后果。① 在跨国金融消费者合同关系中,法律冲突主要出现在服务提供者所在地法与消费者经常居所地法之间。鉴于远程金融消费的普遍性,为避免使金融机构在同一起纠纷中,因不同外国消费者经常居所地法的适用而造成法律成本不合理的增加,消费者经常居所地法的适用须满足两个限制性条件:(1)该合同履行的目的是提供金融服务或信贷;(2)该合同与消费者经常居所地具有密切的联系。服务提供者所在地法应作为主要适用法律,但基于金融机构与消费者之间谈判能力的差别,需要在特定条件下适用消费者经常居所地法进行平衡。

三、科技发展与金融工具的复杂性

在科技发展的影响下,金融工具的构成愈加复杂,国外银行在中国申请的金融专利中,具有科技含量的金融工具交易与操作系统占到主流。如花旗银行申请的专利内容包括"用于往来账户之间传递资金的面向用户的自动系统""集成视频、音频和移动无线电话技术的系统和方法""执行信贷与负债申请的联机审批系统与方法""提供例如家庭银行的金融服务和方法",等等。大通银行申请的有"全球投资者客户访问系统""投资组合投资导则遵从和金

---

① See Zheng Sophia Tang, "Private International Law in Consumer Contracts: A European Prospective" *Journal of Private International Law*, Vol. 6(1), 2010, pp. 225 – 248.

融基金管理系统”“利用电子资金传送网络处理互联网付款的方法和系统”,①等等。

科技发展促进了金融工具的创新,有利于促进高质量和多样化融资。但同时也使金融工具的权利义务关系构成越加复杂,常常牵涉多个消费者,若一概适用消费者经常居所地法,那么有可能对售出的同一个金融工具却适用不同国家的法律,造成金融机构法律成本不合理的增加,甚至权利义务关系构成的差异造成金融工具性质的不同。而且在集体投资等合同中,金融机构的客户经常既包括自然人消费者,又包括商务客户和专业人士,这样在同一个合同中,对不同的客户适用不同的法律会造成权利义务上的不公平。基于金融工具和股份转让合同的特殊性,在实践中为了合理便利金融交易和免于使金融机构经营受到缠讼的影响,在该类合同关系中排除了消费者保护规则的适用。②

四、金融管制对法律适用的影响

金融市场运行牵涉一国的经济命脉和安全,各国大都对金融市场进行特别的监管,而这些监管法律通常具有强制性规则的效力。③ 最高人民法院《关于适用〈中华人民共和国涉外民事关系法律适用法〉若干问题的解释(一)》第10条第4项规定,涉及外汇管制等金融安全的规定属于强制性规则而直接适用。与反垄断、文物保护等具有稳定性的长期政策不同,外汇管制等领域的政策在社会经济转型期可能会作出相对频繁的调整。④ 金融自由与创新的程度将影响强制性规则的范围、内容和合同法律关系的复杂性。在跨国金融服务合同纠纷的审理实践中,依当事人意思自治和《罗马条例Ⅰ》第4条中所列特殊类型合同所确定的准据法,常常会让位于法院地法中强制性规则的适用以及与合同履行有关联的第三国法中强制性规则的适用。为避免法律适用受强

---

① 参见余翔、张玉蓉:《金融专利新战略:“专利钓饵”及其防范》,载《研究与发展管理》2008年第3期;吴璐璐、李良:《从花旗银行的金融专利谈中资银行的金融专利现状及对策》,载《重庆工商大学学报》2004年第4期。

② Article 6(4) of Rome Ⅰ Regulation.

③ See Francisco J Garcimartin Alferez, “The Rome Ⅰ Regulation: Exceptions to the Rule on Consumer Contracts and Financial Instruments”, *Journal of Private International Law*, Vol. 5(1), 2009, p. 85.

④ 参见肖永平、龙威狄:《论中国国际私法中的强制性规范》,载《中国社会科学》2012年第10期。

制性规则的影响所造成的不确定性,《罗马条例Ⅰ》中特别规定了强制性规则的限制性适用条件,即须具有“至关重要的程度”(crucial)。但即使这样,内国金融管制对于跨国金融服务合同的法律适用仍然造成了很大的不确定性。构成欧洲统一市场支柱之一的服务自由原则,要求法律适用具有确定性和可预期性,以降低跨国金融贸易的法律成本,从而促进金融服务的自由流动和社会利益的最大化,这就要求法院地强制性规则的谦抑适用。

第二节 金融消费者身份的界定

一、金融消费者的范畴

从经济学的角度来看,消费是指人类为满足其欲望而使用商品或接受服务的行为。当事人从事消费行为时,即为消费者。而法学的概念不同于经济学上的概念,具有一定的价值倾向性。① 各国基于不同的价值目的与判断,对消费者的定义也不相同。欧盟《销售消费商品指令》规定,消费者指的是所缔结合同与其所从事的职业无关、也不具备相关专业知识的自然人。② 根据《中华人民共和国消费者权益保护法》第2条“消费者为生活消费需要购买、使用商品或者接受服务,其权益受本法保护”以及第3条“经营者为消费者提供其生产、销售的商品或者提供服务,应当遵守本法”的规定,有学者提出,消费者是为满足生活需要而购买或使用经营者提供商品或服务的自然人。③

目前,对于金融消费者尚没有统一的定义。在美国《多德－弗兰克法案》

---

① 根据《布莱克法律辞典》,“消费者”是指那些为个人或家庭的日常使用而购买商品或服务的自然人,且无转售该商品的目的;或为个人生活而非商业目的而使用产品的自然人。See Bryan A. Garner (ed.), *Black's Law Dictionary*, Thomson West Press, 2010, p. 356. 而《牛津法律大辞典》则更加详细地对消费者和消费者法进行了定义:从经济意义上,消费者是指购买、获取以及使用所有种类的商品与服务(包括住宅)的人。长期以来,各国通过将欺诈归类为犯罪或侵权,以及立法规定在合同中具有商品适销性的默示条款,一直在为消费者提供某些法律保护。为消费者提供的保护已经成为强烈的发展趋势,在租赁、金钱借贷、租买以及相关交易中,由消费者信贷法、公平交易法以及有关法律为消费者提供广泛的法律保护。还有一些侵权原则为消费者提供保护,如规定安全标准,或处罚虚假或易误解的交易说明。由合同法、侵权法和刑法作为基本组成部分构成的整个这一法律领域常被称为消费者保护法或消费者法。参见[英] 戴维 M. 沃克:《牛津法律大辞典》,李双元等译,法律出版社2003年版,第255页。

② Article 1(1)(b) of the Directive 1999/44/EC of the European Parliament and of the Council of 25 May 1999 on certain aspects of the sale of consumer goods and associated guarantees.

③ 参见李昌麒、许明月:《消费者权益保护法》,法律出版社2005年版,第58页。

(Dodd-Frank Wall Street Reform and Consumer Protection Act)[①]中将"消费者"限定为个人或其代理人、受托人和代表,[②]而"消费者金融产品或服务"是指消费者基于个人、家庭或日常生活目的而使用的任何金融产品或服务。[③] 结合上文,金融消费者可以界定为,为满足生活需要而购买或使用金融产品或金融服务的自然人。

二、投资行为与金融消费者身份认定

将金融消费者限定为自然人,源于一般消费者权益保护法的基本理念,即着眼于生活需要和弱者保护。但是在金融领域,很多自然人客户与金融机构从事交易的目的是投资,学术上对这个问题一直有争论,有学者认为金融投资者更多的是生产者而不是消费者,[④]而有的学者仍认为金融投资者属于消费者。[⑤] 金融服务业有其特殊性,即其产品和服务已渐渐不仅局限传统的银行存贷款业务,而更多地开始进行资金运作、融资等。个人将资金投资于购买金融产品,目的是家庭财富的积累,只要投资的数额不大,则效果仍与储蓄相似。随着消费结构的升级,个人金融消费就像衣食住行一样开始成为个人消费的一部分。[⑥]消费者并不是直接获得日常生活使用的产品与服务,而是通过在金

---

① 2008年美国金融危机爆发后,美国开始对其金融领域去监管化的政策潮流进行反思与改革。自2009年6月开始,历时一年有余,美国对其金融监管体系进行了自大萧条(1929~1933年)以来最重大的改革。在2010年6月30日和7月15日美国众参两院分别表决通过后,奥巴马总统于2010年7月21日正式签署《多德－弗兰克华法案》。该法案对美国金融监管体系进行了大幅调整和加强,同时也彻底扭转了金融领域去监管化的思潮,对政府与市场的关系进行了调整与再平衡。至此,美国金融体系完成了从监管(大萧条至20世纪80年代,以《格拉斯—斯蒂格尔法案》为标志)、去监管(20世纪80年代至21世纪初,以《1999年金融服务现代化法案》为标志)到再监管(re-regulation)(2010年开始,以《多德－弗兰克法案》为标志)的一个完整轮回。

② Section 1002 (4) of the Dodd-Frank Wall Street Reform and Consumer Protection Act provides: "The term 'consumer' means an individual or an agent, trustee, or representative acting on behalf of an individual."

③ Section 1002 (5)(a) of the Dodd-Frank Wall Street Reform and Consumer Protection Act provides: "The term 'consumer financial product or service' means any financial product or service that is described in one or more categories under paragraph (15) and is offered or provided for use by consumers primarily for personal, family, or household purposes."

④ See Brian W. Harvey & Deborah L. Parry, *The Law of Consumer Protection and Fair Trading*, Butterworths Press, 2000, p. 8.

⑤ See Peter Cartwright, *Banks, Consumers and Regulation*, Hart Publishing, 2004, p. 4.

⑥ 参见吴弘、徐振:《金融消费者保护的法理探析》,载《东方法学》2009年第5期。

融机构进行投资,增加资金进行再消费。

三、专业知识与金融消费者身份认定

《罗马条例Ⅰ》第6条仅适用于消费者,即其专业或工作领域不属于所缔结合同中的业务,简称"非专业人士"。① 这是从消费者的一般范畴上来对其进行定义,相对来说比较宽泛,可能会在某些案例中造成不确定的后果,但是有利于保障《罗马条例Ⅰ》第6条在适用中对当事人权益保护的公平性。

欧盟《金融工具市场指令》将"专业人士",抑或"专业机构"(professionals)定义为具有相关金融市场经验、知识和专业技能,并能够正确评估其投资风险的客户。② 在欧盟《金融工具市场指令》附录Ⅱ中特别指出,若金融机构的零售客户,或称"散户"在金融领域具有专业知识,则应将其划归专业人士的范畴。由于这些客户具有金融专业知识,这样即使其没有得到指令中关于消费者的强制性保护,也不会使其遭受不公平待遇。这种划分方法的问题在于,金融专业领域十分宽泛,若客户对于某些金融领域具有专业知识,但在其他领域不具有专业知识,这样就难以界定其为专业人士还是消费者。

投资人拥有金融专业知识的程度和范围比较主观,难以作为其消费者身份的客观考量因素。出于以上考虑,《罗马条例Ⅰ》第6条不自动排除适用于在欧盟《金融工具市场指令》下被划分为"专业人士"的客户,而是授权法官根据实际情况进行考量。③

四、法人作为金融消费者主体的可行性

消费者定义的另一个着眼点是弱者保护,这是消费者权益保护的理论基

---

① See Christoph Reithmann & Dieter Martiny ed., *Internationales Vertragrecht*, Otto Schmidt Publishing, 2004, p. 984.

② 包括:(1)被授权在金融市场中经营的实体,包括银行、信用机构、投资公司、保险公司、集体投资管理公司、退休基金等相关基金管理公司、金融衍生品经销商等;(2)符合欧盟《金融工具市场指令》标准的大型企业;(3)国家或地方政府、中央银行、公共机构及团体、国际组织等;(4)其他主要在金融工具行业投资、包括经营资产证券化及其他金融交易业务的机构投资者。以上参见欧盟《金融工具市场指令》附录Ⅱ。

③ See Francisco J Garcimartin Alferez, "The Rome Ⅰ Regulation: Exceptions to the Rule on Consumer Contracts and Financial Instruments", *Journal of Private International Law*, Vol. 5(1), 2009, p. 97.

础。在金融交易中,缺乏金融知识的个体自然人与金融机构相比无疑处于弱者地位,需要消费者法的保护,个体自然人作为消费者的范畴应无疑问。[①] 我国国内有学者认为,金融消费者不宜仅限于个体消费者,应包括非专业的非个体消费者。[②] 因为即使是非个体消费者,因为不是专业的金融机构,对复杂的金融产品也是知之甚少,在交易中处于弱势地位。

关于法人是否能够适用消费者保护法的问题尚有争论,赞同将法人纳入消费者保护法适用范围的立场主要是基于交易公平原则。例如,实践中银行格式合同争议,多出于当信用卡遭第三人冒用时的风险分配条款。发卡银行通常于格式合同中规定,在信用卡遗失或被窃时,持卡人办理信用卡挂失者,对于挂失停用手续办妥前(或 24 小时以前),信用卡遭第三人冒用所致之损失,无论签名是否相符,均由持卡人负担。依我国台湾地区"台北地方法院"的判决,该类格式条款违反我国台湾地区"消费者保护法"第 12 条之平等互惠原则而无效。[③]格式合同的相对人为自然人,且该合同与其营业和职业无关,则该相对人为消费者法范畴内的消费者,该合同将适用消费者法有关格式合同的规定应属当然。而若格式合同的相对人为法人,是否可以适用我国台湾地区"消费者法"保护其利益呢?

消费者保护的基石是公平原则,即平衡消费者与服务提供商的谈判能力,生活需要与弱者保护这两个着眼点都是衍生于公平原则。基于金融服务复杂的结构,缺乏专业知识的法人或其他机构等非个体消费者相对于金融机构也处于一种弱势地位。我国台湾地区有学者认为,在上文所述之格式合同方面,消费者法之所以对其进行特别规定以保护消费者,其主要原因在于:(1)格式合同拟定者(消费者保护法中的"经营者")通常借由该合同追求其最大利益,而鲜少甚至完全不顾合同相对人应有之保障;(2)格式合同通常是以非常细小的文字印制在烦琐的文件中,相对人在客观上很难注意其存在;或主观上并无阅读兴趣;或虽经细读仍难精确了解其文意上与法律上的意义;或虽了解其意义,但仍不得不接受其内容;(3)格式合同通常具有下列特征:减轻或免除条款拟定人的责任、加重相对人的责任、限制或剥夺相对人的权利、不合理地

---

① See Peter Cartwright, *Banks*, *Consumers and Regulation*, Hart Publishing, 2004, pp. 3 – 4.

② 参见周仲飞:《银行法研究》,上海财经大学出版社 2010 年版,第 408 页。

③ 参见台湾地区台北地方法院 1997 年简上字第 36 号、第 261 号、第 510 号、第 582 号判决;杨淑文:《消费者保护法关于定型化契约规定在实务上之适用与评析》,载杨淑文主编:《新型契约与消费者保护法》,中国政法大学出版社 1999 年版,第 122 页。

转嫁风险,对此相对人或不知情,或虽知情,也不得不接受。在格式合同相对人为自然人,而该格式合同又与其专业知识无关的情况下,自然人属于消费者范畴,应当受特别保护。然而在格式合同之相对人为非个体消费者(包括合伙、法人等)时,上述原因仍然存在,并不能以相对人身份由自然人转变为合伙或法人而排除消费者保护法的适用。①

笔者认为,公司法人作为同金融机构在交易中的平等主体,若其可以基于缺乏专业金融知识而主张消费者法的特别保护,则片面地给金融机构加重了责任,且增加了法律适用的不确定性,不符合消费者权益保护法的立法原意。法人的内控机制使其具有对金融产品的交易进行审慎审查的能力和义务,发生纠纷时,应当作为平等主体适用民法、合同法、竞争法等进行处理,由法官根据事实情况对于弱势一方法人进行保护,而不可一概的适用消费者法。

第三节　消费者经常居所地法在金融消费者合同中的适用

一、消费者经常居所地法适用的范围

《罗马条例Ⅰ》关于消费者经常居所地法的特别条款包含在第6条中,该条规定了适用范围:(1)仅适用于消费者合同,但对于消费者合同作了相对宽泛的定义:自然人非出于商业或职业活动目的(消费者)而与从事商业或职业活动的另一方(专业营销人员)订立的合同。该定义取自《布鲁塞尔条例Ⅰ》第15条第1款。② 基于《罗马条例Ⅰ》序言第七段,《罗马条例Ⅰ》中的相关定义和实体适用范围应与《布鲁塞尔条例Ⅰ》和《罗马条例Ⅱ》保持一致。(2)仅保护"消极消费者"(passive consumers),即那些仅在其经常居所地市场消费的自然人。③ 合同应订立于消费者的本国市场,即合同的要约与承诺应在消费者经常居所地作出,实质上要求经营者须在消费者经常居所地开展营销活

---

① 参见詹森林:《消保法对于法人之适用问题》,载《法官杂志》1999年第2期。

② Article 15(1) of the Brussels I Regulation provides: "In matters relating to a contract concluded by a person, the consumer, for a purpose which can be regarded as being outside his trade or profession..."

③ See Francisco J Garcimartin Alferez, "The Rome Ⅰ Regulation: Much Do about Nothing", *European Legal Forum* 8, 2001, p. 61.

动,这既包括经营者本身出现在消费者经常居所地,也包括通过网络等其他手段进行远程营销(远程营销目的国可以包括但不限于消费者经常居所地),且有关产品和服务的要约必须在消费者经常居所地向其作出。

二、消费者经常居所地法适用的条件

金融机构的义务主要包括向客户提供金融产品与服务,二者之间主要是服务提供关系,首先应适用《罗马条例Ⅰ》第4条第1款第2项的规定:"服务提供合同,依服务提供者的经常居所地法。"[①]只有在满足特定条件的情况下,消费者经常居所地法才得以适用。

(一)"提供服务或信贷为目的"标准

经营者履行合同的目的应是向消费者提供其专业领域以外的货物、商品或服务,或者为了该目的而提供信贷。[②] 但在欧盟境内,在成员国法与《罗马公约》以及后来的《罗马条例Ⅰ》之间仍然有关于金融服务定义不一致的情况,例如,以定期贷款和透支贷款为外在形式的消费信贷是否包含于金融服务范畴的争议曾经久不歇。[③] 英国高等法院曾在"罗斯柴尔德有限公司诉公平人寿保险公司案"(Rothschild Limited v. Equitable Life[④])中提出,基于银行贷款合同不属于服务合同的范畴,因而直接贷款不在消费者保护规则的适用范围之内。但不久之后,在对英国《不正当竞争指令》[⑤]作出解释的"公平交易委员会诉第一国民银行案"(Director General of Fair Trading v. First National

---

① Article 4(1) of the Rome Ⅰ Regulation Provides:"(a) a contract for the sale of goods shall be governed by the law of the country where the seller has his habitual residence; (b) a contract for the provision of services shall be governed by the law of the country where the service provider has his habitual residence..."

② Article 5(1) of the Rome Convention.

③ See Apostolos A. Gkoutzinis, *Internet Banking and the Law in Europe: Regulation, Financial Integration and Electronic Commerce*, Cambridge University Press, 2006, p. 298.

④ N. M. Rothschild Limited v. Equitable Life Assurance Society [2002] EWHC 1022.

⑤ Council Directive 93/13/EEC of 5 April 1993 on unfair terms in consumer contracts, 1993 OJ No. L95/29, 2 April 1994.

Bank plc)[①]中,英国上议院[②]作出了相反的判决,认为消费信贷合同属于服务合同。在法国,曾经出现基层法院认为贷款合同不属于消费者保护规则适用的范畴,[③]但其他很多基层法院对于该问题却持相反的意见的情况。[④] 而在德国,德国联邦法院也曾将直接贷款排除出消费者保护规则的适用范围之外。[⑤]

欧盟的消费者合同法律适用规则包括三个层面:第一层面是《罗马条例Ⅰ》;第二层面是某些指令中涉及消费者合同的专门法律适用条款;第三层面是成员国的特殊规定,复杂交错的规则增加了法律适用的困难与歧异。[⑥] 欧盟立法者们意识到了协调法律适用规则相互之间关系的重要性,在《罗马条例Ⅰ》序言第40段中规定:"应避免出现法律冲突规则分散于各种法律文件以及这些规则之间存在歧义的情况……"序言第23段规定了条例与其他共同体法律条款的关系:"除第7条外,在特定领域就合同之债制定了法律选择规则的共同体法律条款,其适用不受本条例影响。"

《布鲁塞尔条例Ⅰ》中将消费者保护适用于"商业和专业活动"的合同中,包括信贷服务。[⑦] 而《罗马条例Ⅰ》的序言第26段明确规定:"为本条例之目的,《金融市场指令》附录I中A和B部分所指的专业营销人员为消费者提供

---

① Director General of Fair Trading v. First National Bank plc. [2002] 1 AC 481 (HL).

② 上议院(House of Lords直译贵族院),是英国国会的上院(upper house)。英国国会同时也由英国君主与下议院(British House of Commons,直译庶民院)组成。除了立法功能以外,上议院昔日尚拥有司法权,对联合王国内所有民事案件及除苏格兰以外的刑事案件拥有终审权。历史上,上议院的司法职能并不由全院共同行使,而是交由院内具法律经验的议员们,即人称"上议院高等法官"(Law Lords)者。至于对于英联邦地区案件的终审权,则基本上由联合王国枢密院行使之。不过,按《2005年宪制改革法案》(Constitutional Reform Act 2005)规定,于2009年10月成立的联合王国最高法院已接收上议院司法职能。

③ TGI Strasburg, 02.04.2001, *Recueil Dalloz Sirey*, Cahier Droit des Affaires [2002] at p. 2935.

④ CA Colmar, 24.02.1999, 1999 ZIP 1210 – 11; J. Calais Auloy and F. Steinmetz, *Droit de la Consommation*, Dalloz Publishing, 2003, p. 8.

⑤ BGH NJW 1997, 1697.

⑥ 欧盟关于消费者合同的法律适用规则不仅包括《罗马条例Ⅰ》,还有各种指令中的冲突法条款。比如《消费者合同不公平条款指令》《消费品销售及担保指令》《远程销售合同指令》《消费信贷指令》等。这些指令中包含的法律适用条款,目的就是在涉及选择第三国法律时保护欧盟消费者。《消费者合同不公平条款指令》第6条第2款规定,各成员国应采取必要的措施,确保消费者在选择非成员国法律作为合同准据法时不丧失指令给予其的保护。《消费品买卖指令》第7条第2款也有这样的规定,并要求和成员国有领土联系。

⑦ Article 15(1)(c) of the Brussels I Regulation.

的诸如证券服务、投资服务和从属服务等各种金融服务，以及有关出让共同投资企业股份的合同……仍受本条例第 6 条调整。”[①]该条明确规定《罗马条例Ⅰ》消费者保护条款适用于金融服务，包括信贷合同。

此外，欧洲法院在 Societé Bertrand v. Paul Ott KG[②] 的判决中特别指出，消费者保护规则适用于进行买卖货物或提供服务的合同，包括延期付款信贷合同、分期付款信贷合同或直接融资信贷合同等。该判例旨在进一步扩展消费者保护规则的适用范围，不局限于传统定义上的货物买卖与服务提供合同，而延伸到融资合同、信贷合同等主要由金融机构所提供服务的领域。[③]

“服务合同”的范畴应当包括信贷合同，这样消费者能够得到《罗马条例Ⅰ》中消费者保护条款更为全面的保护。首先，从消费者的角度来看，若将服务合同的定义狭窄化，将导致消费者保护措施的适用受到局限。[④] 其次，以整个欧盟的角度来看，《罗马条例Ⅰ》的目的是实现合同适用法律的一致，若不同成员国对于服务合同的定义差异过大，则难以实现《罗马条例Ⅰ》促进跨境民商事交流的益处，实际上限制了信贷服务的自由流动，[⑤]最终将使欧盟市场一体化的目标难以实现。

（二）“特定与实质的联系”标准

第二个适用消费者经常居所地法的要求，是合同必须与消费者经常居所地具有严格的地域性联系。[⑥] 对比《罗马公约》和《罗马条例Ⅰ》，不难发现后者明显扩大了消费者经常居所地法的适用范围，[⑦]不要求必须由经营者提起要约邀请，而代以“在消费者经常居所地从事商业或职业活动，以及通过某种

---

① Para. 26 of the Recital of the Rome Ⅰ Regulation.

② Case C – 150/77 Societé Bertrand v. Paul Ott KG [1978] ECR 1431, para. 20.

③ Apostolos A. Gkoutzinis, *Internet Banking and the Law in Europe: Regulation, Financial Integration and Electronic Commerce*, Cambridge, Cambridge University Press, 2006, p. 299.

④ Case C – 203/99 Veedfald v. Aarhus Regional Authonity [2001] ECR 1 – 3569, para. 15.

⑤ Case C – 484/93 Svensson and Gustavasson v. Ministre du Logement er de l' Urbanisme [1995] ECR I – 3955.

⑥ Case C – 96/00 Rudolf Gabriel v. Schlank & Schlick GmbH [2002] ECR I – 6367, para. 41.

⑦ 《罗马公约》第 5 条规定，消费者保护适用的前提是经营者须在订立合同前曾经对消费者发出专门的邀请或者登过广告，而且消费者在该国，为了订立合同已采取一切必要的步骤；或者如果另一方当事人或其代理人在该国接受了消费者订货单时；或者如果合同是关于货物销售的，而消费者是从该国来到另一国并在该地送出其订货单的，但消费者此项旅程是由卖方吸引消费者购买货物的目的而安排。

手段,将此种活动指向该国或者包括该国在内的多个国家,并且合同处于该活动范围之列”。[①] 金融机构向国外消费者主动发出的,内容为要约邀请的电子邮件可以满足“通过某种手段,将此种活动指向消费者所在地”的要求,但消费者主动向国外金融机构发出要约邀请的电子邮件则不能达到这个效果。[②]

在网站上公布的产品和服务销售广告能否构成向特定外国消费者的要约邀请,也是有争议的问题之一。要约邀请只是希望别人向自己发出要约的意思表示,因此要约邀请可以向不特定的任何人发出,也不需要在要约邀请中详细表示权利义务条款,因此无论对于发出邀请一方还是接受邀请一方都没有约束力。由金融机构在网站上发布的信息常常仅包含产品介绍、价目表、广告等,面向不特定的受众,但并不包含交易条件,即不包含合同的条款,不能因当事人意志内容产生法律关系,本质上属于要约邀请。[③]

网站上公布的金融产品和服务销售广告成立要约邀请当无疑问,但其是否构成向特定的外国消费者提出要约邀请呢?《罗马条例Ⅰ》中对此没有明确的说明,基于《罗马公约》和《罗马条例Ⅰ》之间的传承性,我们可以借鉴《久里亚诺·拉加德报告》(Giuliano-Lagarde Report)有关的论述,即消费者经常居所地法适用的条件是金融机构必须就其产品与服务“在特定的消费者经常居所地的诸如新闻、广播、电视等大众媒体上,或者以在该地电影院进行广告和发布商业手册等方式开展宣传活动”。[④] 金融机构与外国消费者必须有特

---

① Article 6(1) of the Rome Ⅰ Regulation.

② Andrew Rayner v. Richard Davis [2002] EWCA Civ 1880 (CA), para. 26.

③ 《联合国国际货物销售合同公约》是关于国际商事合同领域最重要的国际公约之一,截至2017年2月其缔约方共84个,涵盖了主要的国际贸易国家和地区,在国际贸易领域具有重要的影响,该公约关于要约邀请的规定可资借鉴。按照《联合国国际货物销售合同公约》第14条规定,向一个或一个以上特定的人提出的订立合同的建议,如果十分确定并且表明要约人在得到接受时承受约束的意旨,即构成要约。一个建议如果写明货物并且明示或暗示地规定数量和价格或规定如何确定数量和价格,即为十分确定。非向一个或一个以上特定的人提出的建议,仅应视为邀请作出要约,除非提出建议的人明确地表示相反的意向。《国际商事合同通则》第2条借鉴了《联合国国际货物销售合同公约》的规定:“订立合同的建议如果十分确定,并且表明要约人在得到承诺时承受约束的意旨,即构成要约。而且,本规定所用的语言完全是广义的,涵盖了所谓自动化订立合同的情况,适用于电子商务合同的订立。”

④ See Mario Giuliano and Paul Lagarde, *Report on the Convention on the law applicable to contractual obligations*, *Official Journal of the European Communities*, 1980, Commentary to Article 5: “...done certain acts such as advertising in the press, or on radio or television, or in the cinema or by catalogues aimed specifically at that country.”

定和实质上的联系，在网络上向全世界发布的要约邀请，或者全世界刊行的印刷品不能满足“特定和实质的联系”的要求。[①] 在《久里亚诺·拉加德报告》中举了个例子：一位德国消费者向在一本美国杂志上登载的广告作出了回应，虽然在德国能够买到这本杂志，但是由此缔结的合同仍不能适用消费者保护条款，除非在该美国杂志中明确表明其面向欧洲读者发行。

“特定与实质的联系”标准要求金融机构必须在消费者经常居所地开展销售活动，在这里由哪一方提出要约是关键。若由金融机构向消费者提出要约，则合同可以适用消费者经常居所地法，反之则否。[②] 有学者认为，如果网站上的信息清楚地表明了金融机构有与某些特定国家的消费者缔结合同的意向，则可认定金融机构通过网络将经营活动指向特定国家的消费者，应适用消费者经常居所地法。[③] 在现代技术条件下，金融机构可以在其网站上注明其产品和服务所面向的国家，并能够分辨和拒绝在网络上来自其注明特定国家以外消费者的要约。[④] 此外，可以通过金融机构网站上所使用的语言、指明交易应使用的货币以及特定的法律条款等方面来推断其业务所指向的国家。可以得出结论，金融机构通过网站或其他电子商务手段向位于国外的特定消费者发布的要约邀请，满足“通过某种手段，将此种活动指向该国或者包括该国在内的多个国家”的行为要件。

根据弱者保护原则，合同的法律选择不能剥夺消费者经常居所地法的特别保护已成共识，但也有限制，即仅保护所谓的“消极消费者”，到另一国家主动购买商品或服务的“移动消费者”就不在适用之列。[⑤]《罗马公约》第5条保

① 欧盟理事会和委员会在有关《第44/2001号(欧共体)条例》第15条的联合声明中指出："企业在消费者的住所地所在的成员国或者在包括该成员国在内的多个成员国境内开展活动并不足以满足适用第15条第1款第3项的条件，而且合同还必须系在该活动范围内订立。"该声明还指出："尽管网址能提供订立远程合同的可能性，并且事实上也订立了远程合同，采用何种方式在所不论，但仅仅基于网址的可访问性并不足以成为适用第15条的依据。这时，网址使用何种语言或者货币并不重要。"参见《罗马条例Ⅰ》序言第二十四段。

② Andrew Rayner v. Richard Davis [2002] EWCA Civ 1880 (CA), para. 43.

③ See Richard Plender & Michael Wilderspin, *The European Contracts Convention: The Rome Convention of the Choice of Contracts*, Sweet & Maxwell, 2001, p. 146.

④ See Peter Mankowski, "Das Internet im Internationalen Vertags und Deliksrecht", ed. by Jürgen Basedow etc., *Rabel Journal of Comparative and International Private Law*, 1999, pp. 242-252.

⑤ 参见许军珂：《论消费者保护的法律选择模式——欧美模式与中国模式之比较、启示与思考》，载《法学家》2011年第5期。

护的是消极消费者，怎样使这些“移动消费者”的权利也受到保护？《罗马公约》曾试图进行改革，在其草案中增加保护“移动消费者”的条款，但受到来自商业利益集团的反对，最终没有成功。[①] 因为如果把积极的主动消费者合同也纳入“消费者经常居所地法”的适用范围，经营者在其本国经营时，也会面对许多难以预料到的、不同的消费者经常居所地法适用的可能性，过于增加了经营者的负担。

三、消费者经常居所地法适用的例外

（一）特定类型合同准据法的直接适用

《罗马条例Ⅰ》第4条第1款中规定了一系列在未选择法律情况下，排除消费者经常居所地法的特定类型合同的法律适用，包括货物销售合同、服务合同、有关不动产物权或租赁的合同、特许销售合同、分销合同、通过拍卖方式订立的合同、在多边交易系统下订立的合同等。

上述合同分为三类：第一类包括专门在消费者经常居所地之外的其他国家向消费者提供服务的合同以及与不动产物权有关的合同。与服务合同关系联系更密切的是服务提供地，与不动产物权合同关系联系更密切的是不动产所在地，而非消费者的经常居所地，消费者很难期望其经常居所地法律适用的效力可以超越最密切联系这一普遍原则。第二类是除欧共体理事会《关于一揽子旅游的第90/314号指令》[②]所规定的旅游合同之外的其他运输合同，该类合同直接适用《罗马条例Ⅰ》第5条（运输合同）的规定。第三类规定与以融资为目的的金融工具合同排除消费者经常居所地法，这是在《罗马公约》中没有，而在《罗马条例Ⅰ》中出现的新规定。

（二）特定金融服务合同中的排除适用

在以融资为目的的金融工具或国际股票交易市场中的消费者可能来自不同的国家，从而造成某一个交易可能适用数个外国消费者经常居所地法的情况，给法律适用带来过度的复杂性，不合理地提升了经营者的法律成本，同时发行和发售条件的统一性难以得到保证。此外，金融工具的本质是一系列以

---

① See Norbert Reich, *Cross-Border Consumer Protection*, *in Understanding EU Consumer Law*, ed. by Hans W. Micklitz etc., Intersentia publishing, 2009, p.274.

② Council Directive 90/314/EEC of 13 June 1990 on package travel, package holidays and package tours.

融资为目的的协议的集合，由复杂的权利义务关系构成。应确保构成金融工具的各种权利与义务不受适用于消费者合同的一般规则支配，因为这会导致对所发行的每种金融工具因适用不同法律而改变其特性，妨碍交易和发行。①因而，有必要对消费者合同的法律适用作出例外规定，排除金融工具和股份转让合同。

《罗马条例Ⅰ》第4条规定，在多边交易系统下以金融工具为融资手段以满足客户包括投资、消费等不同的需求而订立的合同，如果依照非由当事人自主选择的法律，能有助于集中保护在《金融工具市场指令》所特指的融资手段②下众多第三人的买卖利益，该法律应得以适用。该条特别规定，在多边交易系统下消费者经常居所地法不得适用于该条中所列的合同，③目的在于确保与发行者或发售者据此对消费者负有义务相关的所有合同方面均由唯一的法律支配。

第四节　强制性规则对金融消费者合同法律适用的影响

一、强制性规则对合同准据法的限制

根据《罗马条例Ⅰ》第9条的规定，法院在审理涉外合同案件时，若适用准据法为外国法，则不得与内国或与合同履行有密切联系的第三国法律中的强制性规则相抵触，否则后者有优先适用的效力。冲突规则的适用旨在达到跨国案件中判决的一致性和可预见性，而强制性规则的适用对其有所减损。金融机构通过网络向位于外国的消费者提供服务，在满足特定条件的情况下，不论在消费者经常居所地法院还是金融机构所在地法院受诉，均应适用消费者经常居所地法。但在不同国家法院，法律适用要受到其本国和与合同履行有密切联系的第三国法律中的强制性规则的损益，这样就造成了同一案件在不同法院起诉，即使在存在国际统一法律适用规则的情况下，其法律适用仍有所不同的情况。

---

① Article 28 of the Rome Ⅰ Regulation.

② 《金融工具市场指令》附录一第C节所列之金融工具。

③ Article 6(4)(e) provides:"…(consumer protection shall not apply on) a contract concluded within the type of system falling within the scope of Article 4(1)(h)."

二、适用于金融消费者合同的强制性规则

《罗马条例Ⅰ》对于强制性规则的性质、范围与内容语焉不详，究竟何种规则如此重要，以至于可以排除准据法而直接适用，不同的国家有不同的规定。强制性规则体现了对法院地公共利益的考量，适用特定的国内法规则对于法院地国的重要性大于适用冲突规则，而不论该国内法规则是属于私法还是公法范畴。[①]《罗马条例Ⅰ》没有对强制性规则的具体范围进行划分和确定统一的标准，而是让各国自主规定哪些公共利益具有强制性的效力，这样就要对适用国内法所要实现目的进行分析。

欧洲学者普遍认为，如果法院地法中的强制性规则体现了更强的公共秩序和政策利益要求，那么可以优先于《罗马条例Ⅰ》适用。[②] 而且欧盟成员国对相关指令的转化适用以及更严格的国内法，在特定情况下比统一规则更适合于个案的裁决。[③] 依国内法规制本国的经济运行，保护正当竞争、本国货币以及维护金融系统的稳定是强制性规则的重要作用之一。[④] 优先适用于跨国金融服务合同的强制性规则集中体现在金融监管法规、竞争法和消费者权益保护法等法规之中，属于广义上的公法范畴，体现了内国对于规制金融交易的单边利益要求，同时如英国《消费信贷法》等符合"共同利益"的国内法也可能优先适用。[⑤] 针对跨国金融服务的限制措施可能是歧视性的，也可能是非歧视性的；可能表现为实体规则，也可能表现为冲突规则。强制性规则大多属于

---

① 本书所讨论的强制性规则与"强行法"(*ius cogens*)又称"一般国际法强制性规范"的概念不同，其中拉丁文"法"(ius)是指本源意义上的"法"，而不是具体意义上的"法律"。"强行法"是源于罗马法的一个术语，指那些不能为合同当事人变更的规则，它与可以变更的任意法相对应，在现代社会的习惯中，这个术语更多的多与国际公法联系起来，指依据自身利益、公共意识或相互善意对待的愿望而确定的对一国行动自由的限制。参见张乃根：《西方法哲学史纲》(增补本)，中国政法大学出版社2002年版，第29～30页；[英] 戴维·M. 沃克：《牛津法律大辞典》，李双元等译，法律出版社2003年版，第597页。

② BGHZ 135, 124; BGH WM 1994, 14, 1; Richard Plender & Michael Wilderspin, *The European Contracts Convention: The Rome Convention on the Choice of Law for Contracts*, 2nd ed., Sweet & Maxwell, 1999, p. 195.

③ Ingmar GB Ltd. v. Eaton Leonard Technologies Inc. [2002] ECR I-9305.

④ See Apostolos A. Gkoutzinis, *Internet Banking and the Law in Europe: Regulation, Financial Integration and Electronic Commerce*, Cambridge University Press, 2006, p. 306.

⑤ Huntpast Ltd. v. Leadbeater [1993] CCLR 15.

合理的非歧视性限制措施。[①] 这样即使金融机构在国际业务中已遵循其母国的监管标准,也仍有可能要受到服务提供目的国更严格的国内法的规制。[②]

根据欧共体《第二号银行指令》的规定,[③]凡在欧共体一成员国内取得许可证的信用机构,有权在其他成员国内自由设立分行并提供经许可的服务,而无须经东道国的另行许可或授权。单一银行许可是欧共体银行业一体化的集中体现,也是《第二号银行指令》的一项核心内容。这一原则的适用例外是很有限的,只受到公共利益条款的限制,欧共体信用机构行使单一许可项下的权利,不得与东道成员国为保护公共利益的法律规定相冲突。[④] 法国银行监管机构曾规定,限制银行向活期存款的储户支付利息。[⑤] 该监管措施体现了当时法国保守的货币与经济财政政策,适用于:(1)法国银行开立的活期存款账户,不考虑储户的国籍和住所地;(2)国外银行为居住在法国的储户开立的账户,即使国外银行符合其母国监管法律。[⑥] 在这种情况下,外国银行以支付优惠利息以吸引客户的营销策略受到限制,从而难以与具有缜密本地营销网点的法国国内银行相竞争。该措施影响了外国银行,尤其是主要通过网络经营电子银行业务、没有实际网点的银行进入法国市场。后经欧洲法院裁定,法国监管机构无法证明该措施具有维护当地公共秩序的必要性,其对于活期存款账户的这种限制措施违反了欧共体《第二号银行指令》,造成了对金融服务自由流动的严重阻碍。[⑦] 从冲突法的角度来看,法国法院的上述限制是基于当时《罗马公约》第7条有关强制性规则的规定,该案反映了国内政策可能优先于准据法适用的现实。

---

① 参见刘轶:《论欧盟金融服务法中的服务自由原则》,载《暨南学报》(哲学社会科学版)2008年第2期。

② Case C – 382/87 Buet and EBS [1989] ECR 1235.

③ The Second Council Directive (89/646/EEC) of 15 December 1989 on the co-ordination of laws, regulations and administrative provisions relating to the taking up and pursuit of the business of credit institutions and amending Directive 77/780/EEC (Second Banking Directive).

④ 参见李仁真:《论欧共体银行法的特有原则》,载《法学评论》1999年第3期。

⑤ Regulation No. 86 – 13 of the Comité de la Réglementation Bancaire et Financière (Committee for Banking and Financial Regulation).

⑥ Article L312(3) of the Code Monétaire et Financier (Monetary and Financial Code).

⑦ Case C – 442/02 Caixa-Bank France v. Ministère de I'Economie, de Fiances et de I'Industrie [2004] ECR I – 8961, paras. 13 – 16. 在欧洲法院对Caixa-Bank案作出判决之后,法国活期存款利息禁止令被取消。See Règlement No. 86 – 13 du 14 mai 1986 relatif à la rémunération des fonds reçus par les établissements de crédit, as amended.

三、强制性规则限制适用的必要性

一国强制性规则的效力只及于其领域内，但法院有权裁量涉外合同关系与法院地是否有最密切联系。消费者在法院地国的经常居所通常可以作为充分的联系因素，但同时也需要附加考虑其他因素，如在法院地接到国外金融机构的要约邀请、在法院地缔结或履行合同等。① 在对消费者权益的保护方面，强制性规则的适用并不必然对消费者的权益不利，只有将强制性规则的具体内容与合同的准据法进行对比分析，才能够客观评价其实际影响。强制性规则主要是在非歧视的基础上实施的，不会限制外国经营者进入消费者经常居所地市场。② 但从欧盟金融一体化的角度来看，强制性规则对于金融服务的自由流动产生了限制。

强制性规则对于跨国金融服务自由流动的影响需要从个案分析，包括实体规则内容以及法院裁量的不同都会对适用结果造成极大的影响，而这对于当事人来说在缔结合同的过程中是很难预料到的。金融机构在其固定的营业地通过网络向位处不同国家的消费者提供服务时，经常会面临这个问题。在法律适用上的单边主义会造成对跨国金融服务业的不利影响，因而内国法院应当基于鼓励国际贸易的原则慎重权衡，除非在确有必要或在符合“共同利益”③的前提下才适用强制性规则。若允许内国法院不受限制地将有关货币

---

① See Roy Goode, *Consumer Credit Law and Practice*, 1st ed., LexisNexis Butterworths, 1999, p. 49.

② See Apostolos A. Gkoutzinis, “Free Movement of Services in the EC Treaty and the Law of Contractual Obligations Relating to Banking and Financial Services”, *Common Market Law Review* 41, 2004, pp. 119 – 175.

③ 在欧洲一体化的早期阶段，服务自由原则主要适用于歧视性的贸易限制措施。后来，司法实践的发展使这一原则也适用于那些不符合“共同利益”(general good)的非歧视性限制措施，而合理的非歧视性限制措施则通过金融服务指令来协调。在欧盟金融服务法中，共同利益是一个纯粹的司法概念，泛指极重要的公共利益要求(imperative public interest requirements)。20世纪70年代，欧洲法院为了通过判例法补充《罗马条约》第30条关于数量限制例外的规定，在有关货物自由流动案件的判决中创设了这一概念。后来，这一概念在有关金融服务的案件和金融服务指令中也得到了推广。在欧盟金融服务法中，共同利益标准被用来判断成员国国内法中限制设立和服务自由的非歧视性措施是否合理。从司法实践来看，限制了服务贸易的国内法措施如果具备了“必要性”(necessity)、“比例性”(proportionality)和“相称性”(suitability)等要素，就会被认为是符合共同利益的。See Susanne K. Schmidt, “The Impact of Mutual Recognition: Inbuilt Limits and Domestic Response to the Single Market”, *Journal of European Public Policy*, Vol. 9(6), 2002, pp. 937 – 938.

及经济财政政策作为强制性规则优先适用于合同纠纷,金融服务的自由流动和市场一体化将受到消极影响。主要体现在金融机构不得不去对产品与服务进行调整,以适应目标市场国的法律,这样就增加了其成本,并且减损了产品的国际竞争力,最终会造成对金融服务跨国流动的阻碍和消费者选择的减少。而那些本国管制较严格的金融机构,却会在相对更加自由和管制宽松的外国市场中受益,这种情况会导致各国金融监管机构进一步加强监管,最终将妨碍国际市场壁垒的降低和跨国金融服务的自由流动。

第五节　可资中国借鉴的欧盟金融消费者合同法律适用模式

一、欧盟与美国模式的区别

欧盟金融消费者合同的法律适用模式,以适用消费者经常居所地法为核心,分为四个层面:(1)适用主体:包括自然人非出于商业或职业活动目的(消费者)而与从事商业或职业活动的另一方(专业营销者)订立的合同,且仅包括"消极消费者";(2)适用条件:合同旨在提供金融服务和信贷,并与消费者经常居所地有严格的地域性联系("特定与实质的联系");(3)适用例外:仅适用于消极消费者,不适用于主动(移动)消费者,不适用于以融资为目的的金融工具、可转让证券与企业股份转让合同;(4)特殊保护:当事人可根据意思自治选择合同准据法,但此种选择的结果,不得剥夺未选择法律时依照《罗马条例Ⅰ》本应适用法律中的强制性规则给予消费者提供的保护。

在美国立法中,没有像欧盟立法那样把消费者合同作为特殊合同形式,而仅把它视为普通的合同,当事人可以自由选择法律适用,法院通过"公共秩序""当事人或交易与所选择法律所在地有实质联系"等来达到保护消费者的目的。[①] 在实践中,由于"公共秩序"与"最密切联系"等概念缺乏统一的认定标准,出现了一些相矛盾的判决。[②] 美国与欧盟立法的歧义,一方面是由英美法系的个案处理与大陆法系的执行制定法的法律传统造成;另一方面也是基

---

① 参见许军珂:《论消费者保护的法律选择模式——欧美模式与中国模式之比较、启示与思考》,载《法学家》2011 年第 5 期。

② See James J. Healy, "Consumer Protection Choice of Law: European Lessons For the United States", *Duke Journal of Comparative and International Law* 19, 2008, pp. 537 – 538.

于不同的政策取向，美国各州早期多通过竞争法来实现消费者保护，而欧盟一直以来将消费者保护视为一项独立的政策。美国曾经尝试在美国《统一商法典》的修订中引进欧盟模式，但最终没有成功，反对意见多来自大公司经营集团，它们不愿承担适用消费者经常居所地法而带来的法律成本和风险。① 还有一个重要的原因，就是美国的宪法体系对合同冲突法的限制，如果强制适用消费者经常居所地法，会违反宪法的“充分信任条款”。②

二、中国有关立法规定

《法律适用法》已于2011年4月1日起施行，该法第42条规定：“消费者合同，适用消费者经常居所地法律；消费者选择适用商品、服务提供地法律或者经营者在消费者经常居所地没有从事相关经营活动的，适用商品、服务提供地法律。”显然，立法者首先采用了“惯常居所”（habitual residence）这一国际社会普遍适用的连结点，并以“经常居所”作为表达；然后采用限制性意思自治原则，即仅允许消费者选择商品、服务提供地法律；同时如果经营者在消费者经常居所地没有从事相关经营活动，那么适用商品、服务提供地法律。该条规定体现了弱者保护原则，立法规范符合国际发展的趋势，但仍有值得改进的余地。在《法律适用法》出台以后，国内业已有关于对其中消费者保护规则的评价和改良建议的公开发表成果，③在此不再赘述，而仅以对在金融消费者合同法律适用这个特殊方面提出欧盟立法模式的可资借鉴之处。

---

① See Jack M. Graves, Party Autonomy in Choice of Commercial Law: *The Failure of Revised U. C. C. §1 - 301 and a Proposal for Broader Reform*, Vol. 36, *Seton Hall Law Review*, 2005, p. 68.

② 《美国宪法》第4条第1款规定：“每一州对其他各州的公务文书，公记录和司法程序，必须给予充分的忠实和信任。国会可以制定普遍性的法律，规定该文书，该记录和程序必须证明方式及其效果”。也即，每一个州对其他州合法成立的法律、行政决定和法院判决，必须充分信任，承认其效力。如果说，联邦法律效力最高原则，是解决不同等级之间的法律冲突，那么充分忠实和信任原则，旨在解决同级各州之间的法律冲突。他们都是联邦制度的向心力量。信任原则要求每一州对于依照其他州的法律或者司法程序所创造的权利和责任，不能任意忽视，必须把它们作为全国的构成部分，不论其产生之州为谁，在任何州都可以得到救济。See William J. Woodward Jr., “Contractual Choice of Law: Legislative Choice in an Era of Party Autonomy”, *SMU Law Review* 54, 2001, p. 697.

③ 参见于颖：《〈涉外民事关系法律适用法〉第42条评析》，载《法学评论》2011年第2期；许军珂：《论消费者保护的法律选择模式——欧美模式与中国模式之比较、启示与思考》，载《法学家》2011年第5期。

三、欧盟立法模式的可资借鉴之处

首先，金融消费者身份的确定。基于金融消费的独特性，自然人客户利用投资获利大多并非是终端行为，而更多是为了增加资本进行再生产或进行终端消费。个人投资是否可以作为金融消费的一种类型在中国的学术和实践中仍存在不同意见，建议在司法解释中对其进行确定，以促进司法审判实践的确定性和规范化。投资人拥有金融专业知识的程度和范围比较主观，难以作为其消费者身份的客观考量因素，不应自动排除具有金融专业知识的客户。可以授权法官根据实际情况，包括投资的目的、投资人的工作性质等方面进行考量，或者在法律解释中规定从事金融行业等职业的专业人员不具有金融消费者的身份。

其次，《中华人民共和国涉外民事关系法律适用法》要求在没有法律选择的情况下直接适用消费者经常居所地法，没有明确规定消费者在纠纷发生后是否有权选择经营者所在地法，这显然不符合当今国际社会消费者合同法律适用中"最有利原则"的理论和实践。[①]《中华人民共和国涉外民事关系法律适用法》第42条第1款规定，消费者合同适用消费者经常居所地法律；但很有可能发生的事实是，在消费者受损害的涉外合同纠纷中，消费者经常居所地法律对该消费者的保护水平没有经营者所在地法律提供的保护水平高。[②] 为了切实保护消费者的利益，应规定消费者在纠纷发生后有权选择适用对其更有利的法律。同时，在群体诉讼中，适用经营者所在地法也可以避免适用多个消费者经常居所地法所带来的不便和对经营者的额外诉讼负担。

---

① 各国为了实现国际私法的实质正义价值，大都在法律适用领域规定了最有利原则。如1982年南斯拉夫《法律冲突法》第28条规定，除个别情况另有规定外，民事侵权责任依行为实施地法或结果发生地法，其适用视何种法律对受害人最为有利。1999年12月9日经济合作与发展组织理事会通过的《电子商务中消费者保护指南》规定，政府应该努力保证为消费者和商人提供公平，使消费者的保护水平不低于在其他商业形式中给予的保护水平，并给消费者提供有益的公平程序，以及时解决争端和赔偿问题，并没有过度代价或负担。美国巡回法院在"海特诉布恩案"(Hyatt *v.* Boone)中也认为：关于产品质量的书面说明之表达，虽然当事人各自所在的州执行两种不同的标准，而且必须承认的是，这两种标准在实践中存在较大差距，但法院应当从最有利于保护消费者利益的角度，选择其中一种标准来进行判决。参见刘益灯：《涉外网络消费中的法律难点问题研究》，载《政治与法律》2011年第9期。

② 参见许军珂：《论消费者保护的法律选择模式——欧美模式与中国模式之比较、启示与思考》，载《法学家》2011年第5期。

最后,《中华人民共和国涉外民事关系法律适用法》第 42 条规定了消费者经常居所地法的适用,但没有明确规定以融资为目的的金融工具和股份转让合同是否排除适用。由于金融工具和股份转让交易一般会涉及多个客户,金融交易电子商务化的影响下这种状况更加明显,服务提供者常会面对众多来自不同国家的消费者。中国金融机构在进行跨国金融工具和股份转让交易的时候,有可能适用不同国家金融消费者的经常居所地法,将面对不同国家法律查明的复杂性与应诉所耗费的巨大人力物力。《罗马条例Ⅰ》第 6 条明确规定了消费者保护规则不适用于金融工具交易,值得《中华人民共和国涉外民事关系法律适用法》的借鉴。

国际语境下的消费者保护更需要实体法与冲突法的结合,《中华人民共和国涉外民事关系法律适用法》的规定符合国际发展的趋势,但仍有值得改进的余地,尤其是金融消费者合同的特殊性决定了有必要在一般规则的基础上加以特别规定。相较于授权法官进行自由裁量以保护消费者权益的美国模式,以 2008 年《罗马条例Ⅰ》为基础的对于金融消费者法律适用规则进行特别规定的欧盟模式,更值得中国立法的借鉴。

第九章　金融服务自由潮流下中国相关法律适用规则之完善

讨论金融服务合同在中国的法律适用问题,需要将其放在我国金融业发展的大环境中进行分析。国际市场中金融服务自由化的趋势与应对是当前我国金融业改革的主题,也是复杂的问题,既牵涉国家宏观金融政策的取向,也与法制建设密切相关。我国历来实行的较严格地以行政为主导的金融管制政策,这在1997年亚洲金融风暴和2008年环球金融危机中体现了较强的抗风险能力,但不同的发展阶段需要有不同的对策。《巴塞尔协议》和世界贸易组织有关金融服务贸易协定①的加入,是中国金融改革的方向所在,同时对于相关法制也产生了影响。而在中国第一部单行国际私法法律《中华人民共和国涉外民事关系法律适用法》出台之后,涉外金融服务合同的法律适用有了明确的指引,但仍有不足,应借鉴《罗马条例Ⅰ》等较成熟完善的国际统一冲突法规则,立足于我国实践进行完善。

---

① 世界贸易组织体制下的金融服务贸易法律文件包括《服务贸易总协定》,即GATS及其两个金融服务附录和《关于金融服务承诺的谅解》《全球金融服务协议》。

第一节 金融自由与金融抑制

金融自由与金融抑制(financial repression)是两个相对应的术语,支持金融自由的观点认为,金融发展对于一国经济的发展具有关键作用,因而发展中国家应当着力发展金融业,推动金融自由化以实现国家经济的飞跃发展。而金融抑制主义则相反,更加强调金融安全,要求国家对于金融业加强管制。金融抑制主义在实践中体现为:金融工具形式单一,且银行主要经营存贷款业务;金融机构种类单一,商业银行在金融活动中居于绝对的主导地位;融资水平低、规模有限。① 金融抑制是发展中国家对于其金融、经济、社会发展状况在特定时期内的必然选择,但是长远来看,金融抑制会成为阻碍国家进一步发展的制度障碍。

金融自由化要求金融资本和服务的自由流动,与金融市场的全球化相辅相成,而金融自由化与监管是相消减的。金融业的行业特点就是高负债经营,在融资领域中的风险积累与金融业与生俱来。② 金融自由化加剧了金融系统和秩序的脆弱性,加大了各国面临的金融风险。金融市场的全球化使不同国家适用同一游戏规则,但相对于发达国家来说,发展中国家的金融市场比较落后,监管网络覆盖不全,抗风险能力差,这样使推行金融自由化的发展中国家面临着更大的金融风险。③ 根据发展中国家的现实情况,在金融市场全球化的潮流中,仍需对金融运行保持一定的监管,而金融监管在某种意义上主要是法律的监管,即保持法律对金融运行管制的力度。

第二节 中国面对金融自由化的选择

1997 年亚洲金融危机爆发后,经济学界对金融危机进行了多角度的研究。通过研究发现,出现金融危机的国家在危机爆发前有一些共同点:事实上的固定汇率制,在金融监管体系不健全的情况下实行金融自由化和开放资本

---

① 参见[美] 罗纳德·麦金农:《经济发展中的货币与资本》,载《麦金农经济学文集》(第一卷),李瑶、卢力平译,中国金融出版社 2006 年版,第 50 页。

② 参见黄达主编:《金融学》,中国人民大学出版社 2003 年版,第 781 页。

③ 参见虞瑾:《论我国银行法体系的演进——兼论银行公法与银行私法的有关问题》,华东政法大学法律学院 2009 年博士学位论文,第 216 页。

账户，大量外国资本通过私人银行流入国内，银行债务以外币计值而且多数是短期债务，政府试图为银行的债务担保从而引起了严重的"道德风险"等。这些都是发展中国家金融监管失当的通病，而我国之所以能够避免亚洲金融危机对其造成严重的后果，却主要是因其备受国际社会指责的，以行政为主导的金融监管模式在危机中表现出较强的抗风险能力。2008 年次贷危机给美国金融带来的冲击，促成了以加强监管为主题的《多德—弗兰克法案》的出台。可见，一国对于其金融自由化的程度选择，应当根据这个国家与金融相关的监管、市场、政治机制、经济发展阶段等因素综合起来考察。

从我国的情况来看，金融自由化并不是万能的，我国作为最大的发展中国家，要在发展程度上赶上发达国家，需要以金融发展促进实体经济的发展。然而从实践来看，盲目的金融自由化，或者说不根据本国的国情进行的迅速全面自由化，则很可能造成金融体系的脆弱和风险的迅速积聚，导致难以收拾的结果。① 因而，我国面临金融自由化的合理选择，是按步骤地进行改革，《巴塞尔协议》和世界贸易组织有关金融服务贸易协定的加入，是我国金融改革的方向所在。

关于经济与法制的关系，理查德·波斯纳认为："在现代化进程中，国际经济繁荣需要一个适度的法制基础架构，其核心作用就是保护财产及合同权利。为创造这样的基础架构所需的法制改革，是采取一套由相对精确的法律规则所组成的制度，而不是为了改善该国的司法状况进行巨额投入；或者是采取更加自由灵活的标准。这样能够促成一个良性循环，即最初对法制改革的适度开支能促进经济增长率的增加，而随后的经济增长则能为更进一步的法制改革提供所需的资源。"②虽然理想的法制模式与一国的经济效率可以形成某种线性关系，但现实中还是存在很多反面的例证，如法律制度并不完善，但经济的发展速度却很快。这是因为在实际生活中存在许多法律的非正式替代物，这些替代物的存在和运行改变了或者说削弱了良好的法制架构对于一国经济发展的作用，而这些替代物的代价是昂贵的，而且极其可能造成不公平的

---

① 参见虞瑾：《论我国银行法体系的演进——兼论银行公法与银行私法的有关问题》，华东政法大学法律学院 2009 年博士学位论文，第 218 页。

② 参见[美]理查德·波斯纳：《为经济发展构筑法制框架》，载吴志攀、白建军主编：《经济的法制框架》，法律出版社 2004 年版，第 3 ~ 15 页。

后果。[1] 金融监管关键在于法律制度的健全,在我国传统金融监管体系中,行政监管起到了主导作用,但在金融自由化的潮流中,行政监管的色彩需要减退,代之以健全的法律制度。在全球金融市场一体化的背景下,金融法制不仅在本国具有效力,同时需要向外输出。在受到国际市场尊重的情况下,以国际礼让的方式,使国内立法也能够得到国际金融市场的认可,最终实现国内金融市场主体在国际市场中的权利与义务得到合理的承认与保护。

国际金融服务的自由化,一方面是融资的自由化;另一方面是规则的输出与引入。金融服务壁垒在一定时期可以保护发展中国家经济的健康发展,通过行政手段消除国内金融风险的累积,建立避风港以避免国际金融风险的波及。国家对于金融机构不良资产的剥离,自然是为了避免破产带来的大面积金融风险,但实际上是纳税人为金融机构的经营不善和制度缺陷埋单。金融服务壁垒是以低层次的发展水平和牺牲市场主体的实际利益为代价。超前的金融改革,不符合我国的现状;完全自由的金融体制,难以控缰资本逐利之本质。发展的关键,在于利用金融服务保护,而非依赖金融服务壁垒;合理的运用金融管制,构架健全的金融运行机制。金融改革,法制先行;我国当前的问题,不在于金融市场之规模,而在于金融法制之完善。

第三节 中国金融改革对金融服务合同实体适用规则的影响

一、影响的范围

金融法制,包括银行法、证券法等一系列的法律制度,由复杂的法律规章制度构成,是公法与私法性质兼具的"社会法",或"经济法"。金融监管是公法性较强的法律部门,金融体制的改革主要从金融监管入手,但金融法制一体混成,对于公法类法规的改革势必波及私法类法规。受限于当前金融法制的发展阶段,与金融服务有关的合同法律制度也并不完善,更勿论国际私法问题。《中华人民共和国涉外民事关系法律适用法》的出台,使我国有关涉外合同关系的法律适用有了专门性的指导法规,然而《中华人民共和国涉外民事关系法律适用法》中没有金融服务合同的特别划分,需要在实践中进一步解

---

① 参见虞瑾:《论我国银行法体系的演进——兼论银行公法与银行私法的有关问题》,华东政法大学法律学院2009年博士学位论文,第237页。

释和将一般规则适用于特定合同关系中。在实务中需要结合《中华人民共和国涉外民事关系法律适用法》与相关的国内法律，包括《中华人民共和国合同法》《中华人民共和国商业银行法》《中华人民共和国外资银行法》《中华人民共和国证券法》《中华人民共和国电子签名法》等一系列的法律法规来确定法律适用，确保当事人的权利的实现和义务的履行。因而金融服务合同的法律适用问题并不能仅靠一部《法律适用法》就能解决，而须适用与实体法相结合的成体系的法律制度。上述法律也需要进一步完善，《中华人民共和国合同法》《中华人民共和国商业银行法》《中华人民共和国外资银行法》《中华人民共和国证券法》等首当其冲，比如《中华人民共和国合同法》主要规范的是传统合同业务，对于金融创新业务的规范性没有特别规定。中国金融体制改革主要是对实体法进行修正，而实体法律法规的变动也对冲突规则、金融服务合同法律适用产生影响。

二、金融自由化发展与法制供给不足矛盾的影响

当前我国金融体制与国际金融服务自由化的矛盾包括是否进行利率制度的改革和混业经营等。金融自由化的主要改革措施就是利率自由化，而由于我国长期以来实施管制政策，利率自由化必然会导致利率水平的提高，然而利率水平短时期内骤然升高，将导致金融风险的快速积聚，进而影响国家金融秩序和经济运行的稳定。利率自由化可吸引外国企业向中国商业银行贷款，订立银团贷款合同。在未选择准据法时，银团贷款合同一般适用牵头行或代理行所在地法，即中国法，但是我国目前关于跨国银团贷款的法律规则很不完善，在实践中难以保护中国贷款银行的利益。若选择较完善的英国法或者纽约州法，我国目前则尚缺相关的实务人才与机制，难以在复杂的法律条文和合同条款中合理维护中方利益。同时，在利率自由化后，银行可以自主确定存贷款利率，造成银行间吸收存款的竞争加剧，造成存贷款利润变薄，使银行不得不开发高风险金融工具以提高利润。金融工具本身的权利义务结构复杂，并牵涉多个客户，发生争议后适用同一的法律，避免了金融机构因为缠讼而造成的额外成本。但由于金融工具的复杂性和高风险性，在我国没有健全的金融工具监管法律制度的情况下，易造成风险的积聚，难以全面保护当事人的利益。

而由分业经营向混业经营改革也是现在我国金融运行模式的改革方向之一，将银行、证券、保险等金融业务合并和联合经营，联合监管。我国商业银行

目前只能从事银行业务,导致其融资渠道有限,转移风险能力较弱。分业经营、分业监管不利于银行参与国际竞争,容易造成金融业队伍庞大而效率低下,造成重大的资源浪费。但就我国目前银行业、证券业和保险业的现状来说,在金融业整体发展水平不高,商业银行及证券公司的内控制度不完善,以银监会为监管主体的金融监管体系尚未完全搭建,监管面难以兼顾的情况下,分业经营优势明显,更加有利于我国金融业的健康成长,是当前的合理选择。① 然而,从长远来看,为了更好地参与国际竞争,利用国际融资,我国应当实行金融业的混业经营。当前我国应有步骤有秩序地安排金融混业的进程,根据我国银行业、证券业和保险业自身发展的水平和业务管理的能力以及金融法制完善的情况,来逐步推进金融混业经营的转变。

在混业经营的情况下,银行可以作证券、保险等业务的经营主体,在金融服务自由化的国际市场中参与国际竞争,必然要参与多边交易系统。由于长期的分业经营和分业监管,中国商业银行目前对证券、保险业经验缺乏,在多边交易系统中缔结的合同需要适用该系统的法律,而非中国商业银行熟悉的中国法,使之难以全面评估风险。

相对于商业银行而言,中国企业参与国际金融衍生品交易的结果也难以乐观,2008 年国有企业相继暴露出巨额衍生品的交易亏损。2009 年中国国际航空、东方航空及上海航空 3 家国有航空公司燃油套期保值合约公允价值损失也高达 131.7 亿元;中国远洋公司公布远期运费协议浮亏约 40 亿元。还有一些其他的中资企业和个人投资者在投资国际金融衍生品的同时,遭遇了大量的亏损。② 自 2007 年开始,中信泰富购进澳元的累计外汇期权合约,以对冲公司在澳大利亚铁矿石项目中面对的货币风险。但因为后来的澳元贬值,在一年内中亏损近 200 亿美元。③

衍生金融工具所代表的是以约定未来在当事人间交换特定金融标的物为内容的买卖合同之债。④ 金融工具合同的主要目的在于追求利润,但是,一旦

① 参见虞瑾:《论我国银行法体系的演进——兼论银行公法与银行私法的有关问题》,华东政法大学法律学院 2009 年博士学位论文,第 224 页。

② 《国资委表示央企投资金融衍生品多亏损》:载新浪网:http://news. sina. com. cn/c/2009-05-06/112917756515. shtml.,最后访问日期:2018 年 2 月 28 日。

③ 参见刘燕:《关注金融衍生交易的市场风险向法律风险的转化——对中航油、中信泰富事件的反思》,载《政法论丛》2010 年第 3 期。

④ 参见王旸:《衍生金融工具基础法律问题研究》,载《法学家》2008 年第 5 期。

盲目过度地使用金融衍生品,追求投机获利,那么此种合同就会蕴含着巨大风险。在当事人交易的过程中,所要签的往往是包含"敲出障碍期权""双外汇选低期权""看跌期权"等复杂的金融衍生工具的合同,具有很强的专业性。此外,出于效率的考虑,此类金融工具合同通常是以格式合同的形式出现,并具有高度的复杂性,作为买方的客户或消费者通常没有协商的余地,处于被动地位。金融工具交易其实就是法律文书的交易,法律文书量非常之大,在这种情况下,容易产生很多问题,出现一些条款不对等,即收益和风险的不对等。我国当事人需要慎重选择和研究准据法,以明确双方的权利和义务,并在纠纷发生后保护我方的合法利益。然而我国目前尚无专门的金融工具合同法律适用立法,其实体法律也不健全。同时我国消费者常常因为消费者保护规则在金融工具合同方面的排除,而不能适用其所熟悉的中国法。当前之策,是对以《罗马条例Ⅰ》为代表的欧盟法律适用规则进行研究和借鉴,完善我国的法律适用规则以解决金融领域的法律冲突问题,并系统研究因相对成熟健全而在国际金融市场上经常适用的英国法和纽约州法以及进行金融工具交易的多边交易系统所在国法律,并培养相关法律人才,以在国际交易和纠纷解决中维护中方利益。

第四节　中国金融服务合同法律适用规则的完善

金融服务合同的法律适用问题并不能仅靠一部冲突法法规就能解决,而需要有与实体法相结合的成体系的法律制度,上述法律也需要进一步完善,《中华人民共和国合同法》《中华人民共和国商业银行法》《中华人民共和国外资银行法》《中华人民共和国证券法》等的完善首当其冲。比如,《中华人民共和国合同法》主要规范的是传统合同业务,对金融创新业务的规范性仍不够,如对网上银行中电子合同的效力及证据采集、授信额度等内容没有进行规范。此外,在金融新型担保、投资资金、金融资产管理公司等方面也还没有制定相应的法律,金融业务方面的法律空白还大量存在。金融法律体系在规范市场主体方面,明显的区分了国内和涉外两大块,①对于涉外金融业务的法律规范更显得缺乏。

---

① 《中华人民共和国商业银行法》第88条规定:"外资商业银行、中外合资商业银行、外国商业银行分行适用本法规定,法律行政法规另有规定的,适用其规定。"

2011 年生效的《中华人民共和国涉外民事关系法律适用法》是新中国第一部国际私法单行立法,其中包含了系统的法律适用规则,是中国国际私法立法的最新成果,集中体现了当前中国国际私法的发展状况,但没有特定类型金融服务合同法律适用规则。在《中华人民共和国涉外民事关系法律适用法》生效后,中国大多数涉外金融服务合同争议的纠纷都将依据该法进行法律适用的确定。《中华人民共和国涉外民事关系法律适用法》是对法律适用进行概括性的立法,并没有特定的金融服务合同法律适用规则,其中以下就《中华人民共和国涉外民事关系法律适用法》中有关的几个特定方面与当前国际立法进行比较分析,并提出完善的建议。

一、最密切联系原则与特征性履行方法的适用逻辑

在确定金融服务合同准据法的法律适用规则中最重要的最密切联系原则与特征性履行方法,在《中华人民共和国涉外民事关系法律适用法》中也有规定。体现了最密切联系原则作为《中华人民共和国涉外民事关系法律适用法》中的“兜底条款”,在法律适用中的重要地位。然而对于何为“最密切联系”,尚没有规定客观标准,在司法实践中容易造成法官擅断和适用法院地法的倾向。①

(一)中国法院相关案例

例如,在巴润摩托车有限公司(Baron Motorcycles, Inc.)与美顺国际货运有限公司(Awellogistics Group, Inc.)海上货物运输合同纠纷案(以下简称“巴润诉美顺案”)②中,上海海事法院认为,该案系海上货物运输合同纠纷案件,运输目的港为美国迈阿密,当事人双方均系在境外注册的公司,本案具有涉外因素。巴润公司申请适用中国法,理由在于起运港在上海且合同履行地在中国,在美国法无法查明的情况下应当适用中国法律。美顺公司抗辩称,双方均为在美国注册的法人,提单背面条款约定运输中发生争议应适用美国法律;美国目的港的放货行为,根据最密切联系原则应适用美国法律。对于当事人双方关于法律适用问题的抗辩,上海海事法院裁定,当事人选择合同争议应适用的法律,应当以明示的方式进行。涉案提单背面虽然有适用美国法律的记载,

① 参见王艺:《涉外合同最密切联系款下的裁量权滥用及其控制》,载《法商研究》2015 年第 2 期。

② 上海海事法院(2007)沪海法商初字第 706 号。

但该提单系承运人单方面印制的格式条款，双方当事人并未就涉案纠纷的准据法达成合意。根据中国法律规定，当事人未选择合同争议应适用的法律，应当适用与合同有最密切联系的国家或者地区的法律。中国上海是涉案提单的签发地和运输起运港，因此，中国是与该案纠纷具有最密切联系的国家。上海海事法院裁定处理该案争议的准据法为中华人民共和国法律。后美顺公司对判决不服，提出上诉。

在上海市高级人民法院受理的上诉案（以下简称“美顺诉巴润案”）[①]中，法院认定巴润公司要求美顺公司在签发提单时将其列为记名收货人，故巴润公司与美顺公司海上货物运输合同成立有效，对双方当事人均有约束力。涉案提单正面和反面记载的条款，均应视为双方当事人意思表示一致的有效约定。中国法律规定合同当事人可以选择合同适用的法律，法律另有规定除外。涉案提单是双方当事人自愿选择适用的，提单背面条款明确约定适用美国《1936 年海上货物运输法》或《海牙规则》等，又鉴于涉案双方当事人均为在美国境内注册成立且营运的公司，涉案货物运输的目的港和纠纷又在美国境内，故双方当事人对适用美国法律解决涉案纠纷的书面约定是明确的且意思表示一致，并不违反中国的公共利益，应当予以尊重和认定。上海市高级人民法院判决：（1）原判未查明美国法律直接引用中国法律处理本案纠纷是适用法律错误，并予以纠正；（2）美顺公司关于适用美国法律的上诉理由成立，予以支持。

在“巴润诉美顺案”一审与二审不同的法律适用中，上海市高级人民法院认定美国法律作为准据法的判决更合理合法，而原判上海市海事法院以最密切联系原则，忽略当事人的法律选择而直接适用中国法作为准据法的做法，体现了法官水平对于法律适用的影响，同时也是因为立法中对最密切联系原则的运用没有一以贯之的客观适用标准。在这种情况下，适用特征性履行方法，确定特征性义务履行方所在地法是更合理的选择。

（二）特征性履行方法和最密切联系原则统一立法的发展

《中华人民共和国涉外民事关系法律适用法》第 41 条规定了特征性履行方法，但没有明确其与最密切联系原则之间的关系，而是规定了在当事人没有选择准据法的情况下，适用特征性履行方法或最密切联系原则。对于《中华人民共和国涉外民事关系法律适用法》第 41 条所存在的问题，可以借鉴《罗

① 上海市高级人民法院（2009）沪高民四（海）终字第 27 号。

马条例Ⅰ》中有关特征性履行方法和最密切联系原则的规定。

《罗马条例Ⅰ》对《罗马公约》的一些条款进行了解释或修订，在合同准据法领域中表现为特征性履行方法与最密切联系原则在合同准据法领域内地位的转换，是当前国际统一合同法律适用立法的最新成就。修订的主要内容包括：

第一，为了增强法律适用结果的确定性。《罗马条例Ⅰ》第4条第1款规定了具体合同种类确定特征性履行的方法：货物销售合同、服务合同、特许经营合同和分销合同等分别适用卖方、服务提供者、特许经营人和分销人员的经常居所地法；不动产物权或使用权合同适用不动产所在地法律；拍卖合同适用拍卖行为地法等。同时《罗马条例Ⅰ》第19条对"经常居所地"重新作了定义，使法律适用更加具有可预见性。

第二，《罗马条例Ⅰ》第4条第2款规定，如果合同不属于第4条第1款中所列明的种类或者具备了两种以上合同要素的，那么合同适用代表合同特征义务履行方的经常居所地的法律。特征性履行在《罗马条例Ⅰ》中成为在当事人未选择时确定法律适用的主要规则。

第三，如果不能根据上述两个规则确定合同法律适用的，那么，根据《罗马条例Ⅰ》第4条第3款，合同应当适用与其有最密切联系国家的法律。因此，《罗马公约》中的首要规则——最密切联系原则，在《罗马条例Ⅰ》中成为补充规则。①

在《罗马公约》中，特征性履行作为做密切联系原则的推定规则。而在《罗马条例Ⅰ》中，特征性履行上升为合同领域确定准据法的一般规则，而最密切联系原则则成为冲突规则的补充和例外，这些修改的主要目的在于保障欧盟范围内各成员国合同冲突规则的确定性和一致性。但与此同时，为避免具体规则和特征性履行性方法可能导致的在确定法律适用上的过于僵化，《罗马条例Ⅰ》在《罗马公约》的基础上重新确立了"例外条款"，其第4条第3款规定了"从整体情况看，合同明显与另一个国家存在密切联系，应该适用另一国的法律"。

（三）中国特征性履行和最密切联系原则立法的改进

依据特征性履行方法和最密切联系原则来确定涉外合同的准据法，应当

① 参见李凤琴：《欧盟合同之债法律适用制度的新发展》，载《时代法学》2010年第2期。

将《中华人民共和国涉外民事关系法律适用法》第41条和第2条[①]结合起来分析。根据《中华人民共和国涉外民事关系法律适用法》第2条，对涉外合同的法律适用应依据《中华人民共和国涉外民事关系法律适用法》的一般规定；如果其他法律对涉外民事法律关系适用有特别规定，且不与《中华人民共和国涉外民事关系法律适用法》内容冲突的，适用其他法律的规定；而当《中华人民共和国涉外民事关系法律适用法》与其他法律都未对涉外民事关系法律适用作出规定时，依最密切联系原则进行法律适用。

《中华人民共和国涉外民事关系法律适用法》中没有明确规定在适用特征性履行和最密切联系原则确定准据法时，不同法律规范之间的逻辑顺序与效力层级，参考《罗马条例Ⅰ》和有关国际立法的规定，[②]建议在《中华人民共和国涉外民事关系法律适用法》中明确规定：处理涉外合同法律适用问题，在当事人未选择合同准据法的情况下，首先应遵循《中华人民共和国涉外民事关系法律适用法》规定的一般性法律规则；在针对具体合同种类进行法律适用时，则可以参考2007年最高人民法院出台的《关于审理涉外民事或商事合同纠纷案件法律适用若干问题的规定》（已废止，以下简称《法律适用若干问题的规定》）所确定的17种合同的具体特征性履行规则进行确定；[③]上述法律都未作出规定的，适用最密切联系原则。在依据特征性履行方法可以确定准据法的情况下，作为例外，若有其他法律与涉案合同有更明显的联系，则适用

---

① 《中华人民共和国涉外民事关系法律适用法》第2条规定："涉外民事关系适用的法律，依照本法确定。其他法律对涉外民事关系法律适用另有特别规定的，依照其规定。本法和其他法律对涉外民事关系法律适用没有规定的，适用与该涉外民事关系有最密切联系的法律。"

② 特征性履行首次被引入立法实践见于1964年《捷克斯洛伐克国际私法》，该法并未明确规定最密切联系原则，也未指出第10条规定的内容系最密切联系原则的推定方法，但其区分合同种类并规定具体合同种类特征性履行规则的立法实践被视作实体法引入特征性履行方法的先驱。1978年《奥地利联邦国际私法》实现了将特征性履行方法与最密切联系原则联系起来的突破。继奥地利法律将特征性履行与最密切联系原则联系起来之后，瑞士在其基础之上作出了新的突破。瑞士1987年《关于国际私法的联邦法》第117条规定第该条被视为开创了特征性履行例外条款的先河。参见邹国勇：《外国国际私法立法精选》，中国政法大学出版社2011年版，第113页、第123页、第145页、第166页。

③ 在《法律适用若干问题的规定》第5条中，规定了人民法院应依据特征性履行和最密切联系原则确定合同争议应当适用的准据法，并将特征性履行方法作为最密切联系原则的具体化。更重要的是，《法律适用若干问题的规定》规定了十七种合同的最密切联系的法律，并在第五条最后设置了例外条款作为兜底条款："如果上述合同明显与另一国家或者地区有更密切联系的，适用该另一国家或者地区的法律"。

其他法律。

二、强制性规则的适用标准

在《中华人民共和国涉外民事关系法律适用法》出台之前，我国强制性规则的立法多采用传统国际私法的做法，即在公共秩序保留和法律规避制度中纳入强制性规则的适用。①《中华人民共和国涉外民事关系法律适用法》借鉴了强制性规则适用制度的最新发展成果，不仅在第 4 条中规定了强制性规则的适用，而且明确区分了公共秩序保留和强制性规则适用两种制度，肯定了强制性规则的独立价值。②

《中华人民共和国涉外民事关系法律适用法》司法解释虽然确立了强制性规则在中国的独立法律地位，但条文的内容仍存在一些歧义，缺少具体适用标准之处。仅规定了"中华人民共和国的法律有强制性规定的，适用该强制性规定"，并未规定外国法律中的强制性规则是否有直接适用的效力。同时，在司法实践中强制性规则与法律规避、公共秩序保留等制度实施的边界也有模糊之处。对于强制性规则的理解应当严格和谨慎，如果滥用，将大大折损国际私法的积极作用，甚至带来消极后果。③ 各国立法中有关跨国金融交易的强制性规则主要涉及外汇管制问题，而具有公法性质的外汇管制立法也是域外适用问题的焦点，各国在适用上有不同的标准，④需要进行明确的法律规定。同时，《中华人民共和国涉外民事关系法律适用法》没有对当事人选择法律后，准据法所属国的法律发生变动的情况下，应如何适用法律的问题作出规定。在跨国贷款合同关系中，如果中国商业银行贷款给国外借款人，并选择借款人本国法作为合同准据法，当借款人本国的外汇管制立法等发生变动时，该

---

① 如《中华人民共和国民法通则》第 150 条（公共秩序保留）、《中华人民共和国海商法》第 276 条（公共秩序保留）以及最高人民法院《关于贯彻执行〈中华人民共和国民法通则〉若干问题的意见（试行）》第 194 条（法律规避）、《法律适用若干问题的规定》第 6 条（法律规避）和第 7 条（公共秩序保留）。参见王立武：《国际私法强制性规则适用制度的发展趋势》，载《政法论丛》2012 年第 1 期。

② 参见王立武：《国际私法强制性规则适用制度的发展趋势》，载《政法论丛》2012 年第 1 期。

③ 参见刘仁山：《"直接适用的法"在我国的适用——兼评〈涉外民事关系法律适用法〉解释（一）第 10 条》，载《法商研究》2013 年第 3 期；林燕萍：《涉外民事关系法律适用法第 4 条及其司法解释之规范目的》，载《法学》2013 年第 2 期。

④ See Dicey, Morris and Collins, *The Conflict of Laws*, Sweet & Maxwell, 2010, p. 1593.

变动是否会对法律适用造成影响？若依变动后的法律，贷款银行的利益有可能受到损害；而若适用准据法变动之前的规定，则有可能产生争议，造成判决在借款人所在国难以被承认和执行的问题。需要明确哪些规范可以作为强制适用的规则，以减少在司法实践中不必要的障碍。

最高人民法院《关于适用〈中华人民共和国涉外民事关系法律适用法〉若干问题的解释(一)》第 10 条第 4 项规定，涉及外汇管制等金融安全的规定属于强制性规则而直接适用。与反垄断、文物保护等具有稳定性的长期政策不同，外汇管制等领域的政策在社会经济转型期可能会作出相对频繁的调整。金融自由的程度将影响强制性规则的范围与内容，金融创新的程度将影响合同法律关系的复杂性。欧盟金融服务合同法律适用规则的完善，要求法院地管制性法律和强制性规范的谦抑适用，合理利用强制性规则防范国际金融风险，有利于金融服务的自由流动和社会利益的最大化，也对建构我国区域金融市场法律框架具有借鉴意义。

三、金融机构法人属人法的确定

《中华人民共和国涉外民事关系法律适用法》第 14 条规定了法人及其分支机构的民事权利能力、民事行为能力、组织机构、股东权利义务等事项适用登记地法律。若法人的主营业地与登记地不一致的，可以适用主营业地法律，可推定金融机构及其分支机构的属人法适用登记地法律。《中华人民共和国涉外民事关系法律适用法》的规定没有将内国法人与外国法人的概念进行区分，而是统一了二者属人法的确定标准，即采用了设立地主义为主，实际住所地主义为辅的立法模式，在一定程度上反映了法人属人法设立地主义和实际住所地主义的融合，和在连结点上的多样化、软化的趋势，使我国法人属人法的规定更加灵活。

但是，既然确定了主营业地法律的优先地位，为何不直接规定法人的属人法适用主营业地法律？在法人属人法的确定上，《中华人民共和国涉外民事关系法律适用法》既规定了体现设立意思自治的登记地原则，也同时规定了体现经营客观标准的主营业地原则。《中华人民共和国涉外民事关系法律适用法》的立法本意或许是首先简便法律的适用，直接可以按照法人的登记地法作为其属人法，若金融机构法人的主营业地与登记地不同，则可以适用主营业地法。但是使用“可以”一词，又有模棱两可之嫌。

此外，“经常居所”作为连结点对于金融机构法人并不完全合适，该连结点更多地适用于确定自然人的属人法。因为自然人不可能同时在两个以上的地方居住,不可能同时需要遵守两个以上地方的法律。而法人尤其是跨国银行必然会同时在多个国家内从事提供金融产品或服务的活动,在多个国家内同时存在子银行或经营场所,需要遵守有营业活动的国家的法律。更合适的选择是在法人属人法的连结点中去掉“经常居所”这个概念,而确定主营业地作为法人的连结点。

四、金融消费者合同的法律适用

《中华人民共和国涉外民事关系法律适用法》第 42 条规定:“消费者合同,适用消费者经常居所地法律;消费者选择适用商品、服务提供地法律或者经营者在消费者经常居所地没有从事相关经营活动的,适用商品、服务提供地法律。”显然,立法者首先采用了“经常居所”(habitual residence,又译为惯常居所)这一国际社会普遍适用的连结点;然后采用限制性意思自治原则,即仅允许消费者选择商品、服务提供地法律;同时如果经营者在消费者经常居所地没有从事相关经营活动,那么适用商品、服务提供地法律。《中华人民共和国涉外民事关系法律适用法》关于消费者合同的规定体现了弱者保护原则,符合国际立法发展的趋势,但也有所不足。

首先,这种立法模式要求没有法律选择的情况下直接适用消费者经常居所地法,没有明确规定消费者在纠纷发生后是否有权选择经营者所在地法,这显然不符合当今国际社会涉外消费者合同法律适用中“最有利原则”的理论和实践。① 《中华人民共和国涉外民事关系法律适用法》第 42 条第 1 款规定,消费者合同适用消费者经常居所地法律。但很有可能发生的事实是,在消费者受损害的涉外消费合同纠纷中,消费者经常居所地法律对该消费者的保护水平没有经营者住所地法律提供的保护水平高。为了切实保护消费者的利

---

① 各国为了实现国际私法的实质正义价值,大都在法律适用领域规定了最有利原则。如 1982 年南斯拉夫《法律冲突法》第 28 条规定,除个别情况另有规定外,民事侵权责任依行为实施地法或结果发生地法,其适用视何种法律对受害人最为有利。1999 年 12 月 9 日经济合作与发展组织理事会通过的《电子商务中消费者保护指南》规定,政府应该努力保证为消费者和商人提供公平,使消费者的保护水平不低于在其他商业形式中给予的保护水平,并给消费者提供有益的公平程序,以及时解决争端和赔偿问题,并没有过度代价或负担。美国巡回法院在“凯悦诉布恩案”(Hyatt *v.* Boone)中也认为:关于产品质量的书面说明之表达,虽然当事人各自所在的州执行两种不同的标准,而且必须承认的是,这两种标准在实践中存在较大差距,但法院应当从最有利于保护消费者利益的角度,选择其中一种标准来进行判决。

益，应规定消费者在纠纷发生后有权选择适用对其更有利的法律。

其次，《中华人民共和国涉外民事关系法律适用法》第 42 条规定了消费者合同适用消费者经常居所地法，但没有明确规定有关金融工具的合同是否排除消费者保护规则。由于金融工具交易一般会涉及多个客户，这样我国金融机构在进行跨国金融工具交易时，有可能适用不同国家金融消费者的经常居所地法，更勿论对不同国家法律的查明的复杂性与应诉所耗费的巨大人力物力。《罗马条例Ⅰ》第 6 条明确规定了消费者保护规则不适用于金融工具交易，值得我国立法借鉴。此外，金融服务合同适用消费者保护规则的前提是金融服务或产品与消费者经常居所地有密切的联系，这也需要在司法实践中进一步完善。

结　语

金融是经济运行的动脉,完善健全的金融法制有利于经济和社会的健康发展,反之则有可能造成风险的累积,成为金融危机的策源。对积极参与全球金融市场、面对金融自由化潮流的我国来说,相关问题的研究具有现实价值。金融机构作为国际金融交易中的重要主体,其所涉及的法律问题纷繁复杂。本书就主要金融服务合同的法律适用问题,包括金融服务合同法律冲突问题的产生,存款合同、贷款合同、金融工具合同、信用担保合同的法律适用规则以及消费者保护在金融服务合同法律适用中的特殊性,包括电子商务对该问题的影响进行了分析和归纳。在以上论述的基础上总结了金融服务合同法律适用的发展趋势。

《中华人民共和国涉外民事关系法律适用法》确立了中国法院解决涉外合同法律适用问题的一般规则,并对特定的合同形式加以特别规定,是中国国际私法立法的一个里程碑。但在《中华人民共和国涉外民事关系法律适用法》中没有对金融服务合同法律适用问题进行特殊规定,需要依据一般性规则,并参照特定的合同形式解决该类型合同的法律适用问题。研究金融服务合同的法律适用,必须立足于全球金融市场一体化和金融服务自由原则,从公法与私法层面的交叉视角来分析立法原理,通过不同国家的法律条文和司法实践的比较来探讨中国所处的位置与选择,和相关法制完善的途径。总的来看,有以下几个问题

应得到重视,也是本书所分析的侧重点:

第一,应将礼让原则作为金融服务合同法律适用的指导性原则。建立在国家主权基础上的金融管制政策以及与此密切相关的金融法律的属地性,使法院地法的适用倾向在涉外金融服务合同案件审理过程中体现得尤其明显。但若各国法院仅考虑到本国的利益,不顾外国法适用的可能性而直接适用法院地法,则有可能使相同的法律关系在各国法院法律适用的结果不同。而且若在实践中不考虑冲突规则直接适用法院地法则会造成对胜诉方当事人不利的后果,即有可能会使判决难以在外国得到承认与执行,使当事人的权利与义务最终无法实现。此外,各国基于其金融政策、文化和经济发展程度的不同,对相关的法律适用也有所差别,在不同国家的法院起诉,可能会得到不同的结果,由此而助长了挑选法院的可能性。在法律冲突的解决中,应当重视礼让原则的适用。在相互依赖和交往合作已成为当代国际潮流的今天,为维护国际经济贸易的正常交往与发展,各国有必要对他国从保护本国金融秩序和经济利益出发而制定的金融法制的效力给予必要认可,对依外国法取得的权利予以尊重,通过国际礼让与合作以解决法律冲突。冲突规则是以方便时代对财富、技术和人的适当有序的跨国界流动的需要为基础的,若每个国家都穷尽每一个主张其狭隘利益的可能机会,将导致国际社会出现更多的不公正和正常生活模式的混乱。礼让原则的适用,符合金融自由潮流的要求,即便利金融产品与服务的自由流动,避免法院因受到各国金融管制政策的影响而加大适用法院地法的倾向,使金融服务合同当事人的权利与义务获得所涉国家法律的承认,处于稳定的状态,最终有利于国际金融市场的健康发展以及国家间金融秩序的和谐。

第二,应对金融服务合同的法律适用问题进行专门的研究。涉外金融服务业中有一系列特定的合同类型,以合同的标的分类主要包括涉外存款合同、涉外贷款合同、涉外信用担保合同等类型;以合同的主体分类主要包括商务合同、消费者合同等类型;以合同的媒介分类包括电子商务环境和普通环境下的金融服务合同等类型,自成体系。但综观国内外学术成果,尚未发现有对金融服务合同法律适用问题进行专门和综合分析的论著,现有的成果多是附随于金融法的实体问题之后,或者就单个问题进行分析。为全面和透彻的研究该问题,需要有完整和逻辑化的理论体系。应以法律冲突问题在金融服务合同中的特殊性为线索,将碎片化的金融服务合同法律适用问题进行系统的整合,通过对该问题进行整体分析以展现该问题的内在逻辑体系,并进一步展望该问题发展的趋势。

第三,应加强对金融工具法律冲突和法律适用问题的研究。作为一种特殊的合同形式,金融工具是随着金融国际化和电子化的逐渐深入而形成和发展的。由发行银行、多个投资人和经纪人构成,内部的权利义务关系具有多层次性。金融工具一般牵涉位于不同国家的多个当事人,其法律适用问题也极为复杂,在带来较高的利润的同时,也具有很大的风险性。学界现有对金融工具的研究多着眼于其实体问题,很少有专门分析其法律冲突问题的成果。《罗马条例Ⅰ》顺应了涉外合同法律适用问题的发展趋势,在其中特别规定了有关金融工具的法律适用条款,具有很高的研究和实用价值。金融工具交易法律冲突的特殊性是与其构成特征密切相关的,其法律适用也应有别于一般的涉外合同。与金融工具有关的另一个突出问题是对消费者保护规则在金融工具法律适用中的排除。鉴于在同一金融工具中一般牵涉多个消费者,若来自不同国家的数个消费者的经常居所地法得以适用,则有可能造成同一金融工具适用不同国家的法律,给发行机构带来额外的负担。消费者保护不是为了减损经营者的权益,而是平衡经营者和消费者之间的谈判能力。在避免给经营者带来过重负担而排除适用消费者经常居所地法的情况下,如何对消费者的合理权益进行保护也是一个值得研究的问题。

第四,应关注金融服务自由原则与冲突规则之间的互动。金融服务与产品在不同国家间的自由流动,是金融服务合同法律冲突产生的必要条件,而各国国内的冲突规则又对金融服务自由产生着积极或消极的影响。金融服务自由原则业已受到国内外学界的关注,但是该原则与法律冲突之间的互动目前尚鲜有研究成果问世。本书通过分析金融服务自由原则对冲突规则的影响,从国际统一立法和实践的宏观角度来审视金融服务合同的法律适用问题,并对我国的立法与司法实践提出建议。在国际层面上,因美国的次贷危机造成的全球金融风暴之后,金融服务自由原则的适用进入了一个新阶段,面临很多新问题;在国内层面上,我国目前正处在金融改革的关键阶段,机遇与挑战并存,需要立足于本国实践,以国际环境作为大背景,探索在金融自由潮流之下的中国道路。

本书还有尚待改进之处,首先,金融服务合同的法律适用问题涉及面很宽,牵涉复杂的法律冲突问题和金融专业知识,因时间和资料所限,尚未能对一些问题进行透彻和深入的研究。其次,本书主要立足于欧盟和中国有关文献与实践,附带提及美国及其他国家的资料,从综合比较的广度和深度来看,研究尚有一定的局限性。最后,鉴于金融服务合同法律关系的复杂性,本书所据以论述的逻辑体系尚有值得推敲之处。上述三点是笔者接下来所要继续推进的工作。

国际金融领域中的法律冲突问题研究具有极高的理论和实践意义,相对于国际金融中纷繁复杂的法律冲突而言,对金融服务合同的法律适用问题研究只是一个切入点,笔者且以这一段结束全文,亦是新的、更全面研究的开始。

参考文献

一、文献选编(以姓名拼音或英文字母为顺序)

(一)中文著作选编

1. 费安玲:《比较担保法》,中国政法大学出版社2004年版。

2. 高祥阳、陈宇:《国际银行法:合同银团与法律冲突》,中国人民大学出版社2003年版。

3. 韩德培主编:《国际私法》,高等教育出版社2007年版。

4. 韩德培:《韩德培文选》,武汉大学出版社1996年版。

5. 黄进主编:《国际私法》,法律出版社2005年版。

6. 黄达主编:《金融学》,中国人民大学出版社2003年版。

7. 何其生主编:《互联网环境下的争议解决机制:变革与发展》,武汉大学出版社2009年版。

8. 何其生:《统一合同法的新发展——〈国际合同使用电子通信公约〉评述》,北京大学出版社2007年版。

9. 金赛波、李健:《信用证法律》,法律出版社2004年版。

10. 李昌麒、许明月:《消费者权益保护法》,法律出版社2005年版。

11. 李金泽:《银行业法国际比较》,中国金融出版社 2008 年版。

12. 李双元、金彭年:《中国国际私法》,海洋出版社 1991 年版。

13. 梁慧星主编:《中国财产法》,法律出版社 1998 年版。

14. 李双元、徐国建主编:《国际民商新秩序的理论建构》,武汉大学出版社 1998 年版。

15. 漆多俊主编:《经济法论丛》,中国方正出版社 1999 年版。

16. 万鄂湘:《国际强行法与国际公共政策》,武汉大学出版社 1991 年版。

17. 王传丽:《国际贸易法》,法律出版社 2004 年版。

18. 王建国:《衍生金融产品》,西南财经大学出版社 1997 年版。

19. 王军、陈洪武:《合同冲突法》,对外经贸大学出版社 2003 年版。

20. 王泽鉴:《民法债编各论》(第 2 册),台北,台湾五南图书出版股份有限公司 1985 年版。

21. 肖永平:《法理学视野下的冲突法》,高等教育出版社 2008 年版。

22. 尹龙:《网络金融理论初论:网络银行与电子货币的发展及其影响》,西南财经大学出版社 2003 年版。

23. 杨紫煊主编:《经济法》,法律出版社 2000 年版。

24. 余永定、郑秉文:《中国入世研究报告:进入 WTO 的中国产业》,社会科学文献出版社 2000 年版。

25. 周仲飞、郑晖编著:《银行法原理》,中信出版社 2004 年版。

26. 周仲飞:《银行法研究》,上海财经大学出版社 2010 年版。

27. 张乃根:《西方法哲学史纲》(增补本),中国政法大学出版社 2002 年版。

28. 邹国勇:《外国国际私法立法精选》,中国政法大学出版社 2011 年版。

(二)外文译著

1. [美]弗兰克・法伯齐等:《资本市场:机构与工具》,汪涛译,中国人民大学出版社 2010 年版。

2. [美]理查德・波斯纳:《为经济发展构筑法制框架》,陈煌恒译,载吴志攀、白建军主编:《经济的法制框架》,法律出版社 2004 年版。

3. [美]罗纳德・麦金农:《经济发展中的货币与资本》,载《麦金农经济学文集》(第 1 卷),李瑶、卢力平译,中国金融出版社 2006 年版。

4. [英]戴维・M. 沃克:《牛津法律大辞典》,李双元等译,法律出版社 2003 年版。

5. [英]莫里斯:《戴西和莫里斯论冲突法》,李双元等译,中国大百科全书出版社 1998 年版。

6. [英]劳特派特:《奥本海国际法(中译本)》(上卷,第 1 分册),王铁崖、陈体强译,商务印书馆 1981 年版。

7. [英]马丁·沃尔夫:《国际私法》,李浩培、汤宗舜译,法律出版社 1988 年版。

8. [英]莫里斯:《法律冲突法》,李东来等译,中国对外翻译出版公司 1990 年版。

9. [西]戈西马丁·阿尔弗雷泽:《跨境上市:国际资本市场的法律问题》,刘铁、卢青译,法律出版社 2010 年版。

(三)外文著作

1. American Law Institute, *Restatement of the Law, Conflict of Laws 2nd*, American Law Institute Publisher, 1979.

2. Apostolos A. Gkoutzinis, *Internet Banking and the Law in Europe: Regulation, Financial Integration and Electronic Commerce*, Cambridge University Press, 2006.

3. Brian W. Harvey & Deborah L. Parry, *The Law of Consumer Protection and Fair Trading*, Butterworths Publishing, 2000.

4. Bryan A. Garner (ed.), *Black's Law Dictionary*, Thomson West Press, 2010.

5. Christoph Reithmann & Dieter Martiny ed., *Internationales Vertragrecht*, Otto Schmidt Publishing, 2004.

6. Charles Proctor, *The Law and Practice of International Banking*, Oxford University Press, 2010.

7. Cheshire, North & Fawcett, *Private International Law*, Oxford University Press, 2008.

8. Christoph Reithmann & Dieter Martiny ed., *Internationales Vertragrecht*, Otto Schmidt Publishing, 2004.

9. Dicey, Morris & Collins, *The Conflict of Laws*, London, Sweet & Maxwell, 2010.

10. Ernst Rabel, *The Conflict of Laws, A Comparative Study: Foreign Corporations, Torts, Contracts in General, Michigan*, University of Michigan

Law School Press, 1960.

11. Gerald Spindler, *E-Commerce in Europe*, *Multi-Media und Recht*, Beilage Publishing, 2000.

12. Maisie Ooi, *Shares and Securities in the Conflict of Laws*, Oxford University Press, 2003.

13. Graham Robert, *Law Relating to International Banking*, Woodhead Publishing, 1998.

14. J. Calais Auloy & F. Steinmetz, *Droit de la Consommation*, Dalloz Publishing, 2003.

15. Jean-Gabriel Castel, *Canadian Conflict of Laws*, Butterworths Publishing, 2002.

16. J. Milnes Holden, *The History of Negotiable Instruments in English Law*, Athlone Press, 1955.

17. John Carswell, *The South Sea Bubble*, Stanford University Press, 1960.

18. Martin Wolff, *Private International Law*, Clarendon Press, 1950.

19. Murray N. Rothbard, *The Case Against the Fed*, Ludwig von Mises Institute Publisher, 2007.

20. Paul Samuelson & William Nordhaus, *Econimics*, McGraw-Hill/Irwin Publishing, 2004.

21. Peter Cartwright, *Banks*, *Consumers and Regulation*, Hart Publishing, 2004.

22. Philip R. Wood, *Conflict of Laws and International Finance*, Sweet & Maxwell, 2007.

23. Philip R. Wood, *International Loans*, *Bonds*, *Guarantees*, *Legal Opinions*, Sweet & Maxwell, 2007.

24. Raymond Jack, *Documentary Credits*,LexisNexis Publishing, 2000.

25. Richard Plender & Michael Wilderspin, *The European Contracts Convention*: *The Rome Convention of the Choice of Contracts*, Sweet & Maxwell, 2001.

26. Richard Posner, *Economic Analysis of Law*, Wolters Kluwer Law & Business, 2014.

27. Roy Goode, *Consumer Credit Law and Practice*, Butterworths

Publishing, 1999.

28. Stephan Rammeloo, *Corporations in Private International Law*, Oxford University Press, 2001.

29. Samuel Livermore, *Dissertations on The Questions Which Arise from the Contrariety of the Positive Laws of Different States and Nations*, Wakeman Press, 2010.

30. Thomas Rudolf Maria Pius Keijser, *Financial Collateral Arrangements*, Kluwer Law Publishing, 2006.

31. Ulrich Magnus & Julius von Staudingers ed., *Kommentar zum BGB mit EGBGB und Nebengesetzen EGBGB/Internationales Privatrecht*, Walter de Gruyer Publishing, 2002.

(四)中文论文

1. 陈兵、顾敏康:《〈谢尔曼法〉域外适用中“礼让”的变迁与启示》,载《法学》2010 年第 5 期。

2. 陈建华、程杞国:《金融危机有效的金融监管》,载《中国企业报》2002 年 3 月 29 日,第 16 版。

3. 陈荣传:《法学教室:国际私法上法人国籍的问题》,载《月旦法学杂志》1995 年第 2 期。

4. 陈卫佐:《欧共体国际私法的最新发展——关于合同之债准据法的〈罗马 I 规则〉评析》,载《环球法律评论》2010 年第 2 期。

5. 曹佃州、蔡芳:《存款合同探析》,载《湖北经济学院学报》(人文社会科学版)2005 年第 1 期。

6. 董继松、吴洁:《商业银行高净值客户的管理与维护》,载《金融论坛》2010 年第 9 期。

7. 范晓亮:《欧盟金融消费者合同法律适用规则研究》,载《武大国际法评论》2013 年第 2 期。

8. 洪艳蓉:《现代民法中的弱者保护》,载《河南省政法管理干部学院学报》2000 年第 4 期。

9. 胡军:《网络银行的若干法律问题研究》,载《兰州学刊》2007 年第 12 期。

10. 黄进:《中国涉外民事关系法律适用法的制定与完善》,载《政法论坛》2011 年第 3 期。

11. 黄进、邹国勇:《欧盟民商事管辖权规则的嬗变——从〈布鲁塞尔公约〉到〈布鲁塞尔条例〉》,载《东岳论坛》2006 年第 5 期。

12. 黄亚英、李薇薇:《论国际信用证交易中准据法的确定》,载《中国法学》2002 年第 3 期。

13. 郭德香:《论银行担保的法律实践及其完善》,载《河北法学》2011 年第 5 期。

14. 郭俊秀、丁洁:《电子银行立法若干法律问题研究》,载《厦门大学法律评论》2004 年第 7 辑。

15. 季立刚:《国际商业贷款协议中应注意的准据法问题》,载《上海金融》1997 年第 5 期。

16. 李凤琴:《欧盟合同之债法律适用制度的新发展》,载《时代法学》,2010 年第 2 期。

17. 李金泽:《关于公司法律冲突及其协调的若干问题思考》,载《江海学刊》1998 年第 6 期。

18. 李仁真:《论欧共体银行法的特有原则》,载《法学评论》1999 年第 3 期。

19. 李仁真:《巴塞尔委员会电子银行业务风险管理原则》,载《国际金融研究》2002 年第 3 期。

20. 李仁真、程吉生:《国际银行破产法律冲突的若干问题研究》,载《时代法学》2004 年第 2 期。

21. 李仁真、刘轶:《论欧盟服务法中的相互承认原则》,载《法学评论》2006 年第 4 期。

22. 廖凡:《间接持有证券的权益性质与法律适用初探》,载《环球法律评论》2006 年第 6 期。

23. 刘贵祥:《独立保函纠纷法律适用刍议》,载《人民法院报》2009 年 6 月 25 日,第 6 版。

24. 刘仁山:《国际民商事判决承认与执行中的司法礼让原则——对英国与加拿大相关理论及实践的考察》,载《中国法学》2010 年第 5 期。

25. 刘燕:《关注金融衍生交易的市场风险向法律风险的转化——对中航油、中信泰富事件的反思》,载《政法论丛》2010 年第 3 期。

26. 刘轶:《论欧盟金融服务法中的服务自由原则》,载《暨南学报》(哲学社会科学版)2008 年第 2 期。

27. 龙文懋:《知识产权权利客体析疑》,载《政法论坛》2005 年第 5 期。

28. 蔺捷:《〈金融工具市场指令〉对交易场所间竞争的影响》,载《证券市场导报》2008 年第 7 期。

29. 彭鹏:《欧盟〈金融担保协议指令〉及其 2009 年修订述评》,载《金融法苑》2010 年第 1 期。

30. 彭锡华:《见索即付保函若干法律问题研究》,载《理论月刊》2001 年第 11 期。

31. 佘延宏:《海牙〈关于经由中间人持有证券的某些权利的法律适用公约〉述评》,载《武大国际法评论》2004 年第 1 期。

32. 苏颖霞、王葆莳:《国际证券抵押物权关系法律适用原则初探——兼评〈关于由中间人持有证券若干权利的法律适用公约〉》,载《时代法学》2005 年第 1 期。

33. 孙占利:《电子订约中要约邀请与要约的区别——UECIC 第 11 条》,载《法学杂志》2008 年第 4 期。

34. 谭民、付文佚、舒旻:《"直接适用的法"之理论分析》,载《云南财经大学学报》2006 年第 4 期。

35. 王保树:《经济体制转变中的经济法与经济科学的转变》,载《法律科学》1997 年第 6 期。

36. 王立武:《国际私法强制性规则适用制度的发展趋势》,载《政法论丛》2012 年第 1 期。

37. 王旸:《衍生金融工具基础法律问题研究》,载《法学家》2008 年第 5 期。

38. 吴弘、徐振:《金融消费者保护的法理探析》,载《东方法学》2009 年第 5 期。

39. 肖永平、龙威狄:《论中国国际私法中的强制性规范》,载《中国社会科学》2012 年第 10 期。

40. 谢宝朝:《论〈罗马条例 I〉对欧盟合同冲突法的发展及对我国的启示》,载《西南政法大学学报》2010 年第 3 期。

41. 邢勇:《论欧洲货币存贷款合同的法律适用》,载《国际金融研究》2001 年第 6 期。

42. 徐冬根:《论法律直接适用理论及其对当代国际私法的影响》,载王铁崖、李兆杰主编:《中国国际法年刊》,法律出版社 1994 年版。

43. 许军珂:《论消费者保护的法律选择模式——欧美模式与中国模式之比较、启示与思考》,载《法学家》2011 年第 5 期。

44. 杨淑文:《消费者保护法关于定型化契约规定在实务上之适用与评析》,载杨淑文主编:《新型契约与消费者保护法》,中国政法大学出版社 1999 年版。

45. 余保福:《论商业银行电子化业务法律风险的防范和化解》,载《金融论坛》2003 年第 2 期。

46. 詹森林:《消保法对于法人之适用问题》,载《法官杂志》1999 年第 2 期。

47. 邹国勇:《论欧洲联盟国际私法的统一化》,载《法学评论》2007 年第 1 期。

48. 张敏、万福良:《论国际私法中"直接适用的法"——兼评〈涉外民事关系法律适用法〉第 4 条》,载《南阳师范学院学报》(社会科学版)2011 年第 7 期。

49. 张庆麟:《析国际私法原则下外汇管制法的域外效力》,载《政法论坛》(中国政法大学学报)1998 年第 2 期。

50. 郑敏、唐斌:《试论国际银团贷款的法律适用》,载《重庆电子工程职业学院学报》2010 年第 1 期。

(五)外文论文

1. Andreas F. Lowenfeld, "Public Law in the International Arena: Conflict of Laws, International Law, and Some Suggestions for Their Interaction", *Recueil des Cours de I' Académie de Droit International*, Vol. 163(2), 1979, pp. 325 – 337.

2. Apostolos A. Gkoutzinis, "Free Movement of Services in the EC Treaty and the Law of Contractual Obligations Relating to Banking and Financial Services", *Common Market Law Review* 41, 2004, pp. 119 – 175.

3. C. G. J. Morse, Consumer Contracts, Employment Contracts and the Rome Convention, *International and Comparative Law Quarterly*, Vol. 41(1), 2002, pp. 8 – 10.

4. Christophe Bernasconi & Richard Potok, "PRIMA Convention Brings Certainty to Cross-border Deals", *International Financial Law Review* 22, 2003, pp. 10 – 17.

5. Christoph Kumpan, "Carrot and Stick: the EU's Response to New Securities Trading Systems", *European Company and Financial Law Review*, Vol. 3(4), 2006, pp. 383 – 407.

6. Clive M. Schimitthoff, "Conflict of Laws Issues Relating to Letters of Credit: An English Perspective", in *Clive M. Schmitthoff's Select Essays on International Trade Law*, ed. by Chia-Jui Cheng, Martinus Nijhoff Publishers, 1988, pp. 573 – 583.

7. Denis Petkovic, "The Proper Law of Letters of Credit", *Journal of International Banking Law* 4, 1995, pp. 141 – 152.

8. Fallon & Meeusen, "Le Commerce Electronique, la Directive 2000/31/CE et le Droit International Privè", *Revue Critique de Droit International Privé* 91, 2002, pp. 435 – 490.

9. Francisco J Garcimartin Alferez, "The Rome Ⅰ Regulation: Much Do about Nothing", *European Legal Forum* 8, 2001, pp. 61 – 80.

10. Francisco J Garcimartin Alferez, "The Rome Ⅰ Regulation: Exceptions to the Rule on Consumer Contracts and Financial Instruments", *Journal of Private International Law*, Vol. 5(1), 2009, pp. 85 – 103.

11. Herbert Kronke, "Capital Markets and Conflict of Laws", in *Collected Courses of The Hague Academy of International Law* 286, Leiden, Nijhoff, 2000.

12. Herbert Kronke, "Applicable Law and Jurisdiction in Electronic Banking Transactions", in *Legal Issues in Electronic Banking*, ed. by Norbert Horn, Kluwer Law International Publishing, 2002, pp. 73 – 91.

13. Herbert Kronke, "Applicable Law in Torts and Contracts", in *Internet: Which Court Decides? Which Law Applies?*, in Boele Woelki & Kessedjian ed., Kluwer Law International Publishing, 1998, pp. 60 – 75.

14. Jack M. Graves, "Party Autonomy in Choice of Commercial Law: The Failure of Revised U. C. C. § 1 – 301 and a Proposal for Broader Reform", *Seton Hall Law Review* 36, 2005, pp. 59 – 123.

15. James S. Rogers, "Policy Perspective on Revised U. C. C. Article 8", *UCLA Law Review* 43, 1996, pp. 1432 – 1503.

16. Jan Wouters, "Conflict of Laws and the Single Market for Financial

Services", *Maastricht Journal of European and Comparative Law*, Vol. 4(3), 1997, pp. 215 - 309.

17. Jürgen Basedow, "The Communication of Conflict of Laws", *Common Market Law Review* 37, 2000, pp. 687 - 708.

18. Jürgen Basedow, "Conflicts of Economic Regulation", *The American Journal of Comparative Law*, Vol. 42(2), 1994, pp. 423 - 447.

19. Luca Enriques, "EC Company Law and the Fears of a European Delaware", *European Business Law Review* 15, 2004. pp. 1259 - 1274.

20. Markus Haacker, "The ICT Sector and the Global Economy: Counting the Gains", in *Global Information Technology Report* 2004 - 2005, ed. by Soumitra Dutta and Augusto Lopez-Claros, Palgrave Macmillan Publishing, 2005.

21. Mario Giuliano and Paul Lagarde, "Report on the Convention on the Law Applicable to Contractual Obligations", *Official Journal C* 282, 31 October 1980.

22. Matteo Ortino, "EC Law on Cross-border On-line Financial Services", *European Business Law Review* 15, 2004, pp. 367 - 379.

23. Nicholas Creed, "The Governing Law of Letter of Credit Transaction", *Journal of International Banking Law* 2, 2001, pp. 43 - 57.

24. Norbert Reich, "Cross-Border Consumer Protection", in *Understanding EU Consumer Law*, ed. by Hans W. Micklitz etc., Intersentia Publishing, 2009, pp. 263 - 317.

25. Peter Mankowski, "Das Internet im Internationalen Vertags und Deliksrecht", *Rabel Journal of Comparative and International Private Law*, ed. by Jürgen Basedow etc., 1999, pp. 242 - 52.

26. Peter O. Mülber, "The Eclipse of the Law of Contract from a German Perspective", Guido Ferrarini and Eddy Wymeersch ed., *Investor Protection in Europe*, Oxford University Press, 2006, pp. 299 - 320.

27. Richard Potok, "The Hague Securities Convention: Closer and Closer to a Reality", *Journal of Banking and Finance Law and Practice* 15, 2004, pp. 204 - 219.

28. Roy Goode, "The Nature and Transfer of Rights in Dematerialised and

Immobilised Securities", Fidelis Oditah ed., *The Future for the Global Securities Market*, Oxford University Publishing, 1996, pp. 107 – 120.

29. Susanne K. Schmidt, "The Impact of Mutual Recognition: Inbuilt Limits and Domestic Response to the Single Market", *Journal of European Public Policy*, December, 2002, pp. 937 – 938.

30. Trevor Hartley, "Mandatory Rules in International Contracts: The Common Law Approach", 337 *Recueil des Cours de I'Académie de Droit International* 266, 1997.

31. Ulrich Drobnig, "Conflict of Laws and the European Economic Community", *American Journal of Comparative Law* 15, 1967, pp. 204 – 229.

32. William J. Woodward Jr., "Contractual Choice of Law: Legislative Choice in an Era of Party Autonomy", *SMU Law Review* 54, 2001, pp. 697 – 784.

33. Zheng Sophia Tang, "Private International Law in Consumer Contracts: A European Prospective", *Journal of Private International Law*, Vol. 6(1), 2010, pp. 225 – 248.

(六)学位论文

1. 高伟:《网络银行在电子支付中的民事责任》,黑龙江大学法学院 2009 年硕士学位论文。

2. 阚红艳:《合同准据法的适用范围》,西南政法大学法学院 2007 年硕士学位论文。

3. 李港:《美国冲突法下的国际礼让原则》,中国政法大学国际法学院 2011 年硕士学位论文。

4. 刘胜题:《国际银团贷款法律风险及控制》,华东政法大学国际法学院 2005 年博士学位论文。

5. 伍伟华:《论有价证券处分行为之准据法》,中国台湾地区政治大学法学院 2007 年博士学位论文。

6. 萧凯:《跨国证券交易的国际私法问题》,武汉大学法学院 2002 年博士学位论文。

7. 虞瑾:《论我国银行法体系的演进——兼论银行公法与银行私法的有关问题》,华东政法大学法律学院 2009 年博士学位论文。

二、案例选编

(一)中国法院案例选编

1. 最高人民法院(2002)民四终字第6号"中银香港公司诉宏业公司等担保合同纠纷案"。

2. 上海海事法院(2007)沪海法商初字第706号("巴润诉美顺案")。

3. 上海市高级人民法院(2009)沪高民四(海)终字第27号("美顺诉巴润案")。

4. 中国香港特别行政区法院 Kwok Chi Leung Karl v. Commissioner of Estate Duty [1988] 1 WLR 1035 (PC)。

(二)欧洲法院案例选编

1. Case C-82/71, [1972] ECR 119.

2. Case C-150/77, [1978] ECR 1431.

3. Case C-71/83, [1984] ECR 1-2417.

4. Case C-382/87, [1989] ECR 1235.

5. Cases C-92 &326/92, [1993] ECR I-5145.

6. Case C-484/93, [1995] ECR I-3955.

7. Case C-43/95, [1996] ECR I-4661.

8. Case C-274/96, [1998] ECR I-7637.

9. Case C-212/97, [1999] ECR I-1459.

10. Case C-58/98, [2000] ECR I-7919.

11. Case C-381/98, [2000] ECR I-9305.

12. Case C-208/00, [2000] ECR I-9919.

13. Case C-165/98, [2001] ECR I-2189.

14. Case C-203/99, [2001] ECR 1-3569.

15. Case C-96/00, [2002] ECR I-6367.

16. Case C-164/99, [2002] ECR I-787.

17. Case C-167/01, [2003] ECR 1-10155.

18. Case C-442/02, [2004] ECR I-8961.

(三)英国法院案例选编

1. Andrew Rayner v. Richard Davis [2002] EWCA Civ 1880 (CA).

2. Albeko v. Kamborian Shoe Machine Co. [1961] 111 LJ 519.

3. Arab Bank Ltd. v. BarclaysBank (DC &O) [1954] A. C. 495 (HL).

4. Banco de Vizcaya v. Don Alfonso de Borbon y Austria [1934] All ER 555.

5. Bank of Baroda v. Vysya Bank Ltd. [1994] 2 Lloyd's Rep. 87.

6. Bank of Credit & Commerce Hong Kong Ltd. v. Sonali Bank [1995] 1 Lloyd's Rep. 227.

7. Balmoral Supermarket Ltd. v. Bank of New Zealand [1974] 2 NZLR 155.

8. Bullock v. Unit Construction Co. [1960] A. C. 351.

9. Carr v. Carr (1811), 3.5 E. R. 799.

10. Clarke v. London and County Banking Co. [1897] 1 QB 552.

11. Devaynes and others v. Noble and others [1814–1823] All ER Rep 1.

12. Director General of Fair Trading v. First National Bank plc. [2002] 1 A. C. 481 (HL).

13. English, Scottish and Australian Bank Ltd. v. Commissioner of Inland Revenue [1932] A. C. 238 (HL).

14. Great Western Railway Co. v. London and County Banking Co. Ltd. [1901] A. C. 414 (HL).

15. Halesowen Presswork and Assemblies Ltd. v. National Westminster Bank Ltd. [1972] A. C. 785.

16. Head v. City of St. John's [1996] 148 Nfld. &PEIR 155.

17. Huntpast Ltd. v. Leadbeater [1993] CCLR 15.

18. Indian & General Investment Trust Ltd. v. Borax Consolidated Ltd. [1920] 1 K. B. 539.

19. International Bulk Shipping and Services Ltd. v. Minerals and Metals Trading Corporation of India [1996] 1 All ER 1017.

20. Iran Continental Shelf Oil Co. v. IRI International Corporation [2002] EWCA Civ 1024.

21. Jabbour v. Custodian of Israeli Absentee Property, [1954] 1 All ER 145.

22. Joachinmson v. Swiss Bank Corporation [1921] 3 K. B. 110, 127.

23. Kahler v. Midland Bank Ltd. [1949] 2 All ER 621;

24. Kleinwort Sons & Co. v. Ungarische Baumwolle Industrie AG.

25. Libyan Arab Foreign Bank v. Bankers Trust Co. [1989] QB 728.

26. Mackinnon v. Donaldson, Lufkin & Jenrette Securities Corporation [1986] Ch. 482, 494.

27. Marconi Communications International Ltd. v. PT Pan Indonesian Bank Ltd. TBK [2005] 2 All ER (Comm) 325.

28. Momm v. Barclays Bank International Ltd. [1977] QB 790.

29. N. M. Rothschild Limited v. Equitable Life Assurance Society [2002] EWHC 1022.

30. National Bank of Greece and Athens S. A. v. Metliss [1958] A. C. 509 (HL).

31. New York Life Insurance Co. v. Public Trustee [1924] Ch 101, 109 (CA).

32. Ralli Brothers v. Compania Naviera Sotay Aznar [1920] 2 K. B. 287.

33. Re Helbert Wagg & Co. Ltd. [1956] Ch 323.

34. Reksten v. Severo Sibirsko [1933] 1 KB 47.

35. Reg. v. Grossman (1981) 73 Cr. App. R. 302.

36. Richardson v. Richardson [1927] P. 228.

37. Rimpacific Navigation Inc. v. Daehan Shipbuilding Co. Ltd. [2009] EWHC 2941 (Comm).

38. Samcrete Egypt v. Land Rover Exports Ltd. [2001] EWCA Civ 2019.

39. Sierra Leone Telecommunications Co. Ltd. v. Barclays Bank plc. [1998] 2 All ER 821.

40. Societe Eram Shipping Co. Ltd. v. Compagnie Internationale de Navigation [2003] 3 WLR 21 (HL).

41. Tayeb v. HSBC Bank plc. [2004] 4 All ER 1024.

42. United Dominions Trust Ltd. v. Kirkwood [1966] 2 QB 431.

43. Woods v. Martins Bank Ltd. [1959] 1QB 55.

(四)美国法院案例选编

1. American Training Services Inc. v. Commerce Union Bank 415 F Supp 1101 (1976) aff'd 612 F2d 580 (1979).

2. Aratini v. Kennedy 317 F 2d 161, 323 F 2d 427 (1963).

3. Bank of Augusta v. Earle, 38 U.S. 13 Pet. 519 519 (1839).

4. Bowman v. Price, 143 Tenn. 366, 226 S.W. 210 (1920).

5. Callejo v. Bancomer SA 764 F2d 1101 (1985, US Court of Appeals, Fifth Cir).

6. Carondelet Savings & Loan Association v. Citizens Savings & Loan Association 604 F2d 464 (7th Cir, 1979).

7. Citibank NA v. Wells Fargo Asia Ltd. 495 US 600 [1990].

8. Cleveland Manufacturing Co. Ltd. v. Muslim Commercial Bank Ltd. [1981] 2 Lloyd's Rep. 646.

9. Deaton v. Vise, 186 Tenn. 364, 210 S.W.2d 665 (1948).

10. Hilton v. Guyot, 159 U.S. 113. 164 (1895).

11. Klaxon v. Stentor Electric Mfg. Co., 313 U.S. 487, 61 S. Ct. 1020, 85 L. Ed. 1477 (1941).

12. Macpherson v. Macpherson, 496 F.2d 258, 261 (6th Cir. 1974).

13. Mannington Mills, Inc. v. Congoleum Corp., 595 F. 2d 1287.

14. Moody v. Bass, 357 F.2d 730, 732 (6th Cir. 1966).

15. Offshore International SA v. Banco Central SA [1976] 3 All ER 749.

16. Ohio Cas. Ins. Co. v. Travelers Indem. Co., 493 S. W. 2d 465 (Tenn. 1973).

17. Power Curber International Ltd. v. National Bank of Kuwait SAK [1981] 3 All ER 607.

18. Pervez v. Chare Manhattan Bank NA, 463 NE 2nd 5 (1984).

19. Timber Lumber Co. v. Bank of America, 549 F. 2d 597, 613-614.

20. United States v. Aluminum Co. of America, 148 F. 2d 416, 443.

21. Zack & Co. v. Kraus Bros & Co., 237 F 2d 235 (1956).

(五)澳大利亚案例选编

1. Bank of New South Wales v. Laring [1954] AC 135 (PC).

2. Bank of New South Wales Savings Bank v. Fremantle Auto Center Pty Ltd. [1973] WAR 161.

3. Commissioners of the State Savings Bank of Victoria v. Permewan Wright & Co. Ltd. (1914) 19 CLR 457.

4. European Bank Ltd. v. Citibank Ltd. [2004] NS WCA, 76.

（六）加拿大案例选编

1. Berbaum Estate v. Silver 192 NSR 2d 30 (Nova Scotia).

2. Charron v. Montreal Trust Co. [1958]. O. R. 597.

（七）瑞士案例选编

1. Mannesman Handel AG v. Kaunlaran Shipping Corp. [1993] 1 Lloyds Rep 89.

2. Republic of Somalia v. Wood house Drake and Carey (Suisse) SA.

（八）德国案例选编

1. BGH WM 1994, 14, 1.

2. BGH NJW 1997, 1697.

（九）法国案例选编

1. TGI Strasburg, 02. 04. 2001, Recueil Dalloz Sirey, Cahier Droit des Affaires [2002] at p. 2935.

2. CA Colmar, 24.02.1999, 1999 ZIP 1210 – 11.

三、立法选编

（一）中国立法选编

1. 1985 年香港特别行政区《遗产税法案》(Estate Duty Ordinance)。

2. 1988 年中国最高人民法院《关于贯彻执行〈中华人民共和国民法通则〉若干问题的意见》(试行)。

3. 1992 年国务院令第 107 号《储蓄管理条例》。

4. 1993 年《中华人民共和国消费者权益保护法》(2013 年修正)。

5. 1999 年《中华人民共和国合同法》。

6. 2003 年《中华人民共和国商业银行法》。

7. 2006 年《中华人民共和国外资银行管理条例实施细则》。

8. 2006 年《电子银行业务管理办法》。

9. 2011 年《中华人民共和国涉外民事关系法律适用法》。

10. 2012 年最高人民法院《关于适用〈中华人民共和国涉外民事关系法律适用法〉若干问题的解释(一)》。

（二）欧洲统一立法选编

1. Council Directive 93/13/EEC of 5 April 1993 on unfair terms in consumer contracts, 1993 OJ No. L95/29, 2 April 1994.

1993 年欧盟理事会《消费者合同不公平条款指令》。

2. Directive 77/780/EEC of 12 December 1977 on the coordination of the laws (First Banking Directive).

1997 年欧共体《第一号银行指令》。

3. The Second Council Directive (89/646/EEC) of 15 December 1989 on the co-ordination of laws, regulations and administrative provisions relating to the taking up and pursuit of the business of credit institutions and amending Directive 77/780/EEC (Second Banking Directive).

1998 年欧共体《第二号银行指令》。

4. Directive 2002/47/EC of the European Parliament and of the Council of 6 June 2002 on financial collateral arrangements.

欧盟 2002 年 6 月 6 日《金融担保协议指令》。

5. EC Directive on settlement finality in payment and securities settlement systems of 19 May 1998, 98/26/EC.

欧盟议会和(欧盟)理事会 1998 年 5 月 19 日《最终结算支付和证券结算系统第 98/26/EC 号联合指令》。

6. Council Regulation (EC) No. 44/2001 of 22 December 2000 on jurisdiction and the recognition and enforcement of judgments in civil and commercial matters (Brussels I Regulation).

欧盟理事会 2000 年《关于民商事管辖权及判决承认与执行的第 44/2001 号条例》(布鲁塞尔条例 I)。

7. European Parliament and Council Directive 2000/31/EC of 8 June 2000 on certain legal aspects of information society services, in particular electronic commerce, in the internal Market, OJ 2000 No. L178/1, 17 July 2000.

欧洲议会和(欧盟)理事会 2000 年 6 月 8 日《关于共同体内部市场的信息社会服务,尤其是电子商务的若干法律方面的第 2000/31/EC 号指令》(《电子商务指令》)。

8. European Parliament and Council Directive 2002/65/EC of 23 September 2002 concerning distance marketing of consumer financial services, OJ 2002 No. L271/16, 9 October 2002.

欧洲议会及(欧盟)理事会 2002 年 9 月 23 日《关于远程消费者金融服务市场的第 2000/31/EC 号指令》(《远程消费者指令》)。

9. Directive 1999/44/EC of the European Parliament and of the Council of 25 May 1999 on certain aspects of the sale of consumer goods and associated guarantees.

欧洲议会和(欧盟)理事会 1999 年 5 月 25 日《消费品销售及担保指令》。

10. Council Regulation (EC) No. 1347/2000 of 29 May 2000 on Jurisdiction, recognition and enforcement of judgments in matrimonial matters and matters of parental responsibility (Brussels Ⅱ Regulation).

欧盟理事会 2000 年《关于婚姻事项和夫妻双方对于共同子女的父母亲责任事项的管辖权及判决的承认与执行的第 1347/2000 号条例》(布鲁塞尔条例Ⅱ)。

11. Directive 99/44/EC of the European Parliament and of the Council of 25 May 1999 on certain aspects of the sale of consumer goods and associated guarantees.

欧洲议会和(欧盟)理事会 1999 年 5 月 25 日《99/44/EC 号消费品销售及担保指令》。

12. Council Directive 2000/65/EC of 17 October 2000 amending Directive 77/388/EEC as regards the determination of the person liable for payment of value added tax.

欧洲议会和(欧盟)理事会 2000 年 10 月 17 日《2000/65/EC 号远程销售合同指令》。

13. Council Regulation (EC) No. 2201/2003 of 27 November 2003 concerning jurisdiction and the recognition and enforcement of judgments in matrimonial matters and the matters of parental responsibility (Brussels IIa Regulation).

欧盟理事会 2003 年《关于婚姻事项与父母亲责任诉讼的管辖权及判决的承认与执行的第 2201 /2003 号条例》(布鲁塞尔条例Ⅱa)。

14. Directive 2002/65/EC of the European Parliament and of the Council of 23 Sep 2002 Concerning the Distance Marketing of Consumer Financial Services and Amending Council Directive 90/619/EEC and Directives 97/7/EC and 98/27/EC, OJ 2002, L 271/16.

欧洲议会和(欧盟)理事会 2002 年 9 月 23 日《远程金融服务指令》。

15. European Parliament and Council Directive 2005/29/EC concerning

unfair business-to-consumer commercial practices in the international market, OJ 2005 No. L149/22, 11 June 2005.

欧洲议会和(欧盟)理事会2005年6月11日《2005/29/EC号反不正当商业竞争行为指令》。

16. Directive 2006/48/EC of the European Parliament and of the Council of 14 June 2006 relating to the taking up and pursuit of the business of credit institutions.

欧洲议会和(欧盟)理事会2006年6月14日《2006/48/EC号欧盟信贷机构设立及其业务经营指令》。

17. No. 864/2007 of the Ruropean Parliament and the Councile of July 2007 on the Law applicable to non-contractual obligation (Rome Ⅱ Regulation).

欧洲议会和欧盟理事会2007年7月11日通过的《关于非合同义务法律适用的第864/2007号条例》。

18. Regulation (EC) No. 593/2008 of the European Parliament and of the Council of 17 June 2008 on the law applicable to contractual obligations (Rome Ⅰ Regulation).

欧洲议会和(欧盟)理事会2008年6月17日《关于合同之债法律适用的第593/2008号(欧共体)条例》(罗马条例Ⅰ)。

(三)美国立法选编

1. Income Tax Act of the United States of America, 1916 (as amended by the War Income Tax Act, 1917).

1916年《所得税法》,由1917年《战争所得税法案》修正。

2. Glass-Steagall Act.

1933年《格拉斯—斯蒂格尔法案》。

3. Truth in Lending Act.

1968年《诚实信贷法案》。

4. Electronic Fund Transfer Act.

1978年《电子资金划拨法案》。

5. Gramm-Leach Financial Services Modernization Act.

1999年《金融服务现代化法案》。

6. Uniform Commercial Code.

1999年《统一商法典》。

7. An Act to Protect Trade and Commerce against Unlawful Restrains and Monpolies.

2009 年《保护贸易和商业不受非法限制与垄断之害法》(《谢尔曼法》)。

8. Dodd-Frank Wall Street Reform and Consumer Protection Act.

2010 年《多德-弗兰克华尔街改革与消费者保护法案》(《多德-弗兰克法案》)。

9. Federal Reserve's Regulation D, Federal Reserve's Regulation E, Federal Reserve's Regulation Z.

联邦储备系统理事会颁布的 D 号条例、E 号条例、Z 号条例。

(四)英国立法选编

1. Supreme Court of Judicature Act.

1873 年《司法法》。

2. Banker's Books Act.

1879 年《银行簿记证据法》。

3. Money Lenders Act.

1900 年《金钱借贷法》。

4. Property Act.

1925 年《财产法》。

5. Code of Banking Practice.

1944《银行业惯例守则》。

6. Cheques Act.

1957 年《支票法》。

7. Civil Evidence Act.

1968 年《民事证据法》。

8. Consumer Credit Act.

1974 年《消费信贷法》。

9. Unfair Contract Term Act.

1977 年《不公平合同条款法》。

10. The Supply of Goods and Services Act.

1982 年《货物和服务供应法》。

11. Foreign Limitation Periods Act.

1984 年《外国时效法》。

12. Contracts (Applicable Law) Act.

1990 年《合同(法律适用)法案》。

13. Financial Services and Markets Act (FSMA).

2000 年《金融服务和市场法》。

14. Proceeds of Crime Act.

2002 年《犯罪收益法》。

(五)法国立法选编

1. Regulation No. 86 – 13 of the Comité de la Réglementation Bancaire et Financière (Committee for Banking and Financial Regulation).

1986 年《银行与金融监管委员会第 86 – 13 号条例》。

2. Code Monétaire et Financier (Monetary and Financial Code).

2012 年《货币与金融法》。

(六)其他国家与地区立法选编

1. 1928 年《布斯塔曼特法典》。

2. 1946 年《希腊民法典》。

3. 1966 年《葡萄牙民法典》。

4. 1978 年《奥地利联邦国际私法法规》。

5. 1998 年荷兰《公司冲突法》。

6. 1998 年荷兰《形式外国公司法》。

7. 2011 年加拿大《蒙大拿法典》。

(七)国际统一立法选编

1. Uniform Rules for Demand Guarantees.

1992 年国际商会《见索即付担保统一规则》。

2. UNCITRAL Model Law on International Credit Transfers.

1992 年联合国国际贸易法委员会《国际贷记划拨示范法》。

3. International Convention on Maritime Liens and Mortgages.

1993 年联合国大会/国际海事组织《船舶优先权和抵押权公约》。

4. Convention on the Law Applicable to the Certain Rights in Respect of Securities Held with an Intermediary.

2002 年海牙国际私法会议《关于经由中间人持有的证券若干权利的法律适用公约》。

5. Risk Management Principles for Electronic Banking.

2003 年巴塞尔银行监管委员会《电子银行业务风险管理原则》。

6. Principles of International Commercial Contracts.

2004 年国际统一私法协会《国际商事合同通则》。

7. United Nations Convention on the Use of Electronic Communications in International Contracts.

2005 年联合国大会《联合国国际合同使用电子通信公约》。

8. Uniform Customs and Practice for Documentary Credits.

2006 年国际商会《跟单信用证统一惯例》(UCP600)。

后记:凡是过去,皆为序章

本书是在笔者博士学位论文的基础上完成的,在工作后和成书的过程中得到了更多前辈、同事、家人朋友的帮助。要致谢的太多,囿于篇幅和主题所限,仅将笔者的博士学位论文的致谢原文移至此处,作为作者博士研究生期间求学的回顾与总结,并作为系列研究和下一步工作的开启。愿与毓秀共勉。

2018 年 3 月 28 日

致　谢

今天登记了答辩申请,攻读博士研究生的生涯就要告一段落,只是没有想到会来得这么快。奋斗而快乐的时光总是短暂的,在武大的这三年时间里,幸而没有虚度。再次翻开论文,看着导师在上面密密麻麻的修改痕迹,思绪又回到了母校。

在我刚开始的短暂学术生涯中,导师何其生教授给了我很多启发和严格的学术训练。我希望能够探索陌生的学术领域,何老师给了我很大的自由思考空间,在关键处给予点拨。我之前在银行工作过短暂时间,发现金融领域的法律冲突问题研究大有可为,又十分有难度。当时只是有一个模糊的想法,与老师谈了之后,他很支持我的想法,并帮我整理思路,给予了关键性的资料和指引。

老师虽然在思想上给了我自由的空间，但在具体研究过程中的要求仍然十分严格。之前我因为对是否坚持学术生涯充满了迷惘和不确定，论文写得很少，何老师首先建议我就一个新的题目写一篇英文论文。我清楚地记得，对我的第一篇英文论文何老师总共让我修改了26遍，从学术规范、独创性和研究思路等各个方面，老师每次都反馈很多修改意见。我甚至觉得，老师帮助我修改的时间已经超过了他自己写一篇论文的时间。羞愧的同时，也惕厉我更加奋发。成名的学者尚尤如此，我企言轻慢学术？

我之前是个容易忽略学术规范和细节的人，通过这篇论文的训练，使我懂得了一篇合格的论文除了在学术价值之外，还应该规范、严谨，要尊重读者、尊重编辑。很快地，在欧洲发表的两篇论文，作为我学术生涯的一个开始。我想这个故事我会经常跟我以后的学生们谈起。

初识何老师之前，他给我的印象是才华；认识时间久了之后，他给我的印象是努力。参加William C. Vis模拟仲裁庭后，学生团队常在法学院三楼国际法研究所工作到晚上10点，这时经过何老师的办公室，经常会看到灯光仍然亮着。大家忍不住敲门骚扰，老师往往笑着收拾收拾与我们一起下楼，在已经关灯下班的楼道里同我们一起打开手机照明，开车将住得较远的同学送到宿舍。后来老师家有了幸福的小天使，他既要工作也要照顾家庭，晚上更多在家工作，我们也就少了些夜半敲办公室门的乐趣。

在武大两年多的时光，是我进步最大，也是过得最开心的时间之一，我庆幸来到了这里。初与武大结缘，还要追溯到我的硕士研究生导师，汪金兰教授。汪老师是我认识的第一位法学教授，攻读硕士学位之前总觉得学者距离自己的生活太远，但同汪老师聊天的时候，我却有如沐春风的感觉，很快地就抛开了拘谨和不安。汪老师上课生动，也待人亲切，学生都很喜欢她，下课后总是围着她提出各种问题。

以前汪老师常跟我聊起她在枫园的时光，打开宿舍的窗子就可以遥望珞珈山脚下的一池东湖碧水，那是怎样一幅美景，便让我对珞珈山开始有了向往。在课堂上，我对国际私法产生了浓厚的兴趣，有了考博的念头，跟汪老师谈过之后，她非常支持我的想法。后来我经常拿着读书心得和习作向汪老师请教，有时候写得比较艰涩，她依旧鼓励我：不要紧，多练练笔，写起来就有感觉了。可以说，没有汪老师，就没有我的武大之路。

我第一次来到武汉大学，是参加2007年秋国际私法全球论坛暨中国国际私法学会成立20周年庆典，躬逢盛事，在年会上见到了闻名已久，只在书中读到的韩德培先生和黄进教授。作为顶尖的学者,韩先生和黄老师对学生依然那么亲切,愿意在会议闲暇和路上停下来和学生开心地聊几句,丝毫没有架子,让大家感到非常轻松。儒雅的黄进教授具有丰富的人格魅力,大家都愿意围绕在他的身边,也带动了珞珈学派的风范:严谨以治学,平易以待人。大家见到他都喜欢亲切的喊他一声"黄老师"。

在2007年年会上,还遇到了一些帮助办会的在读博士研究生:卜璐、杨玲、李洁师姐,马明飞、孙玉超师兄等。这是我第一次与国际法学的博士师兄、师姐接触,他们的年轻、活力、快乐和高情商颠覆了我之前仅仅出于书面上对读博的印象,他们也在我之后的考博、读博路上给了我很多帮助。后来看到师兄、师姐的学术出版目录和丰富的留学经历,我了解到愉快的生活之外,也需要有辛勤的工作。2007年的珞珈山之行,让我对武大有了更多的了解和期待。

2007年秋的武大,在我的回忆中充满了美丽心情。但年轻的心太柔软,经不起干燥季风的侵袭。之前为了参加年会,放弃了同一天举行的司法考试;后来为了专心复习考博,放弃了其他工作机会。但由于没有达到理想的学术水平,在2008年的考博中折戟沉沙,在四月底瞬间面临即将毕业和没有工作的困境,其间的生活、健康和感情不期而遇种种风波与磨难。那是我最难熬的一段时间,但我从来不后悔当时的选择,极心无二虑;失败了,就在废墟中重建。

以前听说过一个关于"缘分"的释语:"缘"是命运让人们相识;分是在有缘相识之后,还需要你自己继续努力去争取。

后来在银行短暂的工作后,为了继续考博,辞职在安徽元太律师事务所(现更名为上海锦天城律师事务所合肥分所)从事涉外法务。董劲松主任对我考博的想法很支持,我一直对他很感谢;刘勇主任、王军主任、罗三勤老师、徐敏、张蕾、吴艳红、吴莎、胡亚榴、王亚南、李刘玲、沈晓倩、王蕾、严燕、唐锦娟等同事们的友善也帮助我在职业道路上有了新的体会。在律所和银行的工作经历,让我可以从另外的角度思考问题,这对我后来的学术研究有着重要影响。

和武大有缘,在2008年夏我的硕士学位论文答辩会上,安徽大学法学院第一次邀请了两位武汉大学法学院的教授作为国际法学专业答辩主席,这就是尊敬的梁西先生和宋连斌教授。梁先生是国际法学名家,答辩我第一个上场,有些紧张,准备了好久。梁先生估计看出我有些慌,就首先说:"同学不要紧张,慢慢来,你叫什么名字?"还好我当时没有闹出回答"我叫不紧张"的笑话。

答辩过程中,安徽大学的朱学山先生也来到现场,和梁西先生亲切地交谈。初识朱先生,还是陪同他和汪金兰老师参加2007年年会。老先生虽已93岁高龄,但仍精神健旺,总怕给我们带来麻烦,总是说"按照你们的日程来,不用管我"。虽然跟老先生的年龄中间差了几辈人,但却觉得和他总是有聊不完的话,并没有年龄造成的距离感,很乐于跟他相处。我每次回到合肥,有机会就会去看看老先生,2008年北京年会、2009年杭州年会继续陪着他。后来因为需要更多的休息,老先生就没有再参加年会。"要薪火相传",在求学路上,老先生给了我很多鼓励。

答辩顺利结束之后,梁先生先去休息,我同几位将毕业的同学一起邀宋连斌教授去一个徽式茶馆喝茶。简单而别致的木椅石桌,围绕着小桥流水,却落在翠湖中央,或有几曲丝竹,红花绿叶点缀其间,名唤"浮庄"。

这是我第一次同教授级学者近距离在学术环境之外的交流,当时与宋老师还是很陌生,不知道该聊些什么,要是聊学术,估计博导与几位硕士研究生聊会很索然无味。但后来一打开话匣子,我发现担忧完全没有必要,宋老师见闻广阔,就像一位大兄长,使我们没有距离感和压力。那一晚聊了很多,不仅在学术,更多是生活、时政和在世界各地的见闻。那一次使我深深地感觉到,广阔的视野对人生的丰富和学术研究的重要性,也为我后来在读博期间的对外交流埋下了种子。生活中的宋老师颠覆了我之前心目中对学者和教授的形象,没有想到教授也可以这么年轻、活力和明锐。

2009年春,武大樱花烂漫之时,我再次出征。经过了又一番磨砺,终于执住了魂牵梦萦的国际法研究所的手。

考博之时,读肖永平教授的书最多,《法理学视野下的冲突法》新成,帮助我对国际私法有了一个明晰的复习脉络,从文献中也延展出更多的参考资料。在学术上,肖老师的严格是出了名的,可惜在我博士研究生期间没有开设专业课程,于是去硕士研究生班旁听了他的课,我对他要求学生脱离书本、积极思辨的印象深刻。在生活中,肖老师又是个十分开朗的人。老师的篮球打得很好,经常和学生一起打球。跟他打球,学生不用顾忌身份,只管开心就行,但是如果在场上不积极、防守松懈,老师还是会批评。老师具有运动的天赋,投篮非常准,也认真投入、激烈本色,一如他的为人。

法学院教职工篮球队里,除了肖老师外,还有我的导师何其生老师、硬朗的安丰雷老师、认真的甘勇老师和投篮很准的罗国强老师等老师。话说武大法学院教职工业余活动中有两强：一是合唱；二是篮球。几位老师都是爱好运动的青年才俊，跟我们也有很多共同语言，跟老师一起打球总是会很开心，也不用顾忌太多。有一次我们几个同学坐在场下，看着场上的教授开玩笑地感慨：按学术水平来说，这支球队在国内算是顶尖了。

2009年秋初我到武大的时候，没有什么朋友，认识的人很少，还是有很多的陌生感。但坐镇国际法所办公室的邓朝晖老师很快就打消了我的拘谨，印象中不管邓老师工作有多忙，她永远是一个充满热情和快乐的人，跟她在一起你也很快会感到明朗和开心起来，让我很快融入了在国际法研究所的生活。邓老师对学生总是愿意给予无私的帮助，在武大的近三年时间里，从刚入学、日常学习工作、生活到现在申请答辩，邓老师给了我很多的帮助，难以仅用感谢两字来表达我的心情。

邓老师办公室的隔壁，曾经工作着美丽的帅颖师姐、幸福的陆寰和玲玲、乐观的张弛、高高的筱萌、广博的巧生、稳重的善宝、漂亮的烨子和邓瑾、王珺、屈凌、李雯师姐。这里永远不缺乏笑声，若有时间或必要，我总是愿意到这里来，同大家一起工作和聊天。

武大国际法研究所在国际上享有很高的知名度，很多老师和学生都在外交流，通过不同视野和观点的碰撞与交流来促进学术的发展，这也是我之前选择来到珞珈山的原因之一。但刚来的时候，对于出访交流的事情几乎一无所知，只能靠自己艰难的探索。在这个时候我遇到了于颖师姐，她知道我在出访交流方面的困难后，给予了我很多无私的帮助，几乎是手把手地教我如何申请交流项目，聊她在海外的经历，并给了当时缺乏自信的我很多鼓励。于颖师姐给人的最大印象就是无私和爱好交朋友，之后也经常和张晓静师姐、王钢师兄等前辈一起请我们几位师弟师妹吃饭，帮助我认识了更多的朋友，让身处异乡的我对武大有了更多的了解和感情，初来的孤独感觉渐渐消逝无踪。于颖师姐同时也是个具有开拓精神的人，她对事业的选择不让须眉。

晓静师姐是个很努力的人，在攻读博士学位期间的学术成果和博士学位论文让我汗颜，她教会了我很多写作方法。王钢师兄是个豪爽的西北汉子，但也很细致，常照顾我这个小老弟。还有同学赵正华，虽然我们的经历差别很大，但却有着很多的共同语言，一直保持着联系，相互鼓励和努力。

我的第一次出国交流是在2010年3月，武大樱花盛开之时，随导师何其生教授带领的武大 William C. Vis 辩论队出征维也纳。在维城七天的时间虽然很短暂,但是我对外交流的一个开端,在面前打开了一个广阔的视野。武大 William C. Vis 曾经遇到过一段困难时期,但她对我来说很重要,能够同何老师和郑绩、戴吟、天宇、封雪、唯唯、程蜜、侯鹏等队员们一起挺过困难,取得后来的好成绩,在这里要感谢肖永平院长、邓朝晖老师等师长的坚定支持与帮助。

海牙,对于武大国际法研究所的教授和博士研究生来说,有着特殊的意义。联合国国际法院坐落在此,设于同一建筑之内的海牙国际法学研究院拥有世界上最丰富的国际法学图书馆和每年一度的暑期国际公法、国际私法研修班,被誉为国际法学的"麦加"。每年夏天都有武大的学者和学生赴海牙交流,我的导师何其生教授和师母田萌老师都曾到此。感谢国际法学研究院的秘书长 Yves Daudet 教授给了我三次机会赴海牙进行研究,尤其是第二次博士研究生论文项目的获批,使我有了充足的时间在海牙国际法学图书馆收集资料和与教授探讨选题。

出国留学的手续办理起来很复杂,感谢法学院热情干练的王秀珈老师,给了我很多帮助,使我不必困扰于烦琐的出国手续。

2010 年和 2011 年在海牙的两个夏天,有幸近距离拜见了薛捍勤法官、刘大群法官,也有机会听了小和田恒法官的讲座,与国际法院的距离一下子拉近了。也遇到了很多武大的同学,紧张的研究之余有了朋友相伴。龙威狄、张文亮、郑钧师兄,付文佚师姐,伍穗龙师弟和梦颖、樊懿、徐佳、丽丝师妹,还有同门的张喆师妹。前两次与威狄师兄相遇都是在海外,聊了很多学术上的逸闻,他也是我学习的榜样。文亮师兄做的一餐饭则使我了解在国外留学学会一门厨艺是多么的重要。

同届去海牙的还有海洲、子妍、王萌和元元。作为同届同学,我很佩服海洲的学术素质和他超出年龄的稳重;而阳光漂亮的子妍是 William C. Vis 的教练,是我在武大的第一位"英文老师",早已有过互相了解和帮助;王萌和元元是那种在文艺、摄影和语言等方面极具才华的女生。此外,还有来自其他学校的朋友们,虽没有一一列出名字,但仍感谢大家和我一起度过的快乐夏天。

2011 年秋,海峡两岸国际私法学术研讨会在台北举行,我和中国政法大学万福良师兄、朱旻师姐一起有幸参会,并借此机会在台北大学进行了为期一个月的交流。感谢台北大学法律学系主任陈荣传教授的接待,之前虽只见过一面,但在台北期间陈老师和师母给予了我们无私的照顾和尽心的安排,让我们度过了充实的研修生活,既增进了学术素养,又体味了当地文化。陈老师具有儒雅严谨的学者气质，但又常喜欢幽默一下，逗得我们开怀。虽然离开台北已有半年，但同陈老师共处的时光仍历历如昨，常常怀念和感谢他对我在学术和生活上的提点。

在台北期间，有幸见到了赖来焜教授，赖老师是大陆国际私法学界的老朋友了，也经常来武大参加学术活动，赖老师的幽默让学生很喜欢他。最让我佩服的是他的记忆力，能够很快很久地记住一个人的情况，让学生没有被怠慢的感觉。之前只是在台下看到赖老师，此次来台北，赖老师两次与大陆学者和学生共聚，让我们有了更多的机会和他近距离接触。幽默风趣如故，对武大的感情如故，感谢他为两岸国际私法交流做出的努力和贡献。

因为博士研究生没有专业课程，因而在武大的时候，难得同郭玉军教授交流。在台北两岸国际私法交流会议期间，我在会务组帮忙，有幸与郭老师接触，第一次同郭老师聊的很多。郭老师看到我们帮助会务辛苦，闲暇的时候还为我们送来水果。因工作事务繁忙要提前返回武汉，在送郭老师去机场的车上，老师开心地聊到她得意学生的成长，也鼓励我一定要加油。

在交流期间，在台北工作的叶大裕师兄、张丽玉师姐和陆尚乾师兄、陈永泰、谢国允师弟给了我们很好的招待，带我们体会了更多的当地文化特色。同时还遇到了武大同期在东吴大学访学的刘笋老师，在台湾大学的漆彤老师，还有在东吴交流的元元、李倩、吕伟、姚赛和在政治大学交流的美阳和一丁，大家一起去旁听会议，一起受邀参加赖老师的聚会。元元和之前素未谋面的姚赛在我办理赴台手续的时候给了我无私帮助，在这里再次致以感谢。

在海牙和武大的时候，收集了博士学位论文资料。后来陈荣传老师给我提供了一些重要资料，并特别为我们研修生发了图书证，让我们可以在台北大学图书馆和法律学系图书馆查找资料。有了这些资料，我在台北期间正式开始了博士学位论文的写作。

之前申请了国家公派联合培养的项目，在素未谋面，仅通过网络联系的校友李智师兄的热情帮助下，我获得了休斯敦大学法学院(Richard Alderman)教授的邀请函，在2011年11月来到了休斯敦进行为期一年的研究。感谢理查德·阿德尔曼(Richard Alderman)教授和休斯敦大学法学院研究生部的佩吉·芳特(Peggy Fornter)女士给我提供的研究机会和良好的研究设施，使我能够安心地进行博士学位论文的写作和后续研究的深入。

学位论文的写作过程富有成就感，但又是痛苦的，经常同远在北京的同学昌金和红军互相砥砺，交流进展心得，共同熬过了艰难的时间。

因为身在国外,还有很多在武大的事务需要办理,却鞭长莫及,在焦急的时候,颜杰雄师弟帮助了我。之前只知道杰雄是个很用功刻苦、篮球也打得不错的好脾气师弟。感谢杰雄在这段时间给了我很多重要帮助,使我更多地了解到杰雄的事务能力和可靠的个性,让我能够安心地在国外学习。

写到这里,其实还有许许多多要感谢的人,同学嘉航、黄琰、延东,师弟建华、会志、健夫,师妹雷芳、琼慧、心月等很多帮助过我的人,在这里一并表示感谢!

最后,也是最重要的,我要感谢我的母亲范铭霞女士和父亲杜国明先生。我成长在一个中国普通的家庭,也是传承了中华传统美德的家庭——尊重知识,重视教育。父母的为人一直受到亲友们的敬重,"自尊,自立,自强"是他们立身的格言,也是对我仅有的要求。父母,还有我的亲人们对我的求学之路给予了无私而坚定的支持,让我可以在这条路上义无反顾地走下去。

谨以致谢!

2012 年 3 月 28 日

图书在版编目(CIP)数据

欧盟金融服务合同法律适用问题研究 / 范晓亮著
. -- 北京 : 法律出版社, 2018
(安徽大学法学文库 / 郭志远主编)
ISBN 978-7-5197-2104-6

Ⅰ. ①欧… Ⅱ. ①范… Ⅲ. ①欧洲国家联盟－金融－商业服务－合同法－法律适用－研究 Ⅳ. ①D950.36

中国版本图书馆 CIP 数据核字(2018)第 060620 号

欧盟金融服务合同法律适用问题研究
OUMENG JINRONG FUWU HETONG FALÜ SHIYONG WENTI YANJIU

范晓亮 著

策划编辑 陈 妮
责任编辑 陈 妮
装帧设计 李 瞻

出版 法律出版社
总发行 中国法律图书有限公司
经销 新华书店
印刷 北京京华虎彩印刷有限公司
责任校对 马 丽
责任印制 吕亚莉

编辑统筹 财经法治出版分社
开本 720 毫米×960 毫米 1/16
印张 16.25
字数 260 千
版本 2018 年 5 月第 1 版
印次 2018 年 5 月第 1 次印刷

法律出版社/北京市丰台区莲花池西里 7 号(100073)
网址/www.lawpress.com.cn
投稿邮箱/info@lawpress.com.cn
举报维权邮箱/jbwq@lawpress.com.cn
销售热线/010-63939792
咨询电话/010-63939796

中国法律图书有限公司/北京市丰台区莲花池西里 7 号(100073)
全国各地中法图分、子公司销售电话:
统一销售客服/400-660-6393
第一法律书店/010-63939781/9782
西安分公司/029-85330678
重庆分公司/023-67453036
上海分公司/021-62071639/1636
深圳分公司/0755-83072995

书号:ISBN 978-7-5197-2104-6
定价:55.00 元